3 단계 연상법에 따른
중학 영단어 STORY BOOK

3단계 연상법에 따른
중학 영단어 STORY BOOK 입문

초판 1쇄 인쇄 2012년 2월 20일
초판 1쇄 발행 2012년 3월 1일

지은이 YJ연상교육연구회
펴낸이 류서진
펴낸곳 미문사
주소 경기도 부천시 원미구 상동 한아름현대 1510-1604
신고번호 제 382-2010-000016호
대표전화 (070)8749-3550
구입문의 (070)8749-3550
내용문의 (070)8749-3550
팩스번호 (031)360-6376
전자우편 mimunsa@naver.com
ISBN 978-89-965558-1-0

ⓒ YJ연상교육연구회 2012

3 단계 연상법에 따른 중학 영단어 STORY BOOK

입문

YJ연상교육연구회

미문사

글로벌화 시대에 개인의 가치 기준으로 가장 중시되는 것은 무엇일까요? 그것은 두말할 것도 없이 영어 능력일 것입니다. 초등학교 저학년부터 영어가 교과목에 당당히 자리잡고 있어 남에게 뒤떨어질세라 실력 향상에 힘씁니다. 중학교에서의 영어 실력은 우등생의 첫째 조건이 됩니다. 고등학교에서의 영어 능력은 수학능력시험의 고득점을 보장하고 원하는 대학에 진학할 수 있는 밑바탕이 됩니다.

우리가 영어 학습에 열을 올리고 끊임없이 노력하는데 영어 실력 향상은 쉽지 않습니다. 그 이유는 무엇일까요? 영어 단어의 기반이 튼튼하지 않기 때문입니다. 올바른 영어 단어 지식 없이는 독해도, 문법도, 회화도 제대로 할 수 없습니다. 영단어 실력은 영어 능력 향상을 위한 필수적인 도구라 할 수 있습니다.

그런데 문제는 영어가 외국어이기 때문에 단어와 의미를 하나로 묶어서 우리 머리에 각인(刻印)하기가 어렵다는 사실입니다. 영단어와 우리말 뜻과는 연관성(relationship)이 없어서, 정신을 집중하여 익히더라도 하루 이틀은 기억이 되지만 시간이 흐름에 따라 기억에서 사라지기 쉽습니다.

영어 단어를 익히고자 수없이 반복하여 쓰고 연습하는데 머릿속에 오래 남지 않는다며 마침내 '영단어를 익히는 데에는 왕도가 없다(There is no royal road to learning)' 는 결론을 내려 버립니다.

우리는 학습자들의 이러한 공통적 고민 즉 '영단어를 잊어버리지 않고 오래 기억하게 할 수 있는 비법' 을 찾기로 하였습니다. 먼저 초등, 중등 교과 과정에 수록된 영단어를 수집하고, 중학교 교과서를 학년별 출판사별로 분석하여 출전 빈도 순과 난이도 순으로 분류한 후 최종적으로 1,500여 개를 엄선하였습니다.

이 책은 '입문편'과 '완성편'의 두 책으로 나누어져 있는데 '입문편'은 기초를 확실히 다질 필요가 있는 학생들을 위해 전체 1,500개 표제어 중에서 기본이 되는 표제어 약 1,250개를 수록하였습니다. '완성편'은 1,500개 표제어 중에서 기본 표제어 250개를 제외하고 다소 난이도 있는 단어 1,250개를 선정하였습니다.

업그레이딩 영단어는 본문에 수록되지 않은 500개의 단어를 수록하였습니다. '입문편' 업그레이딩 단어는 '완성편'에만 있는 표제어 250여 개와 그 외 250개 등 총 500개로 구성하였습니다. '완성편' 업그레이딩 단어는 본문에서 다루지 않았지만 영단어 실력을 높이기 위해서 추가로 꼭 알아야 할 약 500개의 단어를 수록하였습니다.

이 책은 각 표제어의 뜻을 쉽게 이해할 수 있도록 3단계 연상법에 따라 구성하였습니다. 3단계 연상법이란 발음-연상어-스토리의 3단계를 통해 표제어의 뜻을 쉽게 이해할 수 있게 하는 기억법입니다. 3단계 연상법에 의한 학습은 다음과 같은 과정을 거쳐 익힐 수 있습니다. 먼저 표제어의 발음을 우리말로 나타냅니다. 다음으로 발음에 알맞은 '연상어'를 떠올립니다. 마지막으로 연상어를 사용하여 재미있게 스토리로 엮어 갑니다. 이와 같은 3단계 연상법은 각 단계를 별도로 인식하지 않고 동시에 한 장면으로 인식함으로써 해당 표제어의 뜻을 빠르고 쉽게 익힐 수 있습니다.

이 책을 학습하는 여러분이 영어 단어를 빠르고 쉽게 익혀서 오래 기억하고 궁극적으로는 영어 실력을 한 단계 높일 수 있기를 기대합니다.

2012년 2월
저자 씀

구성과 특징
Structure

1 앞서 4개 단어를 익고 지금 익히는 like가 5번째임을 나타낸다. like는 표제어이고 [laik]는 발음이다.

2 품사와 뜻풀이이다. many는 형용사이고 뜻은 '많은, 다수의'의 뜻임을 나타낸다.

3 표제어의 문법 정보, 발음, 예문 단어의 뜻 등 표제어와 함께 익혀 두면 유용할 참고 자료를 보여 주었다.

4 🔊와 ✳와 💬는 3단계 연상법에 따라 뜻을 이해하는 과정을 나타낸다.

🔊는 발음을 한글로 표기한 것이다. 한글 표기는 정확한 발음이 아니라 연상을 만들기 위한 표기이다. 정확한 영어 발음은 표제어 밑에 있는 발음 기호를 통해 정확히 익히자.

✳는 연상어 기호로 한글 발음에서부터 생각해 낸 것이다.

💬는 뒤에 스토리가 나옴을 나타낸다. 표제어의 뜻을 쉽게 익히도록 이야기 형식으로 구성하였다.

005
① like
[laik]

图 **좋아하다** 图 **~처럼**
🔊 **라이크** > ✳ **라(면과 케)이크** > 💬 나는 리면과 케이크를 좋아한다.
📝 I **like** to eat hot dogs for lunch. 나는 점심으로 핫도그를 먹는 것을 좋아한다.
My brother looks **like** a model. 형은 마치 모델처럼 생겼다.

오늘 같아버지 생신이라 좋아하는 라면과 케이크 실컷 먹어요.

006
② many
[méni]

图 **많은. 다수의**
🔊 **메니** > ✳ **많이** > 💬 콘서트에 사람이 많이 모였다. 많은 중에 오빠도 보였다.
📝 How **many** books do you have? 책을 얼마나 가지고 있습니...
My teacher is the author of **many** books. 우리 선생님은 책을 쓰셨다.

③ | Tip | '많은'의 뜻으로 'many'와 'much'가 있다. 'many'는 셀 수 명사와 함께 쓰이고 'much'는 셀 수 없는 명사와 함께 쓰인다.

007
④ say
[sei]

图 **말하다. ~라고 씌어 있다**
🔊 **세이** > ✳ **오세희** > 💬 피켜 선수 오세희가 "국내에서만 하겠다"고 말했다고 오늘자 조간신문에 씌어 있다.
📝 Are you **saying** that you don't want to do it? 그것을 하지 않다고 말하는 거니?
He **said** he wanted to marry me. 그는 나와 결혼하고 싶다고 했다.

◄ 오세희 선수가 국내에서 연습했다고 말했다는 기사가 어디 있지요?

008
other
[ʌ́ðər]

图 **다른**
🔊 **어더** > ✳ **어+다** > **어 다르다** > 💬 "정윤아, '아 다르고 어르다' 라는 말 아니야?'
📝 I don't care if **other** children do not study, I only care ab... my own child. 나는 다른 아이들이 공부하지 않아도 신경쓰지 않... 는 내 아이만 소중하게 생각해.
Show me the **other** hand. 반대쪽 손도 보여 줘.

DAY **02** ⑤
STORY가 있는 영단어

⑤ 학습하는 날짜 표시로 2일째 학습 날
짜임을 나타낸다. 하루에 익혀야 할
표제어는 24개이며 52일 동안 1,248
개를 익힐 수 있다.

025
hero
[híːrou]

명 영웅, 주인공
④ 히로우 > ⑤ 헤로(철자 기준) > **해로** > ⑥ 영웅은 '해로' 표현
하기도 하고 '달'로도 표현하지. 그만큼 위대하다는 말이야.
너도 한 시대의 영웅이나 주인공이 되어 보면 어떻겠니?
⑩ The seas have brought us a **hero**! 바다가 우리에게 영웅을 데려
다 주었다네! (베오울프(영화)) ⑥
Boromir is the real **hero** of 'Lord of the Rings'. 보로미르는 '반
지의 제왕'의 진정한 영웅이다.

⑥ 표제어의 예문이다. 예문 뒤에는 우리
말 해석을 덧붙였다.

026
let
[let]

통 ～를 하게 하다. 시키다(let-let-let)
④ 렛 > ⑤ 래 > ⑥ 내가 하기 힘든 것은 남을 시킬래.
⑩ **Let** it be. 만사가 그대로 흘러가게 두세요.
He **let** his child do whatever he
wanted. 그는 그의 아이가 원하는 것은 무엇
이든 하게 두었다.
싫은 것을 남에게
시킨다고요? ▶ ⑦

⑦ 표제어의 이해를 돕기 위한 그림 자료
이다. 이해를 돕기 위해 캡션 설명을
곁들였다.

027
long
[lɔːŋ]

형 긴 부 길게, 오래
④ 롱 > ⑤ 장롱 > ⑥ 방 안의 장롱은 대개 길이가 길다.
⑩ This ladder is **long**. 이 사다리가 길어요.
How **long** have you been in Busan. 부산에 오신 지 얼마나 되었
나요?

028
money
[mʌ́ni]

명 돈
④ 머니 > ⑤ 뭐니 > ⑥ 뭐니 뭐니
해도 돈이 제일이라고 하는 사람
을 보았지. 글쎄 나는 동감하지
않아.
⑩ **Money** matters. 돈은 중요하다.
Time is **money**. 시간은 돈이다.

나는 절대 그렇게 생각하지 않
아. 아무리 물질 사회라고 해도
정신 건강이 제일 중요해.

⑧ 표제어의 이해를 돕기 위한 캐릭터 자
료이다. 15개의 각기 다른 캐릭터가 해
설을 덧붙인다.

017

차례
Contents

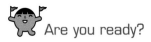Are you ready?

001

good
[gud]

형 **좋은. 즐거운. 잘하는. 선한**

ⓐ 굿 > ⓑ 굿 > ⓒ 굿모닝(good morning), 베리굿(very good) 등에서 알 수 있듯이 굿(good)은 '좋은', '즐거운', '잘하는' 등의 뜻이야.

예 **Good**, you did your homework. 좋아, 너 숙제를 다 했구나.
Good Samaritans help people in danger. 선한 사마리아인은 위기에 빠진 사람을 돕는다.

002

have
[hæv]

동 **가지다. 먹다. 마시다**

ⓐ 해브 > ⓑ 해부 > ⓒ 개구리를 해부하려면 칼을 가져야 한다. 해부할 때는 먹거나 마시지 말고 해부에만 열중해야 한다.

예 I **have** a toy train. 나는 장난감 기차를 갖고 있다.
I **have** lunch at noon. 나는 정오에 점심을 먹는다.

003

man
[mæn]

명 **남자. 인간. 사람**

ⓐ 맨 > ⓑ 맨 > ⓒ 저기에는 맨 남자만 모여 있구나.

예 The strange **man** in blue wandered the campus.
그 파란색 옷을 입은 이상한 사람은 캠퍼스를 배회했다.
A child should be protected until he is a grown **man**. 아이는 자랄 때까지 보호를 받아야 한다.

맨(man) 남자만 있네요. ▶

004

lesson
[lésn]

명 **수업. 교훈**

ⓐ 레슨 > ⓑ 레슨 > ⓒ 피아노 레슨은 피아노 수업이지. 우리는 선생님의 수업을 들으면서 교훈을 얻기도 하지.

예 Let this be a **lesson** to you, dear. 이것을 통해서 한 가지 배우는 것이 있었으면 좋겠네요.
The music **lesson** ended when someone set off a bomb outside the window. 그 음악 수업은 누군가 창밖에서 폭탄을 터뜨리는 바람에 중단되었다.

005
like
[laik]

동 좋아하다 전 ~처럼
- 🔊 라이크 > ⭐ 라(면과 케)이크 > 💬 나는 라면과 케이크를 무척 좋아한다.
- 📝 I **like** to eat hot dogs for lunch. 나는 점심으로 핫도그를 먹는 것을 좋아한다.
  My brother looks **like** a model. 형은 마치 모델처럼 생겼다.

오늘 할아버지 생신이에요.
좋아하는 눈 라면과 케이크를
실컷 먹어요.

006
many
[méni]

형 많은. 다수의
- 🔊 메니 > ⭐ 많이 > 💬 콘서트에 사람이 많이 모였다. 많은 사람 중에 오빠도 보였다.
- 📝 How **many** books do you have? 책을 얼마나 가지고 있습니까?
  My teacher is the author of **many** books. 우리 선생님은 많은 책을 쓰셨다.

| **Tip** | '많은'의 뜻으로 'many'와 'much'가 있다. 'many'는 셀 수 있는 명사와 함께 쓰이고 'much'는 셀 수 없는 명사와 함께 쓰인다.

007
say
[sei]

동 말하다. ~라고 씌어 있다
- 🔊 세이 > ⭐ 오세희 > 💬 피겨 선수 오세희가 "국내에서만 연습하겠다"고 말했다고 오늘자 조간신문에 씌어 있다.
- 📝 Are you **saying** that you don't want to do it? 그것을 하고 싶지 않다고 말하는 거니?
  He **said** he wanted to marry me. 그는 나와 결혼하고 싶다고 말했다.

◀ 오세희 선수가 국내에서 연습했다고 말했다는 기사가 어디 있지요?

008
other
[ʌ́ðər]

형 다른
- 🔊 어더 > ⭐ 어+다 > 어 다르다 > 💬 "정윤아. '아 다르고 어 다르다'라는 말 아니?"
- 📝 I don't care if **other** children do not study, I only care about my own child. 나는 다른 아이들이 공부하지 않아도 신경쓰지 않아. 나는 내 아이만 소중하게 생각해.
  Show me the **other** hand. 반대쪽 손도 보여 줘.

009
dialog
[dáiəlɔ̀ːg]

명 대화
🔊 다이얼로그 > ✪ 다이얼로 걸어 > 😊 대화를 하려면 다이얼을 돌려서 전화를 걸어라.
📢 listen to the **dialog** and answer the question. 대화를 듣고 질문에 답하세요.
| **Tip** | '대화'의 뜻으로 'dialog' 나 'dialogue' 을 쓴다.

다이얼을 돌려서 전화를 걸면
친구와 대화를 할 수 있어요.

010
too
[tuː]

부 너무나. ~ 역시
🔊 투 > ✪ 투 > 😊 그녀는 말하는 투가 너무나 귀여워서 누구나에게 사랑받는다고 한다. 나 역시 그런 생각이 들었다.
📢 This scarf is **too** dirty to wear. 이 스카프는 너무 더러워서 쓸 수가 없다.
This boy is **too** young to join the army. 그 소년은 군대에 참가하기에는 너무 어리다.

▶ 말하는 투가 너무 귀여운 그녀.
그녀가 저기 온다.

011
world
[wəːrld]

명 세상. 세계
🔊 월드 > ✪ 월드컵 > 😊 4년마다 전 세계인이 열광하는 월드컵 축구 잘 알지? 세계컵 축구라는 뜻이지.
📢 This **world** is full of people. 이 세계는 사람들로 가득하다.
It is our task to make this **world** a better place for our children. 이 세상을 우리 자손들이 살기에 더 좋은 곳으로 만드는 것이 우리의 사명이다.

012
enjoy
[indʒɔ́i]

동 즐기다
🔊 인조이 > ✪ 이조인 > 😊 이조인(이씨 조선 시대 사람들)도 여가를 즐겼을까 그것이 궁금하다. 그들은 현대의 우리들보다 더 여유롭고 풍류가 넘치는 생활을 했단다. 그 당시의 자료나 풍속화 등을 보면 잘 알 수 있지.
📢 I **enjoy** the night. 나는 밤을 즐긴다.
They **enjoyed** their lunch in the park. 그들은 공원에서 즐겁게 점심을 먹었다.

013
class
[klæs]

명 학급. 반. 수업

🔊 클래스 > ✪ 클났어 > 큰일 났어 > ☺ 우리 학급 성적이 전교 꼴찌래. 큰일 났어. 그래서 수업 시간에 열심히 하라고 했잖아.

📻 We have **class** today. 오늘은 수업이 있습니다.
The professor told me off for not attending **class**. 교수님은 내가 수업을 빠졌다고 나를 혼내셨다.

014
create
[kriéit]

동 창조하다. 만들다

🔊 크리에이트 > ✪ 글이 예 있다 > ☺ 글이 예(여기에) 있다. 그러니 이 글을 가지고 훌륭한 작품을 창조해(만들어) 보아라.

📻 I know how to destroy but I do not know how to **create**. 나는 파괴하는 법은 알지만, 창조하는 법은 알지 못한다.

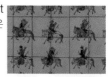

"예 있는 글대로 그림을 그려 보았어요." ▲
"참 훌륭한 작품을 창조했구나."

015
learn
[ləːrn]

부지런히 배워. 알겠지?

동 배우다. 알다

🔊 런 > ✪ 부지런 > ☺ 아들아. 부지런히 배워서 새로운 것을 알도록 힘써라.

📻 All married couples should **learn** the art of battle as they should learn the art of making love. 결혼한 커플들은 서로 사랑하는 법뿐 아니라 서로 잘 싸우는 법 역시 배워야 한다.(J.R.R 톨킨)
She **learned** English through picture books. 그녀는 그림책으로 영어를 배웠다.

016
country
[kʌ́ntri]

명 나라. 국민. 조국. 시골

🔊 컨트리 > ✪ 건드리(면) > ☺ "한 나라가 다른 나라를 건드리면 어떻게 되지?" "온 국민이 조국을 지키기 위해 대항하지. 그러다가 힘이 부치면 시골로 후퇴하지."

📻 Patriotism is the belief that one **country** is the greatest just because you happened to be born in it. 애국주의는, 자신이 태어난 나라라는 이유만으로 조국이 세상에서 가장 위대한 나라라고 믿는 것이다.
Many **countries** in Africa are unsafe. 아프리카의 많은 나라들은 안전하지 않다.

017
survive
[sərváiv]

동 살아남다. ~를 벗어나다

🔊 서바이브 > ✿ 서 봐. 이브야 > ☺ 강도가 이브를 따라오며 말했다. "서 봐. 이브야". 여기서 잠깐. 이브가 강도의 말을 듣고 멈춰서면 살아남을 수 있을까? 위험에서 벗어날 수 있을까?

📝 I can't **survive** without your sweet love. 당신의 달콤한 사랑 없이는 살아갈 수 없어요.
I am going to **survive** by any means. 어떠한 수단을 써서라도 살아남겠다.

018
because
[bikɔ́ːz]

접 왜냐하면. ~ 때문에

🔊 비코즈 > ✿ 비꼬죠(빈정거리죠) > ☺ 왜냐하면 우리들은 그 사람의 말과 행동이 전혀 일치하지 않기 때문에 항상 비꼬죠.

📝 He went to Taiwan **because** he wanted to taste Taiwanese pudding. 그는 대만에서 만들어진 푸딩을 먹고 싶어서 대만으로 갔다.

019
examine
[igzǽmin]

동 조사하다. 시험하다

🔊 이그재민 > ✿ 이그 재미는 없어 > ☺ 노는 것은 좋지만 조사하고 시험하는 일은 이그 정말 재미는 없어.

📝 The dentist **examined** the tooth. 치과 의사가 치아를 살펴보았다.
The jeweler **examined** the diamond.
보석 감정사가 그 다이아몬드를 검사했다.

> 조사하고 시험하는 일에 재미를 느끼면 그 분야의 전문가가 될 수 있어.

020
family
[fǽməli]

명 가족

🔊 패멀리 > ✿ 패서 멀리 > ☺ 가족은 신이 주신 더없는 선물이다. 만일 가족을 패서 멀리 보낸다면 그런 비극은 다시 없을 것이다.

📝 I have a happy **family**. 나에게는 행복한 가족이 있다.
His **family** lives in Canada. 그의 가족은 캐나다에 산다.

신의 선물인 가족이 제일 소중하지요. ▶

021
become
[bikʌm]

동 ~이 되다

🔊 비컴 > ✪ 비 검 > ✪ 비가 검게 보이는 것은 밤에 빛이 흡수되기 때문이다.

📝 I want to **become** a pilot when I grow up! 나는 자라면 비행사가 되고 싶어요!

밤에는 비가 빛에 흡수되어 검게 보이는구나.

022
first
[fəːrst]

형 첫 번째의 명 첫 번째 부 가장 먼저

🔊 퍼스트 > ✪ 퍼스트레이디(first lady) > ✪ 퍼스트 레이디는 대통령 부인을 뜻한다. 여기에서 퍼스트(first)는 '첫 번째' 라는 뜻임을 미루어 알 수 있다.

📝 The **first** man to walk on the moon was Neil Armstrong. 달 위를 처음으로 걸은 사람은 닐 암스트롱이다.

023
friend
[frend]

명 친구

🔊 프렌드 > ✪ 부렌드 > 불엔들 > ✪ 친구를 돕는 일이라면 불엔들 물엔들 못 들어가랴.

📝 She is my best **friend**. 그녀는 나의 제일 친한 친구입니다.
The friend of my **friend** is my friend, too.
나의 친구의 친구는 역시 내 친구이기도 하지.

우리는 친구를 위해서는 불엔들 못들어 갈 이유가 없는 소중한 친구들이야. ▶

024
before
[bifɔːr]

전 ~의 앞에. ~ 전에

🔊 비포 > ✪ 비파 > ✪ 비파 연주자 앞에 거문고 연주자가 앉았다. 공연 시작 전에 총연습이 실시되었다.

📝 I used to be a car **before** I transformed into a robot. 내가 로보트로 변하기 전까지 나는 차였다.

비파 연주자 앞에 거문고 연주자가 앉았다. 공연 전에 총연습이 진행되었다.

DAY 02
STORY가 있는 영단어

025
hero
[híːrou]

명 영웅. 주인공

◐ 히로우 > ✪ 헤로(철자 기준) > ☺ 영웅은 '해로' 표현하기도 하고 '달'로도 표현하지. 그만큼 위대하다는 말이야. 너도 한 시대의 영웅이나 주인공이 되어 보면 어떻겠니?

예 The seas have brought us a **hero**! 바다가 우리에게 영웅을 데려다 주었다네! (베오울프(영화))
Boromir is the real **hero** of 'Lord of the Rings'. 보로미르는 '반지의 제왕'의 진정한 영웅이다.

026
let
[let]

동 ~를 하게 하다. 시키다(let-let-let)

◐ 렛 > ✪ 래 > ☺ 내가 하기 힘든 것은 남을 시킬래.

예 **Let** it be. 만사가 그대로 흘러가게 두세요.
He **let** his child do whatever he wanted. 그는 그의 아이가 원하는 것은 무엇이든 하게 두었다.

싫은 것을 남에게
시킨다고요? ▶

027
long
[lɔːŋ]

형 긴 부 길게. 오래

◐ 롱 > ✪ 장롱 > ☺ 방 안의 장롱은 대개 길이가 길다.

예 This ladder is **long**. 이 사다리가 길어요.
How **long** have you been in Busan. 부산에 오신 지 얼마나 되었나요?

028
money
[mʌ́ni]

명 돈

◐ 머니 > ✪ 뭐니 > ☺ 뭐니 뭐니 해도 돈이 제일이라고 하는 사람을 보았지. 글쎄 나는 동감하지 않아.

예 **Money** matters. 돈은 중요하다.
Time is **money**. 시간은 돈이다.

나는 절대 그렇게 생각하지 않아. 아무리 물질 사회라고 해도 정신 건강이 제일 중요해.

029
year
[jiər]

명 연(년). 해. 나이

🔊 이어 > ✪ 이여! > ☝ 중학교 2학년을 허송세월했다. 그래서 남은 1년 열심히 공부하기로 결심하고 기도했다. "1년이여! 천천히 지나가게 해 주소서."

예 Happy New **Year's** Eve! 섣달 그믐날 밤 즐겁게 보내세요!

1년이여! 천천히 지나가게 해 주세요. ▶

030
regret
[rigrét]

명 후회. 유감 동 후회하다. 유감으로 생각하다

🔊 리그레트 > ✪ (소)리 그래 트(집) > ☝ 아연이는 동생 혜민이를 생각하고 있다. 아침에 공연히 소리를 그래(그렇게) 지르고 트집을 잡은 일을 매우 후회하고 유감스럽게 생각하고 있다.

예 I **regret** saying that. 내가 뱉은 말이 후회된다.

동생에게 소리 그래 지르고 트집을 잡은 일을 후회하고 유감으로 생각하고 있어.

031
part
[pɑːrt]

명 부분. 역할 동 헤어지다

🔊 파트 > ✪ 파트 > ☝ 편의점 등에서 아르바이트하는 것을 '파트타임(part-time)' 아르바이트라 하지. 즉 종일 하는 것이 아니고 하루의 '일부분'만 하는 것이지. 그래서 '부분'의 뜻이 있지. 또 사람에게 할당된 부분이라는 의미에서 '역할'의 뜻도 있어.

예 The actor was perfect for the **part**. 그 배우는 그 역할을 완벽하게 소화했다.
She **parted** from her child. 그녀는 그녀의 아이와 떨어졌다.

032
birthday
[bə́ːrθdèi]

명 생일

🔊 버쓰데이 > ✪ 버스(벗었어)+데이 > ☝ 버스데이는 버스가 온 날인가요? 그렇지 않아요. 갓 출생하여 옷을 완전히 벗은 아기가 온 날 즉 생일입니다.

예 Happy **birthday** to you! 당신의 생일 축하합니다!
I received a **birthday** present from my friend. 친구로부터 생일 선물을 받았다.

033
understand
[ʌndərstǽnd]

동 이해하다. 알다

🔊 언더스탠드 > ✪ 안다 스탠드 > ☺ "안다 스탠드? 모른다 스탠드?"에서 '알다', '이해하다'의 뜻.

📝 I do not **understand** your difficulty. 나는 당신이 처한 어려움을 이해할 수 없어요.
Why can't you be more **understanding**? 당신 좀 더 너그러울 수 없나요?

034
child
[tʃaild]

명 어린이. 아이

🔊 차일드 > ✪ 차일 듯 > ☺ ①아이(어린이)가 엄마의 발에 차일 듯 바짝 곁을 따라가고 있다. ②두 어린이가 잘도 노는구나.

📝 The **child** knocked on the door. 그 아이는 문을 두드렸다.
An orphan is a **child** without parents. 고아는 부모가 없는 아이를 말한다.

두 어린이가 잘도 노는구나 ▶

DAY 02

035
city
[síti]

명 시. 도시

🔊 시티 > ✪ 시티 > ☺ 도시에 오니 시티가 난다. 촌에 가면 촌티가 나겠지?

📝 Seoul is a busy **city**. 서울은 아주 분주한 도시이다.
I would like to live in the **city** of Arkham. 나는 아캄 시에서 살고 싶다.

036
away
[əwéi]

부 멀리 떠나. 떨어져. 저쪽으로

🔊 어웨이 > ✪ 어 왜 이래 > ☺ 아이가 공차기를 하다가 친구의 등을 맞췄다. 그러자 공 맞은 친구가 하는 말. "어 왜 이래. 좀 멀리 떨어져 놀지 않을래? 저쪽으로 가서 놀아라."

📝 I am **away** from home. 나는 집에서 멀리 떠나왔다.
Go **away**, I am busy! 나 지금 바쁘니 저리 가!

어. 왜 이래. 저쪽으로 멀리 가라.

037

future

[fjúːtʃər]

명 **미래**

🔊 퓨처 〉 ✪ 부처 〉 💬 한여름에 부채를 부쳐 가면서 공부하는 이유는 바로 자신의 미래를 위해서이다.

📝 In the **future**, I am going to live with seventeen cats and one dog! 미래에는 나는 17마리의 고양이와 한 마리의 개를 키울 거야!
Zaphod is the **future** president of the galaxy. 자포드는 미래의 은하계 대통령이다.

공부를 안 하고 놀기만 하면 너의 미래는 어떻게 되다?

038

celebrate

[séləbrèit]

동 **축하하다. 찬양하다**

🔊 셀러브레이트 〉 ✪ 베스트셀러 브레이트 〉 💬 브레이트 씨! 당신이 집필한 신을 찬양한 책이 베스트셀러가 되었다는군요. 축하합니다.

📝 Let's **celebrate** the end of the semester! 이번 학기가 끝난 것을 축하합니다!

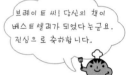

브레이 트 씨! 당신의 책이 베스트셀러가 되었다 는군요. 진심으로 축하합니다.

039

visit

[vízit]

동 **방문하다**

🔊 비지트 〉 ✪ 비지땀 〉 💬 영수는 할머니 댁을 방문하기 위해 비지땀을 흘리며 언덕길을 오르고 있다.

📝 Bad luck **visits** you when you least expect it. 불운은 당신이 예상치 못하는 순간에 찾아온다.

040

help

[help]

동 **돕다**

🔊 헬프 〉 ✪ 헬기+프로펠러 〉 💬 산등성이 위에서 헬기 프로펠러가 빠르게 돌고 있다. 등산 중 조난당한 사람의 구조를 돕고 있다.

📝 **Help**, I'm drowning! 도와줘요, 저는 물에 빠져 죽어가고 있어요!
She **helped** an old woman cross the street. 그녀는 한 노파가 길을 건너는 것을 도와주었어요.

041

disappoint
[dìsəpɔ́int]

동 실망시키다

🔊 디서포인트 > ⚙ 뒤에서 보인다 > 😊 여자 친구 속옷이 뒤에서 보니 다 보인다. 그 모습이 나를 몹시 실망시켰다.

📝 I shall not **disappoint** you, master. 실망시키지 않겠습니다. 주인님.
Your report **disappoints** me, so I shall not allow you to graduate. 너의 논문이 참으로 실망스럽구나, 그래서 너를 졸업시키지 않겠다.

042

hope
[houp]

동 희망하다. 바라다 명 희망

🔊 호웁 > ⚙ 호흡 > 😊 나는 시 대표 축구 선수이다. 다른 선수들과 호흡을 잘 맞출 수 있기를 희망한다.

📝 I **hope** to meet you again soon. 당신과 곧 다시 만나기를 바랍니다.
Let's **hope** for the best. 최선의 결과를 기대합시다.

동료 선수와 호흡이 잘
맞기를 희망합니다.

043

look
[luk]

동 보다. 보이다

🔊 룩 > ⚙ 얼룩말 > 😊 ①우리는 얼룩말을 보고 나서 동물원 전체가 보이는 전망대로 향했다. ②벼룩도 우리를 볼 수 있을까?

📝 He **looks** like his father. 그는 그의 아버지를 닮았다.
Alice stepped through the **looking** glass. 앨리스는 거울 안으로 걸어 들어갔다.

침대 위에 있는 벼룩이 우리를
볼 수 있다는 상상을 해 보니
참 재미있는걸. ▶

044

love
[lʌv]

명 사랑 동 사랑하다

🔊 러브 > ⚙ 러브 > 😊 가수 조성모의 '러브송(love song)' 이라는 곡이 있지. '사랑의 노래' 즉 '연가' 로 해석할 수 있는 노래야.

📝 If you want to know what **love** is, fall in love. 사랑이 무엇인지 알고 싶다면, 일단 사랑에 빠져 보라.
It is better to have **loved** and lost than never have loved at all. 사랑에 빠진 후에 그것을 잃어버리는 것이 아예 사랑하지 않는 것보다 훨씬 낫다. (테니슨)

045

nice
[nais]

형 **좋은. 훌륭한. 친절한**

🔊 나이스 > ✿ 나이스 정수기 > 💬 정수기 광고 중에 '나이스 정수기'라는 것 보았지? 품질 좋고 훌륭한 정수기이며 친절하게 애프터서비스를 해 준다는 의미로 이름 지었을 것 같아.

📝 It's so **nice** of you to say so. 그렇게 말하다니, 너는 참 멋지다.
He is a **nice** guy. 그는 멋진 녀석이야.

046

beautiful
[bjúːtəfəl]

형 **아름다운. 훌륭한**

🔊 뷰터펄 > ✿ 부터 펄펄 > 💬 아름다운 여인이 무슨 기분 좋은 일이라도 있는지 아침부터 내 옆에서 펄펄 날아다니고 있으니 나도 기분이 좋구나.

📝 Books written by Tolkien are so **beautiful** that they make me cry. 톨킨이 쓴 책들은, 읽을 때 눈물을 흘리게 만들 정도로 아름답다.

아침부터 내 옆에서 펄펄 날아다니는 저 아름다운 사람이 누구죠?

047

introduce
[ìntrədjúːs]

동 **소개하다. 도입하다**

🔊 인트러듀스 > ✿ 인(제) 틀어 주소 > 💬 강당에 사람이 다 모이면 회장님을 소개하는 기록영화를 틀어 주기로 했다(이것은 경쟁사의 전략을 도입한 것임). 조금 지나자 한 사람이 외쳤다. "인제 틀어 주소. 다 모였어요."

📝 I **introduced** my boyfriend to my parents. 나는 내 남자 친구를 부모님께 소개했다.

048

stay
[stei]

동 **머무르다. 묵다**

🔊 스테이 > ✿ 스테이 > 💬 하루가 다르게 세계화되어 가고 있다. 외국에 갈 때 호텔이 아닌 일반 가정에서 숙박하는 일이 많아질 것이다. 가정에서 머무는(stay) 것을 홈스테이(homestay)라고 하는데 최근 들어 일반화된 말이다. 여기에서 알 수 있듯이 스테이(stay)는 '머무르다, 묵다, 숙박하다'의 뜻이다.

📝 Can you **stay** with me tonight? 오늘 밤 나랑 머물러 줄래?
I **stayed** in Busan for several weeks. 나는 부산에서 몇 주간 머물렀다.

049

earth
[əːrθ]

명 **지구. 땅. 흙**

🔊 어쓰 > ⚙ 어서 서 > 💡 지구가 돌아가니 어지러워서 "어서 서"라고 크게 소리친다. 그런데 너 지구 돌아가는 소리 들을 수 있어?

📝 Rock cover the **Earth's** surface. 돌이 지구 표면을 덮는다.
The child ate a handful of **earth**. 그 아이는 흙 한 줌을 먹었다.

050

protect
[prətékt]

동 **보호하다. 지키다**

🔊 프러텍트 > ⚙ 풀었대도 > 💡 국민을 보호하기 위해 범죄자에게 전자발찌를 채우는데 범죄자가 몰래 풀었대도(풀었다고 해도) 감시는 계속된다.

📝 **Protect** this city. 이 도시를 지켜라.
The captain of the guard **protected** the prince with his life.
경비대장은 자신의 목숨을 걸고 왕자를 지켰다.

051

own
[oun]

형 **자기 자신의. 독특한** 동 **소유하다**

🔊 오운 > ⚙ 오! 운다 > 💡 저 사람은 집을 다섯 채나 소유하고 있지만 자기 자신만의 독특한 구걸 방법이 있다. 사람만 나타나면 큰 소리로 우는 것이다. 오! 또 운다.

📝 That is your **own** house. 저것은 당신 소유의 집이다.
I do not **own** expensive earrings. 나는 비싼 귀걸이를 소유하고 있지는 않다.

052

farmer
[fɑ́ːrmər]

명 **농부. 농장주**

🔊 파머 > ⚙ 파머거 > 파먹어 > 💡 땅을 파서 먹고 사는 사람은? 농부입니다.

📝 My grandfather was a **farmer**. 내 할아버지는 농부였다.
The **farmer** took off his straw hat. 그 농부는 자신의 밀짚모자를 벗었다.

▶ 땅을 파먹고 사는 사람이 농부입니다.

053
food
[fuːd]

명 음식물. 식료품

🔊 푸드 > ✪ 푸드 > 💬 "너 패스트푸드 좋아하지?" "햄버거, 프라이드치킨, 컵라면 같은 것 신속하게 먹을 수 있어서 정말 좋아요." "그래. 바로 그거야. 패스트(fast)는 '빠른', 푸드(food)는 '음식물'의 뜻이야."

📝 My favorite **food** is Taiwanese custard pudding. 내가 가장 좋아하는 음식은 대만식의 커스터드 푸딩이다.

◀ 푸드를 모르면 패스트푸드를 떠올리세요.

054
without
[wiðàut]

전 ~ 없는(없이). ~ 없다면. ~하지 않고

🔊 위드아웃 > ✪ 위도(섬으로) 아웃 > 💬 열정이 없는 사람은 예외 없이 위도 섬으로 아웃시켜 버린다고 합니다.

📝 I will have to do **without** food until I receive my wages. 월급을 받기 전까지는 먹지 않고 살아가는 수밖에 없다.

055
great
[greit]

형 위대한. 큰. 훌륭한

🔊 그레이트 > ✪ 그래 있다 > 💬 두 친구가 서로 자기 집안이 훌륭하다고 싸우고 있다. 한 친구가 "너 가족 중에 훌륭한 사람 있어?" 하고 묻자, 다른 친구가 "그래 우리 집안에도 크고 위대한 어른이 있다 임마." 하고 소리쳤다.

📝 Mom, you are **great**! Thank you for this new Playstation! 엄마 대단해요! 이 새 플레이스테이션 정말 고마워요!

> 그래 있다. 우리 집안에 위대한 분이.

056
frost
[frost]

명 서리

🔊 프로스트 > ✪ 프로스타 > 💬 프로의 스타 선수들은 서리가 내리든 춥든 덥든 가리지 않고 운동에 최선을 다한다.

📝 The window is covered in **frost**. 창문은 서리로 뒤덮여 있다. **Frost** is made out of ice. 서리는 얼음으로 이루어져 있다.

> 서리가 내리든 춥든 덥든 프로의 스타 선수들은 열심히 노력합니다.

057
during
[djúəriŋ]

전 ~동안. ~하는 중

🔊 듀어링 › ✪ 둘이 › ⊙ 원숭이 둘이 장난 하는 동안 우리는 서둘러 청소를 했다.

📝 **During** my stay in Canada, my aunt took care of me. 캐나다에 머무는 동안, 이모가 나를 보살펴 주었다.
She was tired **during** her pregnancy. 임신 기간 동안, 그녀는 매우 피곤해했다.

057
invade
[invéid]

동 침략하다. 침입하다. 침해하다

🔊 인베이드 › ✪ 안 보여도 › ⊙ 깜깜해서 안 보여도 도둑이 침략하여(침입하여) 잘도 훔치는구나.

📝 Germany **invaded** France. 독일이 프랑스를 침공했다.
The evil forces of Sauron **invaded** Gondor. 사우론의 사악한 군대가 곤도르를 침공했다.

안 보여도 침입하여
훔치는 기술. 그런 기술은
배우지 맙시다.

059
produce
[prədjúːs]

동 생산하다

🔊 프러듀스 › ✪ 풀어줬어 › ⊙ 닭을 세 마리 사 왔는데 알을 잘 생산하는 닭은 풀어줬어. 나머지는 잡아먹었어.

📝 This machine **produces** 100 units a day. 이 기계는 하루에 100개의 제품을 생산한다.
He finally **produced** his movie. 그는 마침내 그의 영화를 제작하였다.

◀ 저도 알을 잘 낳아서 주인으로부터 사랑을 받아요.

060
example
[igzǽmpl]

명 샘플. (본)보기. 예

🔊 이그잼플 › ✪ 이 샘플 그 샘플 › ⊙ 이 샘플 보기 그 샘플 보기, 샘플 보기만 자꾸 하는구나.

📝 He is an **example** to us all. 그는 우리 모두에 대한 본보기이다.
Do you need an **example**? 예제가 하나 필요하니?

샘플 보기만 하고 물건을
사지 않으면 눈칫밥을 먹지요.

061

kind
[kaind]

형 친절한 명 종류

🔊 카인드 > ⚙ 가라+인도 > 💡 어린 동생들이 차가 쌩쌩 달리는 차도로 웃으면서 걸어가고 있었다. 나는 그냥 넘기지 않고 친절하게 말했다. "얘들아, 가라 인도로! 길에는 차도와 인도의 두 종류가 있어. 사람들은 인도로 다녀야 해."

💬 She is the **kindest** person I know. 그녀는 내가 아는 사람들 중 가장 친절하다.
There are many **kinds** of people. 세상에는 여러 종류의 사람들이 있다.

062

then
[ðen]

부 그때. 그러면. 그러고 나서. 그 다음에

🔊 덴 > ⚙ 뎅뎅뎅 > 💡 뎅뎅뎅… 시계가 12번 울렸다. 그때 소복을 한 여인이 방으로 들어와 말했다. "원한을 풀어 주세요. 그러면 은혜는 꼭 갚겠어요." 그러고 나서 유유히 사라졌다.

💬 **Then** I will not bother. 그러면 너를 귀찮게 하지 않을게.
And if he does not pay up, what **then**? 그가 빚을 갚지 않는다면, 그 다음엔 어떻게 할 것이지?

063

off
[ɔːf]

부 떨어져서 전 ~에서 떨어져

🔊 오프 > ⚙ 오프 > 💡 on은 붙어 있는 상태, 오프(off)는 떨어져 있는 상태를 뜻한다. 텔레비전을 끄다는 'off', 켜다는 'on'을 쓴다.

💬 The building is a long way **off**. 그 빌딩은 멀리 떨어져 있다.
Take your hands **off** him! 그에게서 손 떼세요!
Get **off** that train. 그 열차에서 내려.

064

life
[laif]

명 생명. 목숨. 생활. 인생

🔊 라이프 > ⚙ 나이 four > 💡 생명이 질기기도 하구나. 빈터에 버려진 어린 목숨을 가져다 길렀더니 어느새 나이가 네(four)살이 되었네.

💬 He was happy for most of his **life**. 그는 대부분의 생애 동안 행복했다.
This is a matter of **life** and death. 이것은 삶과 죽음에 대한 문제입니다.

065
crash
[kræʃ]

명 충돌 동 충돌하다

🔊 크래시 › ⚙ 클났어 › 큰일 났어 › 💬 영재가 오토바이와 충돌하여 다쳤단다. 큰일 났어.

📝 He was hurt in the **crash** of their cars. 그는 자동차 충돌로 다쳤다.
The car **crashed** into the police station. 그 차는 경찰서에 충돌했다.
The blind dog **crashed** into a wall. 그 눈 먼 개는 벽에 부딪쳤다.

066
perhaps
[pərhǽps]

부 아마. 어쩌면

🔊 퍼햅스 › ⚙ 퍼 햅쌀 › 💬 아마도 저 친구가 바가지로 퍼 햅쌀을 가져간 것 같다.

📝 **Perhaps**, I'm crazy now. 어쩌면 나는 지금 미쳐 있을지도 몰라.
Perhaps she likes me. 어쩌면 그녀가 날 좋아할지도 몰라.

067
scare
[skɛər]

동 놀라게 하다. 겁내다

🔊 스케어 › ⚙ (어)서 깨어 › 💬 잠을 자고 있는데 "어서 깨어라. 불이 났다." 하는 소리가 나를 놀라게 했다.

📝 You **scared** me. 놀랐잖아.
I was **scared** because I was alone in the building. 나는 건물 안에 혼자 있어서 겁에 질렸다.

068
stare
[stɛər]

동 응시하다

🔊 스테어 › ⚙ 스타래(철자 기준) › 💬 어! 저분 스타(장군)래. 어떻게 해서 저렇게 훌륭하게 되었는지 관상을 응시해 보자.

📝 Why is everybody **staring** at me? 왜 모두가 나를 쳐다보고 있지?
I **stared** at him but he seemed not to notice. 나는 그를 빤히 쳐다보았지만 그는 눈치 채지 못한 듯했다.

저분 스(s)타(ta)래(re).
관상을 잘 응시해 보자. ▶

069
shout
[ʃaut]

图 외치다. 큰 소리로 말하다
- 🔊 샤우트 > ⚙ 싸웠다 > 💬 아이들이 피를 흘리며 싸웠다. "이때 어떻게 해야지?" "어른들에게 큰소리로 외치면서 말려 달라고 소리쳐야지요."
- 📝 Do not **shout** in the restaurant. 레스토랑 안에서는 소리를 지르지 마라.
  Kimberley **shouted** for help. 킴벌리는 소리를 질러 도움을 청했다.

070
another
[ənʌ́ðər]

图 또 하나의. 다른. 별개의 데 또 하나
- 🔊 어너더 > ⚙ 하나 더 > 💬 "하나 더 주세요." "뭐요?" "그릇 위에 얹어 다른 것 하나 더 주세요."
- 📝 Will you have **another** slice of cake? 케이크 한 조각 더 먹을래?
  My pencil broke, but I have **another**. 내 연필이 부러졌지만, 아직 하나 더 있다.

071
clock
[klɑk]

图 탁상 시계. 벽시계
- 🔊 클락 > ⚙ 콜록 > 💬 감기에 걸려 밤새 콜록거렸다. 탁상 시계를 보니 이제 자정이 겨우 지났다.
- 📝 My **clock** has stopped. 내 시계가 멈췄다.
  The **clock** has just struck seven. 시계가 방금 7시를 쳤다.

◀ 감기로 밤새 콜록거리다 시계를 보니 이제 한밤중이에요.

072
such
[sʌtʃ]

图 이와 같은. 이러한. 그러한
- 🔊 서치 > ⚙ 세(3) 치 > 💬 '세 치 혀가 사람 잡는다'는 말이 있다. 그 말은 이와 같은(이러한) 뜻으로 해석할 수 있다. 즉 세 치밖에 안 되는 짧은 혀라도 잘못 놀리면 사람이 죽을 정도의 큰일이 일어날 수 있다는 말이다.
- 📝 You are **such** a baby! 너 정말 아기 같구나.
  Such feelings are common among teenagers. 그런 감정은 10대들 사이에 흔한 것이다.

073
doctor
[dɑ́ktər]

명 의사

🔊 닥터 > ⚙ 탁 터 > 💡 나는 갑자기 쓰러져서 병원에 갔다. 어머니께서 걱정스러운 얼굴로 "의사 선생님. 뜸 들이지 말고 탁 터 놓고 무슨 병인지 알려 주세요."라고 말씀하셨다.

💬 Hey, **doctor**, what are you talking about? 이보시오, 의사 양반, 그게 대체 무슨 소리요?

074
discuss
[diskʌ́s]

동 토론(토의)하다. 의논하다

🔊 디스커스 > ⚙ 뒤섞어서 > 💡 우수 집단과 다른 집단을 따로 분리하니 우수 집단은 잘 토론하는데 다른 집단은 꿀벙어리다. 그래서 두 집단을 뒤섞어서 의논하게 하였다.

💬 Let's **discuss** plans to make your little brother study harder. 네 동생을 더 열심히 공부시키기 위한 계획에 대해 의논해 보자.

075
afraid
[əfréid]

형 두려워하여. 걱정하여

🔊 어프레이드 > ⚙ 엎을래 이것도 > 💡 불량배가 저것을 엎은 후, 여기저기 돌아다니더니 이것도 엎을래 하니까 모두들 두려워하고 걱정하더라.

💬 I am **afraid** of animal. 나는 동물이 두렵다.
I am not **afraid** of dogs. 나는 개를 무서워하지 않는다.

076
every
[évriː]

형 모든. 매 ~. ~마다

🔊 에브리 > ⚙ 애 보리 > 애 볼 이 > 💡 시골에서는 거의 모든 마을이 애 볼이가 없어서 농사철마다 어려움을 겪는다.

> 설마 이 경운기 혼자 농사를 다 짓는 것은 아니겠지요?

💬 **Every** kid wants a bicycle for his Christmas present. 모든 아이들은 크리스마스 선물로 자전거를 받고 싶어한다.

077
get
[get]

图 얻다. 사다. 이해하다(get-got-gotten)
- ◐ 겟 › ✪ 겠 놀이 › ➡ 원진이와 병호는 '겠' 이 들어가는 말놀이를 하고 있다. 원진이 왈 "나는 아름다운 여인을 아내로 얻겠다." 병호 왈 "나는 돈을 많이 벌어 고급 승용차를 사겠다."
- 메 **Get** me a bottle of water. 나에게 물 한 병만 가져다 줘.
  Do you **get** what I am saying? 내가 말한 것 이해가 되니?

◀ '겟' 게임 참 재미있네. 사람을 얻겠다.
승용차를 사겠다.

078
both
[bouθ]

형 양쪽의 대 양쪽
- ◐ 보우쓰 › ✪ 보스(우두머리) › ➡ 자고로 보스란 부하들을 양쪽의 어깨에 달고 다니는 사람들이다.
- 메 Strawberries and raspberries are **both** berries. 딸기와 라즈베리는 둘 다 딸기의 한 종류이다.

| Tip | 'both A and B' 의 형태로 많이 쓰인다.
'A도 B도' 의 뜻이다.

보스는 어느 한쪽에 치우쳐서는 절대로 집단을 이끌어 나갈 수 없어.

079
idea
[aidíːə]

명 생각. 관념
- ◐ 아이디어 › ✪ 아이지여 › 아이지요 › ➡ 생각(관념)에 젖기를 잘 하는 것이 아이지요.
- 메 I have no **idea** how this happened. 대체 어떻게 된 일인지 나도 모르겠어.
  This is a good **idea**. 이거 좋은 생각이네요.

080
king
[kiŋ]

명 왕. 임금
- ◐ 킹 › ✪ 킹 › ➡ "공부를 제일 잘하는 친구를 뭐라 하지?" "공부킹이라고 하지." "그래. 킹은 '왕' 이란 뜻이다." "공부 짱이라는 말도 많이 쓰는데…"
- 메 Aragorn is the rightful **king** of Gondor. 아라곤은 곤도르의 정당한 왕이다.

081
busy
[bízi]

형 **바쁜. 부지런한. 통화중인**

🔊 비지 > ⊙ 비지 > ☺ 두부를 만들기 위해 콩을 불려 맷돌로 갈아 나오는 찌꺼기를 비지라고 한다. 손님이 두부 달라자, 아주머니가 하는 말 "두부는 만들고 있어요. 바쁘시면 비지라도 대신 드릴까요?"

예 I am **busy**, can I call back later? 내가 지금 바쁘니, 나중에 다시 전화해도 될까?

082
language
[læŋgwidʒ]

명 **언어. 말. 국어**

🔊 랭귀지 > ⊙ 냉기지 > 남기지 > ☺ 사람은 늙어 죽어도 언어(말)는 반드시 남기지. '인생은 짧고 예술은 길다' 라는 말과 비슷한 내용이네.

예 He speaks many **languages**. 그는 많은 언어를 구사한다.
I took a **language** aptitude test. 나는 언어 적성검사를 치렀다.

◀ 사람은 죽어서 언어를 남기지요.

083
less
[les]

형 **더 적은(little의 비교급)** 부 **더 적게**

🔊 레스 > ⊙ 애소 > 애(아이)와 소(小) > ☺ 애와 小는 '더 적은' 것을 뜻하는 말이지.

예 This homework is **less** than half done. 이 숙제를 반보다는 조금 덜 했어요.
My neighbor is no **less** than the principal of the school himself. 내 이웃은 다름 아닌 바로 그 학교의 교장 선생님이다.

| **Tip** | no less than은 '~못지 않은, 바로 ~인' 의 뜻으로 쓰인다.

DAY
04

084
everything
[évriθiŋ]

대 **모든 것. 가장 중요한 것**

🔊 에브리씽 > ⊙ 애 버려 씽 > ☺ 공부를 모든 것, 가장 중요한 것으로 간주하고 자식을 혹사하면 애 버려 씽!

예 I lost **everything** I own in that fire. 그 불길에서 내 소유물을 모두 잃었다.
Everything I have, I owe to you. 내가 가지고 있는 모든 것은 다 네 덕분이다.

085
last
[læst]

형 마지막의. 최근의 동 지속되다

🔊 래스트 > ✪ 래스트콘서트 > 💡 '래스트콘서트' 가 내가 연기한 최근의 공연이자 마지막 공연이었다.

📝 He is the **last** of the Mohicans. 그는 모히칸 족의 마지막 전사이다.
Let this moment **last** forever. 지금 이 순간이 영원하도록 해요.

086
little
[lítl]

형 작은. 거의 없는(little-less-least)

🔊 리틀 > ✪ 리들 > 💡 예의가 거의 없는 어른이 "니들(너희들)은 작은 꼬마들이야" 하고 놀렸다.

📝 The **little** child played with a toy car. 그 어린아이는 장난감 차를 가지고 놀았다.
There is **little** that he does not know. 그가 모르는 것은 거의 없다.

어떤 분이 우리를 작은 꼬마들이래. ▶

087
far
[fɑːr]

부 멀리. 훨씬. 대단히

🔊 파 > ✪ 파 > 💡 장난삼아 침을 파 하고 내뱉었더니 아주 멀리 날아갔다.

📝 My brother lives **far** away. 내 형은 매우 먼 곳에 산다.
Do not go **far**. 너무 멀리까지 나가지는 말거라.

침을 '파'하고 내뱉었더니 멀리 날아갔다고? 도로나 사람들이 모이는 곳에서는 침을 뱉으면 안 돼.

088
sniff
[snif]

동 코를 훌쩍이다. 냄새 맡다

🔊 스니프 > ✪ 스니프 > 💡 개는 냄새를 잘 맡아. 특히 스니프라는 서양 개는 1킬로 떨어진 곳의 냄새도 잘 맡는대.

📝 Many people consider it improper to **sniff** at the dinner table. 많은 사람들은 저녁 식사 자리에서 코를 훌쩍이는 것이 적절치 못한 행동이라 생각한다.
This 4-D movie includes smell, so be ready to **sniff**! 이 4-D 영화에는 냄새까지 포함되니까 코를 킁킁거릴 준비를 하세요!

089

shrug

[ʃrʌg]

동 어깨를 으쓱하다

🔊 시럭 > ⚙ 수륙 > ❓ 군인 아저씨가 수륙 양용 전차를 몰고 다니면서 어깨를 으쓱하고(뽐내고) 있다.

📝 I **shrugged** at the question. 그 질문에 나는 어깨를 으쓱해 보였다. He **shrugged** and said he did not fear death. 그는 어깨를 으쓱하면서 자신은 죽음을 두려워하지 않는다고 말했다.

090

garden

[gáːrdn]

명 뜰. 정원. 동산

🔊 가든 > ⚙ 가둔 > ❓ 우리 집 정원에 가둔 새가 날아갔다.

📝 The **garden** is full of roses. 이 정원은 장미로 가득 차 있다. Adam strolled in the **garden** of Eden. 아담은 에덴 동산을 거닐었다.

091

drug

[drʌg]

명 약. 약물

🔊 드러그 > ⚙ 들어가 > ❓ 감기에 걸려 심하게 고생했는데 의사가 처방해 준 약이 몸에 들어가니 좀 나을 것 같다.

📝 Stay away from illegal **drugs**. 불법적인 마약류를 멀리하자.

이 약이 들어가니 바로 나았어.

092

invent

[invént]

동 발명하다. 꾸며내다

🔊 인벤트 > ⚙ 人(사람)+벤츠(승용차) > ❓ 값비싼 벤츠 자동차를 발명한 것은 바로 인(人)이다.

📝 Shakespeare **invented** the word 'incarnadine'. 셰익스피어는 '주홍빛으로 물들이다' 라는 단어를 만들어 냈다.

◀ 사람이 벤츠 자동차를 발명하였지.

093

quite
[kwait]

㉑ 아주. 완전히. 굉장히

🔊 콰이트 › ✪ 콰이트 › ☺ "원진아, 콰이트의 스펠링을 말해 보아라." " 예. 선생님, q-u-i-t-e입니다. 아주 어렵네요." "그래. 이 단어를 외기가 어려우니 이번에 완전히 기억해 두거라."

📝 I **quite** like spaghetti. 나는 스파게티를 아주 좋아한다.
Travelling by plane is **quite** safe. 비행기 여행은 단연코 안전하다.

094

different
[dífrənt]

㉑ 다른. 상이한(⟨반⟩ same)

🔊 디프런트 › ✪ 뒤 파랗다 › ☺ 앞은 하얀데 뒤는 파랗다. 결국 앞과 뒤가 다르다.

📝 We are not so **different**. 우리는 그렇게 다르지는 않아.
This is a **different** kind of matter. 그것은 다른 종류의 문제다.

뒤는 파랗고
앞은 하얗고
앞뒤가 다르네요.

095

dinner
[dínər]

㉐ 정찬. 만찬. 만찬회

🔊 디너 › ✪ 디(자이)너 › ☺ 어머니는 옷을 잘 만들어 준 디자이너에게 저녁 만찬을 대접하기로 하셨다.

📝 I want lobster stew for **dinner**! 나는 저녁 만찬으로 바닷가재 스튜를 먹고 싶다.
There was a stain on his **dinner** jacket. 그의 만찬 재킷에 얼룩이 묻어 있었다.

◀ 디자이너에게 제공한 만찬은 돼지 족발 등이었다.

096

travel
[trǽvəl]

㉓ 여행하다. 달리다

🔊 트래벌 › ✪ 들에, 벌(판에) › ☺ 형과 나는 여행하면서 들에 벌판에, 신나게 달리고 놀았다.

📝 Do you have your **travel** papers with you? 여행에 필요한 서류를 지참하고 있습니까?
I left my **travel** bag in the airport. 나는 여행 가방을 공항에 두고 왔네.

097
hard
[ha:rd]

형 **단단한. 어려운. 괴로운**

🔊 하드 > ✿ 하드 > ☺ 아이스크림 중에서 소프트크림(soft cream)은 부드럽지만 하드크림(hard cream)은 단단하여 이로 깨물어 먹기도 어려운 크림이다.
잘못 깨물어 이를 상한다면 괴로울 것이다.

📝 This question is **hard**. 이 질문은 어렵네요.

> 하드크림은 단단하여 먹기 어려운 아이스크림이에요.

098
graduate
[grǽdʒuèit]

동 **졸업하다**

🔊 그래주에이트 > ✿ 그래, 주애 (노트에) 있다 > ☺ "졸업한 애들 명단이 어디에 있니? 미래나 주애가 갖고 있니?" "그래. 주애 노트에 졸업한 이들의 명단이 다 있다."

📝 "Why should I allow you to **graduate** and lose a valuable worker?" said the professor. "내가 왜 너를 졸업시켜서 귀중한 일꾼 하나를 잃어야 하지?"라고 그 교수가 말했다.

099
trip
[trip]

명 **짧은 여행**

🔊 트립 > ✿ 튤립 > ☺ 튤립이 길가에 곱게 피어 (짧은) 여행을 하는 나를 반갑게 맞아 주는 듯했다.

📝 Have a nice **trip**. 여행 잘 다녀오세요.
I want to make a **trip** to Busan. 나는 부산을 여행하고 싶다.

100
job
[dʒɑb]

명 **일. 직업**

🔊 잡 > ✿ 잡일 > ☺ 대학을 졸업하고 잡일을 하고 있지만 조만간에 정식 직업을 갖게 되겠지.

📝 I have no **job**. 나는 직업이 없다.
The **job** of a student is studying. 학생의 일은 공부를 하는 것이지!

잡일을 하지만 좋은 일거리가 나타날 거예요. ▶

101
search
[sə:rtʃ]

동 찾다

🔊 서치 > ⚙ 3치 > ➡ 선생님. 3치(10센티)도 안 되는 물건을 물 속에 빠트렸는데 찾으려고 하니 쉽지 않습니다.

📝 Let's **search** for some information. 정보를 찾아보자.
There are people who **search** in vain for a perfect lover. 완벽한 애인을 찾기 위해 헛되이 노력하는 사람들이 있다.

세 치도 안 되는 물건이라 찾기가 어렵네요.

102
carry
[kǽri]

동 나르다. 휴대하다

🔊 캐리 > ⚙ 캐리 > ➡ 산에 가서 도라지를 캐리. 많이 캤으면 자루에 넣어 차로 나르리. 산에서의 갈증을 해소하기 위해 항상 물병을 휴대하리.

📝 He **carried** a bag to his home. 그는 집까지 가방을 하나 가지고 갔다.
Her husband **carried** her bag. 그녀의 남편은 그녀의 핸드백을 들어 주었다.

103
make
[meik]

동 만들다

🔊 메이크 > ⚙ 메이크 > ➡ 누나가 화장하는 것을 메이크업(makeup)한다고 하지. 누나는 화장을 통해 새 얼굴을 만들어. 그러니까 메이크(make)는 '만들다'의 뜻이군.

📝 He **makes** her happy and she makes him happy. 그는 그녀를, 그녀는 그를 행복하게 만든다.
It's important to **make** friends. 친구를 만드는 것은 중요한 일이다.

104
arrest
[ərést]

동 체포하다 명 체포

🔊 어레스트 > ⚙ 오래 섰다 > 오래 서 있다 > ➡ 범인이 한곳에 오래 서 있다가는 체포되기 마련이다.

📝 The police officer **arrested** him. 경찰은 그를 체포하였다.
The criminal resisted **arrest**. 그 범죄자는 체포에 저항했다.

나를 훔쳐간 범인이 한곳에
오래서 있다가는 체포됩니다. ▶

105
history
[hístəri]

명 역사

🔊 히스터리 > ✺ 히스토리 > ☺ 지나간 일(히스토리)을 '역사' 라고 하는데 컴퓨터에서도 '히스토리' 라는 게 있지. 파일 시스템에서 데이터나 파일의 변화 과정을 기록해 둔 자료를 말하는 것으로, 이 역시 '역사' 라는 뜻이야.

例 The **history** teacher was an old man with glasses. 역사 선생님은 안경을 낀 나이가 든 남자였다.
Korean **history** is full of tragedy. 한국 역사는 비극으로 가득 차 있다.

106
weather
[wéðər]

명 날씨. 일기

🔊 웨더 > ✺ 왜 더워 > ☺ "봄날인데 날씨가 왜 이렇게 더워?" "일기가 불순한 것은 엘리뇨 현상 때문이라더라."

例 How's the **weather** today? 오늘 날씨가 어떻습니까?
Weather forecast calls for rain today. 일기예보에서는 오늘 비가 온다고 하네요.

봄날인데 날씨가 왜 이렇게 더우냐? 노 젓느라 땀이 흠뻑 젖었네. ▶

107
collect
[kəlékt]

동 수집하다. 모으다

🔊 컬렉트 > ✺ 걸레도 > ☺ 내 친구는 수집하는 일에 사족을 못 쓴다. 심지어는 더러운 걸레도 모으는 괴벽이 있다.

例 The old woman **collects** empty beer bottles. 그 나이가 든 여성이 빈 맥주병을 모은다.
The tax **collector** is always unwelcome. 세금 징수원은 언제나 환영받지 못한다.

108
light
[lait]

명 빛. 등불 동 불을 켜다 형 가벼운. 밝은

🔊 라이트 > ✺ 라이터 > ☺ 라이터로 불을 켤 수 있지. 그러면 빛이 나지. 밝지. 라이터는 가벼워 휴대하기가 편하지.

例 **Light** creat shadow. 빛은 그림자를 창조한다.
My poodle is thin and **light**. 우리 집 푸들 강아지는 말랐고 가볍다.

DAY
05

109

cradle
[kréidl]

명 요람 **동** 살짝 안다

🔊 크레이들 > ✪ 클 애들 > ⓒ 앞으로 클 애들(유아)은 요람에서 부터 잘 키워야 한다.

📝 The baby sleeps in the **cradle**. 아기가 요람에서 자고 있다.
The woman **cradle** her baby. 여자는 아기를 살짝 안았다.

◀ 저와 같이 클 애들은
어려서부터 잘 길러 주세요.

110

prove
[pruːv]

동 증명하다

🔊 프루브 > ✪ 풀어 봐 > ⓒ 삼각형의 넓이 문제를 풀어 봐. 그리고 삼각형은 사각형 넓이의 2분의 1임을 증명해 봐.

📝 Are you sure? Then **prove** it. 확실해? 그럼 증명해 봐.
I love **proving** something unclear. 나는 불분명한 것을 증명하는 것을 좋아한다.

삼각형 문제를 풀고
그 과정을 증명하라는
문제가 숙제야.

111

piece
[piːs]

명 한 조각

🔊 피스 > ✪ 피스 > ⓒ 아나운서가 UFC권투를 중계한다. "김병호 선수의 잽을 맞고 나가타 선수의 마우스 피스(mouthpiece)가 빠졌습니다." 여기서 마우스피스는 '입 안과 이의 손상을 막기 위하여 입에 무는 물건' 이야. 피스(piece)는 '한 조각' 의 뜻이지.

📝 I picked up **pieces** of broken glass. 나는 부서진 유리조각을 주웠다.

112

yell
[jel]

동 외치다. 소리치다

🔊 옐 > ✪ 얠 > ⓒ 가게에서 한 아이가 부리나케 도망을 치고 있다. 이어서 가게 주인이 "얠 잡아라." 하고 소리치며 달려간다.

📝 He **yelled** at his daughter to shut up. 그는 딸에게 조용히 하고 소리쳤다.
I woke up because my roommate **yelled** in her sleep. 나는 룸메이트가 자다가 갑자기 소리치는 바람에 잠에서 깼다.

113
animal
[ǽnəməl]

명 **동물. 짐승**

🔊 에너멀 > ⚙ 애야 너 뭘 > 💬 "애(얘)야. 땅바닥에서 너 뭘 보고 있니?" "예. 작은 동물이 떼를 지어서 이동하는 것을 보고 있어요."

예 Most woodland **animals** are cute. 숲의 동물들은 대부분 귀엽다.
Bears are among the most dangerous **animals** in this world. 곰은 이 세상에서 가장 위험한 동물들 중 하나이다.

114
between
[bitwí:n]

전 **~의 사이에**

🔊 비트윈 > ⚙ 비튼 > 💬 기사가 무사의 팔을 비튼 사이에 공주는 겨우 도망할 수 있었다.

예 There is no friendship **between** us. 우리 사이는 우정의 관계가 아니다.
The sausage is **between** two loaves of bread. 소시지가 두 조각의 빵 사이에 끼워져 있다.

| **Tip** | '~의 사이에'의 뜻으로 쓰이는 말은 between(둘 사이)과 among(셋 이상)이 있다.

115
cold
[kould]

형 **추운. 차가운. 냉정한** 명 **감기**

🔊 코울드 > ⚙ 콜드 > 💬 누나 화장품에 콜드크림(coldcream)이 있었어. 호기심에 발라 봤더니 차가운 느낌이 들었어. 차가운 느낌이 들면 '감기'에 걸릴 수도 있겠네. ㅋㅋ.

예 It's **cold** outside. 밖은 춥다.
I caught a **cold** from swimming in winter. 겨울에 수영하다가 감기에 걸렸다.

116
charge
[tʃɑːrdʒ]

명 **요금. 책임** 동 **청구하다. 책임 지우다**

🔊 차지 > ⚙ 차지 > 💬 형은 모든 것을 혼자 차지한 나쁜 사람이다. 각종 요금은 내지 않고 자기가 할 일은 책임을 지지 않는다. 그러나 받을 돈은 재빨리 청구한다.

예 Library admission is free of **charge**. 도서관 입장은 무료입니다.

형의 특징 : 재산 독차지, 요금 안 내고 책임은 안 짐. 놀부임. ▶

117

ever
[évər]

(부) 일찍이. 언젠가. 도대체. 언제라도

(소리) 에버 > (연상) 애 버렸네 > (뜻) 네가 일찍(이) 학교에 온 날이 도대체 언젠가? 매일 지각만 하니 원! 애 버렸네.

(예) Did you **ever** play a mean trick on your homeroom teacher? 담임 선생님에게 한 번이라도 못된 장난을 친 적이 있니?
Love me, forever, and **ever**, and **ever**. 영원히, 영원히, 영원히, 나를 사랑해 줘요.

| **Tip** | 'ever' 가 의문문에 쓰일 때는 부정의 뜻으로 쓰이는 경우가 있다.

118

excuse
[ikskjúːz]

(동) 용서하다. 변명하다 (명) 변명

(소리) 익스큐즈 > (연상) 익숙해서 > (뜻) 그는 잘못해도 용서해 주었더니 이젠 변명하는 것이 아주 익숙해서 큰 문제다.

(예) I **excused** myself. 나는 나 자신을 용서했다.
That is no **excuse** for not handing in your homework! 숙제를 제출하지 않은 것에 대한 변명으로서 그건 적절치 않다.

119

find
[faind]

(동) 찾다. 발견하다. 알다

(소리) 화인드 > (연상) 화(성)인도 > (뜻) 지구인도 화성인을 찾고 화성인도 지구인을 찾았다. 한참 후에 그들은 서로를 바닷가에서 발견하였다.

(예) I cannot **find** my wallet. 지갑을 찾을 수 없어요.
Find me if you can! 찾을 수 있다면 나를 찾아보시지!

120

front
[frʌnt]

(명) 앞 (형) 앞의

(소리) 프런트 > (연상) 프런트 > (뜻) 호텔을 가 본 사람은 알겠지만 호텔 현관의 계산대를 프런트라고 하지. 프런트는 어느 호텔이나 국내고 외국이고 앞쪽에 있더군.

(예) The **front** door was scored with deep marks. 앞문에는 깊은 자국이 할퀴어져 있었다.

121
tired
[taiərd]

형 **피곤한. 싫증난**

◀》 타이어드 > ✪ 타이(태국)어도 > ☻ 내가 여행한 곳이 관광지로 유명한 타이어도(라 할지라도) 장기간 여행을 하였더니 피곤하고 싫증난다.

㉢ I am too **tired** to eat much this evening.
나는 너무 피곤해서 오늘 저녁에 많이 먹을 수 없다.

> 타이에 갔다가 공항에 도착했어요. 좀 피곤하지만 즐거운 시간이 었답니다.

122
worry
[wə́:ri]

동 **걱정하다. 괴롭히다**

◀》 워리 > ✪ 개 이름 > ☻ 워리를 만나자 물까 봐 걱정을 많이 하였다. 아닌게 아니라 나를 보고 멍멍 짖으면서 끈질기게 괴롭혔다.

㉢ I **worry** that I will never be able to finish this homework. 이 숙제를 절대 끝내지 못할 것 같아 걱정이 된다.
My mother **worries** about me. 내 어머니는 나에 대해서 걱정한다.

123
behind
[biháind]

전 **~ 뒤에. 늦게**

◀》 비하인드 > ✪ 비하 인도 > ☻ 뒤에 있는 나라(후진국이라고) 인도를 비하하는 게 보통이었다. 그러나 늦게 시작한 산업화가 매우 빠르게 전개되어 신흥 공업국으로 급부상하였다.

㉢ There is a child **behind** the sofa. 소파 뒤에 어린아이가 있다.
The book is **behind** the desk. 그 책은 책상 뒤에 있다.

124
climb
[klaim]

동 **오르다. 등반하다**

◀》 클라임 > ✪ 클라잉 > 큰일 나 잉~ > ☻ "저렇게 높은 산을 오르다 떨어지면 큰일 나 잉~"

㉢ **Climbing** a tree is not as easy as it sounds. 나무를 오른다는 것은 말처럼 쉽지 않다.
Squirrels **climb** better than I do. 다람쥐는 나보다 훨씬 나무를 잘 탄다.

◀ 높은 산을 올라갈 때에는 항상 조심스럽게.

125

locate
[loukéit]

동 위치하다. 찾아내다

◀) 로우케이트 > ✪ 로케트 > ☺ 지구에서 발사한 로케트가 빠른 속도로 이동하여 벌써 화성에 위치하고 있다고 교신을 보내왔다. 잠시 후 컴퓨터 화면에서 로케트를 찾아냈다.

예 The building is **located** by the river. 그 빌딩은 강 옆에 위치하고 있다.
Her office is **located** in Busan. 그녀의 사무실은 부산에 있다.

126

complain
[kəmpléin]

동 불평하다. 고발하다

◀) 컴플레인 > ✪ 커플 애인 > ☺ 남들은 커플로서 혹은 애인으로서 여자를 잘도 사귄다. 나는 정말 못생겨서 그렇게 하지 못하는 자신에게 늘 불평한다.

예 The neighbors **complained** about the loud music. 이웃이 큰 음악 소리 때문에 항의하였다.

커플로서 애인으로서 이성을 사귈 수 있다면 불평이 없어질 텐데.

127

else
[els]

부 다른. 그 밖에. 그 외에

◀) 엘스 > ✪ 엘리스 > ☺ 내 생일날 엘리스와 그 밖에 다른 몇 친구를 집으로 초대했다.

예 Go somewhere **else** and play, mama is busy. 어디 다른 곳에 가서 놀아라, 엄마는 바쁘단다.

|Tip| else는 흔히 'some-', 'any-', 'no-' 등의 뒤에 쓴다.

◀ 엘리스와 그 밖의 다른 친구들에게 줄 케이크입니다.

128

fun
[fʌn]

명 재미. 장난 형 재미있는. 즐거운

◀) 펀 > ✪ 펀펀 > 뻔뻔 > ☺ 야! 뻔뻔스럽게 나를 때리고 재미로 장난삼아 한 짓이었다고?

예 Have **fun**! 재미있게 보내세요!
Writing a fantasy novel is **fun**! 환상 소설을 쓰는 것은 재미있어요!

뻔뻔한 사람이 재미로 장난삼아 때렸다고 핑계를 대네요.

129
back
[bæk]

图 뒤로 阅 등. 뒤

◀ 백 > ✿ 백패스 > ☺ 축구에서 공을 앞이나 옆쪽으로 건네주는 것을 '패스(pass)'라고 하고 뒤로 건네주는 것을 '백패스(back pass)'라고 하지. 여기에서 '백(back)'은 '등, 뒤로'의 뜻임을 짐작할 수 있지.

例 There's no turning **back** here. 여기에서 돌아갈 수는 없다.
Watch your **back**. 등 뒤를 조심하도록 해.

130
famous
[féiməs]

阅 유명한. 명성 있는

◀ 페이머스 > ✿ 페이(월급)+머스(많소) > ☺ 그는 매우 유명한 과학자이프로 페이가 아주 많습니다.

例 He became **famous** after his death. 그는 사후에 유명해졌다.
Famous poets usually led very depressing lives. 유명한 시인들은 보통 매우 불행한 삶을 살아왔다.

131
hand
[hænd]

阅 손. 일손. 도움. 시곗바늘 图 건네주다

◀ 핸드 > ✿ 핸드 > ☺ "손이 틀 때나 햇볕에 타지 말라고 손에 바르는 것이 무엇인지 아니?" "응. 핸드크림 (hand cream)이야." "그래 hand는 '건네주다'의 뜻도 있네."

例 The construction worker's **hand** was brown. 그 건설 현장 인부의 손은 갈색이었다.
The young man asked for her's **hand**. 그 젊은 사람은 그녀에게 청혼했다.

| Tip | 'ask for ~ one's hand'는 '~에게 청혼하다'는 뜻이다.

132
live
[liv]

图 살다

◀ 리브 > ✿ 이브 > ☺ 이브는 누구하고 살았을까?

例 I **live** in South Korea. 나는 남한에 산다.
Live and let live, I say. 다들 자기의 사는 방식이 있는 거야.

이브는 누구하고 살까요? ▶

133

pay
[pei]

동 지급하다 명 월급. 급료

🔊 페이 > ⚙ 페이지 > 😀 회계 장부 전체 페이지에는 회사가 지급한 급료의 내역이 기록되어 있다.

예 **Pay** him back. 그에게 되갚아 줘라.
You have to **pay** 10$ to pass through this way. 이 길을 지나려면 10달러를 내야 한다.

134

important
[impɔ́:rtənt]

형 중요한. 소중한

🔊 임포턴트 > ⚙ 임(자) 포탄 트(럭) > 😀 이 임자 있는 포탄을 중요한 데 쓸 것이니 트럭에 빨리 실어라.

예 Spending time together is **important**. 시간을 함께 보내는 것은 중요한 일이다.
This is an **important** matter. 이것은 중대한 사안이에요.

135

moon
[muːn]

명 달. 위성

🔊 문 > ⚙ 문 > 😀 잠이 잘 안 온다. 문을 열고 밖에 나가 달을 쳐다본다.

예 The **moon** is beautiful. 달이 아름답구나.
Jupiter has sixty-three **moons**. 목성은 예순셋의 위성이 있다.

◀ 문 밖에 나가 달을 쳐다보니
감회가 새롭구나.

136

cover
[kʌ́vər]

동 덮다. 감추다 명 덮개

🔊 커버 > ⚙ 커버 > 😀 부모님은 자식의 잘못을 항상 커버(덮다, 감추다)해 주신다. 책 커버(덮개)가 너무 어두운 느낌이다.

예 The bed **cover** should always be clean. 침대 커버는 항상 깨끗하게 유지되어야 한다.
The handkerchief **covered** the bowl. 손수건이 그릇을 덮고 있다.

137

letter
[létər]

🔲 명 편지. 문자. 글자
🔊 레터 > ✪ 레터 > ⊙ "지혜야, 너 연애편지 써 본 적 있니?" "러브레터 말이니?" "그래. love letter라고 쓰지." "love는 '사랑', '연애'의 뜻이고 letter는 '편지'의 뜻이야." "편지는 무엇으로 쓰지?" "그야 물론 문자, 글자로 쓰지." "그래서 letter는 편지, 문자, 글자의 뜻이 있구나."
📝 I exchange **letters** with my friend in Canada. 나는 캐나다에 있는 친구와 편지를 주고 받는다.
The **letter** 'e' is a common letter. 철자 'e'는 매우 흔한 글자다.

138

prepare
[pripέər]

🔲 동 준비하다
🔊 프리페어 > ✪ 뿌리 빼어(야) > ⊙ 나쁜 습관은 미리 뿌리를 빼어야 미래를 준비하는 데 뒷걱정이 없다.
📝 I **prepared** pancakes. 나는 팬케이크를 준비했다.
The grieving children **prepared** for a funeral. 아이들은 슬퍼하면서 장례식을 준비했다.

미리 준비하여 나쁜 습관은 뿌리 뽑시다. ▶

139

husband
[hʌ́zbənd]

🔲 명 남편
🔊 허즈번드 > ✪ 허! 저 밴드는 > ⊙ 콘서트에 간 아내 왈, "허! 저 밴드는 내 남편이 지휘하는 것 아닌가? 놀랍구나."
📝 Her **husband** is thinking of divorce. 그녀의 남편은 이혼에 대해서 생각 중이다.
Her **husband** comes home late. 그녀의 남편은 집에 늦게 들어온다.

140

suffer
[sʌ́fər]

🔲 동 고통받다. 괴로워하다
🔊 서퍼 > ✪ 서(글)퍼 > ⊙ 가난해서 고통받는 내가 너무 서글퍼.
📝 She **suffered** in silence. 그녀는 침묵한 채 고통스러워했다.
He **suffered** when his love was not returned. 그의 사랑이 보답받지 않자 그는 괴로워했다.

가난하여 고통받는다고요? 서글프시겠군요.

141
meet
[miːt]

명 만나다

🔊 미트 > ✪ 밑도 > ➡ 밑도 끝도 없이 왜 자주 만나자고 하지? 내가 싫다고 했잖아.

📝 Let's **meet** in the subway station. 지하철 역에서 만납시다.
I do not remember when I last **met** my friend. 마지막으로 내 친구와 만난 때가 언제인지 기억이 나지 않아요.

◀ 밑도 끝도 없이 자꾸 만나자는 이유가 뭘까?

142
watch
[wɑtʃ]

명 손목(회중)시계. 감시 동 보다. 돌보다. 감시하다

🔊 와치 > ✪ 어찌 > ➡ 지각한 친구가 선생님께 벌을 받고 있다. "너는 어찌 시계를 안 맞춰 놓고 잤느냐. 알람을 맞춰 놓아야지. 앞으로는 더욱 정신 차려 시계를 맞춰 놓아라. 너 자신을 스스로 돌보고 감시하는 태도를 가져라."

📝 He **watched** the sunset. 그는 일몰을 감상했다.
The thief avoided being seen by the city **watch**. 그 도둑은 도시 순찰자의 시선을 피했다.

143
each
[iːtʃ]

대 각자. 각각 형 각각의. 각자의

🔊 이치 > ✪ 있지 > ➡ 정태 친구가 음식을 먹고 계산대로 오면서 하는 말. "있지 정태야, 우리 음식 값은 각각 내기로 하자."

📝 **Each** consumed cookie makes me fatter. 내가 먹은 쿠키 하나하나가 나를 살찌게 만든다.
The students got one pencil **each**. 학생들은 각각 연필 한 자루씩 받았다.

144
mistake
[mistéik]

명 잘못. 실수 동 잘못 알다. 실수하다

🔊 미스테이크 > ✪ 미(米;쌀)스테이크 > ➡ 스테이크는 쇠고기로 만들지. 그런데 잘못하여 실수로 쌀(米)로 스테이크를 만들었대.

📝 I made a **mistake**. 나는 실수를 했다.
She laughed at his **mistake**. 그녀는 그의 실수를 보고 웃었다.

미(米)스테이크 즉 쌀로 만든 스테이크는 실수야.

07

STORY가 있는 영단어

145

diary
[dáiəri]

명 일기
- 🔊 다이어리 > ⚙ 다이(다희)의 어린 시절 > 🎯 다희의 어린 시절을 알려면 일기를 보는 것이 가장 좋아.
- 📢 Hey, don't look at my **diary**! 야, 내 일기장 훔쳐보지 마!
  Anne's **diary** is full of a young girl's hopes and broken dreams. 안네의 일기는 어린 소녀의 희망과 깨어진 꿈의 이야기로 가득 차 있다.

146

farm
[fɑːrm]

명 농장. 농원
- 🔊 팜 > ⚙ 팜 > 🎯 '보리를 심기 위해 땅을 팜'은 무엇이 있어야 가능할까? 그야 물론 '농장'이지.
- 📢 The **farm** is deserted. 그 농장은 버려졌다.
  I works on a **farm**. 나는 농장에서 일한다.

농장일은 땅을 파고 걸음을 듬뿍 주는 게 중요하죠. ▶

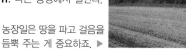

147

atmosphere
[ǽtməsfìər]

명 대기. 대기권. 공기. 분위기
- 🔊 에트머스피어 > ⚙ 에 또 뭣을 피워 > 🎯 "여보시오. 에! 또 뭣을 피워?" "담배요." "뭐? 대기와 공기 안 좋아져." 하고 소리친다. 갑자기 분위기가 썰렁해진다.
- 📢 The **atmosphere** is a layer of gases surrounding a planet. 대기권은 행성을 감싸고 있는 기체의 층이다.

148

give
[giv]

동 주다(give-gave-given)
- 🔊 기브 > ⚙ 기부(寄附) > 🎯 한자 '기부(寄附)'도 '주다'의 뜻, 영어 기부(give)도 '주다'의 뜻. 정말 신기한 단어일세.
- 📢 I **gave** her a kiss on her forehead. 나는 그녀의 이마에 키스했다.
  He **gave** me a sharp tap on my forehead for not doing my homework. 그는 내가 숙제를 하지 않은 것 때문에 내 이마에 꿀밤을 먹였다.

149
restaurant
[réstərənt]

명 요리점. 음식점

🔊 레스터런트 > 🌐 레스토랑 > ⊙ 온 가족이 회식할 때 요리점인 레스토랑에 가서 맛있는 음식을 먹어 보았겠지.

예 Do you want to eat out at a **restaurant**? 레스토랑에서 외식할래?
There's a new Chinese **restaurant** in this building. 이 빌딩에 중국 음식점이 새로 생겼어.

아버지 생신을 맞아 우리 가족은 63빌딩 레스토랑에서 저녁 식사를 했어요.

150
positive
[pázətiv]

형 긍정적인. 적극적인. 확실한

🔊 파저티브 > 🌐 포지티프 > 보시지 티브이(TV) > ⊙ TV를 보시지요. 김동현 선수와 숀 피어슨 선수의 격투기가 벌어지고 있습니다. 김동현 선수가 더욱 적극적이군요. 김 선수는 매사에 긍정적입니다. 힘도 세고 키도 더 크니 승리는 확실하네요.

예 Think **positive**! Everything will be fine. 긍정적으로 생각해! 다 괜찮을 거야.
I hope you give us a **positive** answer. 긍정적인 답변 기대하겠습니다.

151
true
[tru:]

형 사실의. 진실의. 성실한

🔊 트루 > 🌐 뚫어 > ⊙ 감추려 들지 않고 속에 있는 것을 모두 뚫어 보이듯이 사실을 알려 주는 사람이 진실하고 성실한 사람이야.

예 It's **true**, I saw it with my own eyes. 그것은 진실이야. 내 눈으로 똑똑히 봤어.
The **true** reason he went out with her was because she was pretty. 그가 그녀와 데이트를 한 진정한 이유는, 그녀가 예쁘기 때문이었다.

152
miss
[mis]

동 놓치다. 그리워하다

🔊 미스 > 🌐 미스 > ⊙ 5년 동안 사귀던 미스 김과 싸운 후 헤어져 결국 놓치고 말았는데 요즘도 나는 그녀를 그리워한다

예 I **missed** the train. 나는 기차를 놓쳤다.
I **miss** my friends. 나는 친구들이 그립다.

미쓰 김을 놓치고 그리워한다니 안타깝네요. ▶

153
rapid
[rǽpid]

형 빠른

🔊 래피드 > ✿ 내 피도 > ⊙ 심장을 돌아 흐르는 내 피도 엄청나게 빠른 속도로 순환하고 있어.

📋 The currents are **rapid**. 물살이 빠르다.
This train is **rapid**. 이 기차는 빠르다.

내 피도 참 빠른 속도로 흐르고 있어요. ▶

154
airport
[ɛ́ərpɔ̀ːrt]

명 공항

🔊 에어포트 > ✿ 에어+포트 > ⊙ air는 '하늘, 공중'의 뜻이고 port는 '항만, 항구'의 뜻에서 airport는 '공항'이 되었지.

📋 The **airport** is always crowded. 공항은 언제나 많은 인파로 북적거린다.
The terrorists planted a bomb in the **airport**. 테러리스트들이 공항에 폭탄을 설치했다.

155
reward
[riwɔ́ːrd]

명 보답. 보수 동 보상하다. 포상하다

🔊 리워드 > ✿ 이 워드 > ⊙ 날 도와주었으니 이 워드프로세스 교재를 보상으로 주겠소.

📋 When I proposed to my girlfriend, I was **rewarded** with a kiss. 내가 여자 친구에게 프러포즈를 했을 때 그녀는 나에게 키스하는 것으로 포상을 내렸다.
No one **rewarded** me for rescuing the little girl from the fire. 그 조그마한 여자아이를 불길에서 구했지만 누구도 내게 포상을 내리지 않았다.

156
cave
[keiv]

명 동굴

🔊 케이브 > ✿ 케이블 > ⊙ 동굴 속이 너무 깜깜하여 케이블(전선)을 깔고 전깃불을 넣었다.

📋 The fox lived in a deserted **cave**. 그 여우는 버려진 동굴에 산다.
The pictures on the **cave** wall were drawn by cavemen. 동굴 벽화들은 동굴에 살던 사람들에 의해서 그려졌다.

157
science
[sáiəns]

명 과학

🔊 사이언스 > ⚙ 쌓이었어 > 😀 일년 내내 눈이 오지 않는 열대 지방에 눈이 많이 쌓이었어. 이 현상을 과학으로 어떻게 설명하지?

📝 **Science** is my favorite subject. 과학은 내가 가장 좋아하는 과목이다.
Science keeps changing. 과학은 계속 변화한다.

158
sophomore
[sάfəmɔ̀:r]

명 (대학교) 2학년

🔊 사퍼모어 > ⚙ 삭 퍼먹어 > 😀 형한테 들은 이야기인데. 대학 1학년 때는 어리버리해서 남이 주는 것을 못 먹고, 3,4학년은 체면이 있어서 못 먹고 대학교 2학년생은 뻔뻔하게 삭 퍼먹어 버린대.

📝 I am a **sophomore** this year. 나는 이번 해에 2학년이다.
Generally, world literature is a course for **sophomores**. 일반적으로 '세계 문학'은 2학년 과정이다.

159
everybody
[évribàdi]

대 모든 사람. 누구나 다

🔊 에브리바디 > ⚙ 에브리바디 > 😀 에브리(every)는 '모든'의 뜻. 바디(body)는 '몸', '신체'의 뜻. 합쳐서 '모든 사람'의 뜻.

📝 **Everybody** dreams of falling in love. 모두들 사랑에 빠지는 것을 꿈꾼다.
Everybody lies. 모든 사람들은 거짓말한다.

160
together
[təgéðər]

부 함께. 동시에. 계속해서

🔊 터개더 > ⚙ 두 개 더 > 😀 혼자 있으면 과자를 잘 먹지 않는데 동생과 함께 있으니 '한 개 더, 두 개 더'를 동시에 외치며 계속해서 먹어 댄다.

📝 Let's go hand in hand **together**. 함께 손을 잡고 가요.
Let's live **together**. 함께 살아가자.

◀ 한 개 더 두 개 더 하면서 함께 먹어요.

161
bother
[báðər]

동 괴롭히다. 신경쓰다 명 귀찮은 일

🔊 바더 > ☼ 보다 못해 > ❓ 힘센 친구가 다른 친구를 자주 괴롭히자 선생님께서는 여간 신경써지는 것이 아니었다. 결국 보다 못해 힘센 친구의 부모를 불러 괴롭히지 못하도록 충고를 했다.

📝 Stop **bothering** me! 나를 귀찮게 하지 말아요!
Going to class is such a **bother**. 수업에 가는 것이 어찌나 귀찮은지.

162
dead
[ded]

형 죽은. 죽어 있는

🔊 대드 > ☼ 대도 > ❓ 5만 볼트나 되는 고압 전류에 손을 대도 괜찮을까? 그렇게 하면 죽은 목숨이 될걸.

📝 **Dead** men do not talk, unless they leave suicide notes. 죽은 사람들은, 유서를 남기지 않는 이상은 말하지 않는다.

163
answer
[ǽnsər]

명 대답. 답신. 해답 동 대답하다

🔊 앤서 > ☼ 안 써 > ❓ 김병호. 왜 답을 안 써. 그럼 0점이야.

📝 There is no satisfactory **answer** that I can give you. 네가 만족할 만한 대답을 해 줄 수가 없네.
The **answer** to the question of life, universe and everything is probably 42. 삶과 우주와, 그리고 모든 것에 대한 해답은 아마도 42이다.

답을 벌써 다 쓰고
나왔는걸요. ▶

164
drag
[dræg]

동 끌다. (무거운 것을) 질질 끌다

🔊 드래그 > ☼ 드래그 > ❓ 컴퓨터 마우스를 생각하면 쉽게 이해할 수 있어. 마우스를 누르는 것을 뭐라 하지? '클릭' 이라고 해. 클릭한 상태에서 '끌어 오는' 것을 '드래그' 라고 하지.

📝 The angry boy **dragged** his friend out of the classroom by his collar. 그 화난 소년은 친구의 멱살을 잡고 교실 밖으로 끌어냈다.
The policeman **dragged** the man to safety. 경찰은 그 남자를 안전하게 피신시켰다.

165
dream
[dri:m]

명 꿈. 이상 통 꿈을 꾸다

🔊 드림 > ⚙ 드림 > ❓ 우리나라 경제가 발전하자 중국, 인도, 베트남 등 아시아는 물론 세계 각지에서 돈 벌기 위해 우리나라로 앞다투어 들어오는 것을 '코리안 드림'이라고 하지. 이 말은 '한국에 대한 꿈'이란 뜻이야.

💬 She is the woman of my **dreams**. 그녀는 내가 꿈에 그리던 여성이다.
I **dreamed** that my brother was turned into a bright red apple. He was delicious. 나는 남동생이 밝은 빨간색의 사과로 변하는 꿈을 꾸었다. 그는 맛있었다.

166
refer
[rifə́:r]

통 언급하다. 참조하다. 조회하다

🔊 리퍼 > ⚙ 슬리퍼 > ❓ 선생님께서 실내에서는 슬리퍼를 신으라고 언급하셨다. 자세한 내용은 학교 홈페이지를 참조하고 위반자는 학생 게시판에서 게재하고 조회할 수 있을 것이라고 하셨다.

💬 She **referred** to a recent music. 그는 최근의 음악에 대해 언급하였다.

167
hospital
[háspitl]

명 병원

🔊 하스피틀 > ⚙ 하수(구), 피, 틀(니) > ❓ 듣기 불쾌한 이야기이지만 하수구에 빠져 피가 나오고 틀니가 빠져 아플 때 어디를 가야 할까? "그야 물론 병원이지."

💬 My uncle owns this **hospital**. 내 삼촌은 이 병원의 소유자이다.
I dislike **hospital** visits. 나는 병원에 가는 것이 싫다.

168
brown
[braun]

명 갈색 형 갈색의

🔊 브라운 > ⚙ 브라운 > ❓ "브라운. 너 EBS 영어 강좌에 나오는 원어민 강사 브라운 씨를 보았지?" "응, 그래 보았어. 갈색 피부를 가진 사람 말이지?"

💬 He spilled coffee on my t-shirt and left a **brown** stain. 그는 내 티셔츠 위에 커피를 엎질러 갈색 얼룩을 남겼다.
The color of the roasted coffee bean is **brown**. 볶아진 커피콩의 색은 갈색이다.

169
slide
[slaid]

동 미끄러지다

🔊 슬라이드 > ⊕ 슬라이딩 > ☺ "야구 선수가 도루를 할 때 어떻게 달리던가?" "마치 '미끄러지듯' 슬라이딩을 하지요."

예 Children are **sliding** down the snow-covered hill. 아이들이 눈 덮인 언덕을 미끄러져 내려가고 있다.
I am **sliding** down little by little; let me put on my gloves. 조금씩 미끄러져 내려가고 있으니 장갑을 끼어야겠어.

170
depend
[dipénd]

동 ~에 의존하다, ~에 달려 있다

🔊 디펜드 > ⊕ 뒤 팬다 > ☺ 광용아! 조심해라. 뒤에서 누가 너를 막대기로 패려고 한다. 큰 나무 뒤에 의존해서 숨어 있어라. 네가 살 길은 저 큰 나무에 달려 있다.

예 You are a miserable person if you have no friends to **depend** on. 의지할 친구조차 없다면 너는 불행한 사람이다.

171
monument
[mánjəmənt]

명 기념물. 기념비. 유적. 유물

🔊 만여먼트 > ⊕ 만유(萬有:모든 사람)+멘트(ment:언급하다) > ☺ 모든 사람들이 한마디씩 멘트하고 기릴 정도의 훌륭한 기념물(유적)이구나.

예 Pyramid is an ancient **monument**. 피라미드는 고대 유물이다.

만유가 모두 한마디씩 멘트하고 가는 기념물(유물)이군요. ▶

172
destroy
[distrói]

동 파괴하다

🔊 디스트로이 > ⊕ 디스+트로이 > ☺ 디스(this) 트로이(트로이 목마 바이러스)를 파괴시켜서 컴퓨터의 감염을 막자.

예 The bomb **destroyed** the building. 폭탄은 그 건물을 파괴했다.

173
fine
[fain]

[형] 좋은. 훌륭한. 아름다운. 멋진

🔊 화인 > ⊕ 화인이 > 💬 김화인은 우리 옆집에 사는 친구이다. 오빠는 김화진이고 동생은 김화영이다. 화인이는 남을 배려할 줄 아는 훌륭하고 좋은 친구이다. 그는 마음씨가 아름답고 운동도 잘하는 멋진 친구이다.

📝 Are you all right? I'm just **fine**. 당신 괜찮은가요? 나는 괜찮아요.
You have **fine** taste in literature, ma'am. 부인께서는 문학에 조예가 깊으시네요.

◀ 화인이 최고! 훌륭하고 좋은 친구. 아름답고 멋진 친구.

174
easy
[íːzi]

[형] 쉬운. 용이한. 편안한

🔊 이지 > ⊕ 잊지 > 💬 못 알아듣는구나. 쉬운 말로 다시 한 번 설명할 테니 잊지 마라.

📝 Did you think that it would be **easy** to earn the prince's affection? 왕자님의 애정을 끌어오는 것이 쉬울 거라고 생각했니?
The **easy** questions went unanswered. 그 쉬운 질문은 답해지지 못한 채로 남겨졌다.

175
evening
[íːvniŋ]

[명] 저녁. 밤

🔊 이브닝 > ⊕ 이브닝드레스 > 💬 누나가 밤에 입는 옷 보았지? 그걸 이브닝드레스(enening dress)라고 해. 이브닝(evening)은 '저녁'의 뜻. 드레스(dress)는 '옷'의 뜻이야.

📝 It's already **evening**. 벌써 저녁이네.
(It is,) in this short day of frost and sun, to sleep before **evening**. (그것은) 이 짧은 서리와 태양의 날에, 저녁 전에 잠이 드는 것이다. (페이터)

176
careful
[kέərfəl]

[형] 주의 깊은. 조심하는

🔊 케어펄 > ⊕ 캐어 풀을 > 풀을 캐어라 > 💬 그 풀은 그냥 풀이 아니라 산삼이니 주의 깊은 마음으로 찾아서 캐어야 할 것입니다.

📝 Be **careful** when you skate on thin ice. 얇은 얼음 위에서 스케이트를 탈 때는 조심하거라.
It never hurts to be **careful**. 항상 조심하는 것이 손해는 아니다.

177

keep
[ki:p]

통 **보관하다. 약속을 지키다. 계속하다**

🔊 킵 > ✪ 깊이 > 🎯 검술 도사가 제자에게 말했다. "이 물건을 깊이 잘 보관해라. 이 약속은 꼭 지켜야 한다. 그리고 검술은 깨달을 때까지 계속해야 한다."

📝 **Keep** in mind, this homework is due tomorrow. 명심하게, 이 숙제는 내일까지라네.
I **keep** in contact with my friends. 나는 내 친구들과 연락을 이어가고 있다.

> 이 검을 깊이 보관하라는 약속을 지키고 검술은 계속하라.

178

homework
[hóumwə̀:rk]

명 **숙제**

🔊 호움워크 > ✪ 홈워크 > 🎯 홈(home)은 '집'의 뜻. 워크(work)는 '일'의 뜻. 학생들이 집에서 하는 일은 '숙제' 뿐이 더 있겠는가?

📝 I can't believe I am writing this sentence when I have to do **homework**! 내가 숙제를 해야 할 시간에 이 문장을 쓰고 있다니 믿을 수가 없어!
I haven't even started my **homework** yet. 아직 숙제는 시작도 하지 못했는데.

179

late
[leit]

형 **최근의. 늦은, 고(故) ~** 부 **늦게**

🔊 레이트 > ✪ (오)래 있다 > 🎯 최근 누나 모습은 학교에서 오래 있다 늦은 시간에 지쳐서 파김치가 되어 돌아오는 모습이다.

📝 I am **late** for school. 나는 학교에 늦었어요.
The **late** president was known for his decency. 작고한 대통령은 품위 있는 사람으로 알려져 있었다.

오래 있다 늦게 오는 최근의 누나가 안쓰러워요. ▶

180

follow
[fálou]

통 **따라오다. 따라가다. 뒤따라가다**

🔊 팔로우 > ✪ 팔로 우(측으로) > 🎯 팔로 우측으로 빙빙 돌려 뒤따라오라는 신호를 보냈다.

📝 **Follow** me to paradise! 낙원으로 나를 따라와라!
I command, you **follow**. 내가 명령할 테니, 너는 따라와라.

181
rule
[ru:l]

명 규칙. 법규. 습관
🔊 룰 > ✪ 룰룰랄라 > ➔ 영희는 심심할 때마다 '룰룰랄라' 소리를 규칙적으로 소리내는 습관이 있다.
📝 This is the **rule** so you have to follow it. 그것이 규칙이니 따라야 한다.
I will change the **rule** if it is unfair. 나는 공정하지 않은 규칙이라면 바꾸겠다.

룰룰랄라를 흥겹게 중얼거리는 것이
나의 규칙이에요. ▶

182
plan
[plæn]

명 계획. 설계도 동 계획하다. 도면을 그리다
🔊 플랜 > ✪ 불 낸 > ➔ 그들은 불 낸 땅을 고르고 묘목을 심기로 계획을 세웠다. 먼저 설계도를 작성하였다.
📝 Let's make a **plan**. 계획을 세워 보자.
Scar **planned** to kill Mufasa and become king. 스카는 무파사를 죽이고 왕이 될 계획을 세웠다.

183
mountain
[máuntən]

명 산
🔊 마운턴 > ✪ 마흔 된 > ➔ 아들과 마흔 된 아버지가 함께 산을 오른다.
📝 The Gwanak **mountain** is full of mountaineers. 관악산에 등산객이 가득하다.
Mosquitoes live in **mountains**. 모기들은 산에 산다.

마흔되신 아버지와 함께 산에 올랐다.
아버지는 나더러 날다람쥐처럼 잘
오른다고 칭찬해 주신다.

184
course
[kɔːrs]

명 진로. 과정. 과목
🔊 코스 > ✪ 콧수염 > ➔ 콧수염은 청소년이 어른이 되어 가는 과정(코스)에서 난다. 진로를 찾아 한창 공부하는 고등학교 때 나기 시작한다.
📝 This **course** is narrow. 이 길은 좁다.
He takes a college **course**. 그는 대학 강좌 하나를 수강하고 있다.

185

never
[névər]

◀ 클로버

부 **결코 ~ 않다**

🔊 네버 › ✪ 네 (잎 클로)버 › ☺ 전쟁 중에 나폴레옹이 네 잎 클로버를 발견하여 고개를 숙이는 동안 총알이 위로 지나가서 목숨을 건졌다는 일화가 있다. 여기에서 네 잎 클로버를 발견하면 '결코 목숨을 잃지 않는다' 는 이야기가 전한다.

📝 I **never** had a girlfriend. 나는 한 번도 여자 친구를 사귄 적이 없다.
I promise, I'll **never** do that again. 약속할게, 다시는 그 행동을 하지 않겠다고.

186

corner
[kɔ́:rnər]

명 **구석. 모퉁이**

🔊 코너 › ✪ 코너 › ☺ 마을 코너(모퉁이)를 도는데 갑자기 개가 달려들었다.

📝 You will see the building when you turn the street **corner**.
그 길 모퉁이를 돌면 그 건물이 보일 거예요.
The **corner** of the family bible is worn. 가족들이 읽는 성경의 모서리가 닳았다.

187

same
[seim]

형 **같은. 동일한**

🔊 새임 › ✪ 샘 › ☺ 너와 나는 '샘샘이다' 라는 말을 자주 쓰는데 이 말은 '너와 나는 같다' 의 뜻이야.

📝 You two look the **same**. 너희 두 명은 똑같이 생겼다.
I want the **same** color. 같은 색깔로 부탁합니다.

DAY
08

188

treat
[tri:t]

동 **대우하다. 다루다. 간주하다**

🔊 트리트 › ✪ 둘 있다 › ☺ 오늘부터 형이 공부를 가르쳐 주러 학생 집에 갔다. 가르쳐 줄 학생이 한 명이 아니라 둘 있다. 둘 모두 모범 학생이다. 이들을 잘 대우해서 가르쳐 주고 소중하게 다루어 미래의 아인슈타인으로 만들고 싶다고 한다.

📝 He **treats** me like dirt. 그는 나를 마치 먼지와 같이 취급했다.

189
beat
[biːt]

동 **때리다. 이기다** 명 **두드림**

🔊 비트 › ✪ 팼다 › ☺ 적을 팼다. 그리고 때려서 이겼다.

📝 She **beat** me in a race. 그녀가 경주에서 나를 이겼다.
I danced to the drum **beat**. 나는 북소리에 맞추어 춤을 추었다.

요즘은 적을 직접 만나서 패고 때려서 이기
는 것이 아니라 무인 전투기의 원격 조정으
로 적을 초토화시킨다.

190
feed
[fiːd]

동 **먹을 것을 주다. 먹다. 기르다**

🔊 피드 › ✪ 피도 › ☺ 피도 마르지 않은 어린 너희들에게 먹을 것을 구해 먹이고 어렵게 길렀다. 그러니 부모님 은혜를 잊지 마라.

📝 Oh, no, I forgot to **feed** my goldfish. 이런, 안 돼. 내 금붕어 먹이 주는 것을 잊어버렸어.
Men are much happier after they **feed**. 사람들은 식사 후에는 훨씬 행복해진다.

◀ 피도 마르지 않은 어린것들을
먹여서 길렀단다.

191
maybe
[méibiː]

부 **아마도. 어쩌면**

🔊 메이비 › ✪ 매일 비 › ☺ 매일 비가 온다면 어떻게 될까? 아마도 농사가 흉작이 되겠지. 어쩌면 일기예보가 없어지겠지.

📝 **Maybe** I can marry Princess Leia someday. 아마도 언젠가는 레아 공주와 결혼할 수도 있겠지.
Maybe you are out of your mind. 어쩌면 너는 제정신이 아닐지도 모르지.

192
remove
[rimúːv]

동 **제거하다. 옮기다. 치우다**

🔊 리무브 › ✪ 이모부 › ☺ 휴일을 맞아 이모부 댁에 갔다. 이모부는 마루의 얼룩을 제거하고 책상을 옮기며 방을 치우고 계셨다.

📝 **Remove** him from this universe. That is, make him fish bait.
이 우주에서 그를 제거하게. 다시 말해, 물고기 밥으로 만들어 버려.
Father **removed** the table. 아버지는 테이블을 옮겼다.

193

ache

[eik]

🔵 아프다 📖 아픔

🔊 에이크 > ⚙ 어이쿠 > ❓ 민정이네 집을 지나치는데 사나운 개가 쫓아온다. 살살 엎드려 도망가는데 물리고 말았다. '어이쿠' 너무 아프다.

💬 I had a stomach **ache** after I ate the cookie you baked! 당신이 구워 준 쿠키를 먹고 나서 배가 아팠어요!

어이쿠 이 개에게 물렸으니 얼마나 아플까? ▶

194

special

[spéʃəl]

🔲 특별한. 전문적인. 임시의

🔊 스페셜 > ⚙ 스페셜 > ❓ 스페셜은 외국어이지만 외래어처럼 흔히 쓰는 말이야. 텔레비전의 스페셜 프로그램은 '특별한' 프로그램, 썸씽 스페셜은 '특별한' 어떤 일을 말하지. 이처럼 스페셜은 '특별한' 의 뜻으로 쓰이는 말이야.

💬 I have a **special** gift for you. 너한테 줄 특별한 선물이 있어.

195

prince

[prins]

📖 왕자. 황태자. 공작

🔊 프린스 > ⚙ 프(랑스제) 린스 > ❓ 이것은 특별히 수입한 프랑스제 린스로 왕자들만 쓰는 것이란다.

💬 **Prince** Arthas succeeded his father and became king. 아서스 왕자는 아버지의 왕위를 이어받아 왕이 되었다.

196

remind

[rimáind]

🔵 ~을 생각나게 하다. 떠올리다

🔊 리마인드 > ⚙ 리마인드 > ❓ 리(re)는 '다시' 의 뜻. 마인드 (mind)는 '마음, 기억' 의 뜻이다. 여기에서 '생각나게 하다', '떠올리다' 의 뜻이 나왔다.

💬 He **reminded** me of my father. 그는 내 아버지를 생각나게 했다.
This smell **reminds** me of my mother's homemade dishes. 이 냄새는 어머니의 요리를 생각나게 한다.

197
speech
[spiːtʃ]

명 연설. 말
- 🔊 스피치 > ✪ 서(서) 피치 > ☺ 선생님은 단상에 서서 피치를 올리며 연설을 하고 있었다.
- 📝 Mr. Kims is going to make a **speech**. 킴스 씨께서 연설을 해주시겠습니다.
  There is a **speech** contest next month. 다음 달에 말하기 경연 대회가 있다.

198
problem
[prábləm]

명 문제
- 🔊 프라블럼 > ✪ 풀어 볼 놈 > ☺ 문제에 전혀 관심이 없는 놈보다 문제를 풀어 볼 놈이 실력이 향상된다.
- 📝 What is your **problem**? 너의 문제가 뭐니?
  I finally solved this **problem**. 난 드디어 이 문제를 풀었다.

문제를 풀어볼 놈보다
'문제를 풀어 볼 분'이
더 나은 표현이 아닌가?

199
repeat
[ripíːt]

동 되풀이하다. 되풀이하여 말하다
- 🔊 리피트 > ✪ 리피트(도록) > 입이 트도록 > ☺ 그 집안의 아버지는 형제 간에 우애 있게 지내라고 입이 트도록 되풀이하여 말씀하셨습니다.
- 📝 **Repeat** after me. 날 따라 해 봐요.
  Could you **repeat** what you just said? 마지막 말씀 다시 한 번 더 해 주실 수 있나요?

◀ 형제 간의 우애를 입이 트도록
되풀이하신 아버지.

200
toward
[təwɔ́ːrd]

부 ~쪽으로. ~향하여
- 🔊 터워드 > ✪ 타 와도 > ☺ "불이 자기 쪽으로(자기를 향하여) 타 와도 피하지 않는 사람이 있다." "그게 정말이야?"
- 📝 The hands of the clock moved **toward** zero. 시곗바늘은 0시를 향해 다가갔다.
  She moved **toward** him like a magnet. 그녀는 그에게로 마치 자석처럼 이끌렸다.

201

road
[roud]

명 길. 도로

🔊 로우드 › ⊙ (이 길)로도 › ⊙ 이 길로도 가 보고, 저 도로로도 가 보고. 다 가 보았지요.

📝 I chose the **road** less travelled and that has made all the difference. 나는 사람들이 그다지 걷지 않은 길을 택했고 모든 것이 달라졌다. (프로스트)
Which **road** should I take, left or right? 어떤 길로 가야 할까, 왼쪽 아니면 오른쪽?

202

win
[win]

동 이기다. 승리하다. 사로잡다

🔊 윈 › ⊙ 윈윈 › ⊙ "'누이 좋고 매부 좋고' 라는 말 알아?" "그래. '도랑 치고 가재 잡고' 라는 말도 같은 뜻이야." "서로 좋게 된다는 말로 영어로는 윈윈(win-win)한다고 하지." "그러니까 윈(win)은 '승리하다' 의 뜻임을 알 수 있겠네."

📝 He **won** the contest. 그는 경연대회에서 이겼다.
She tried hard to **win** the heart of her beloved. 그녀는 사랑하는 사람의 마음을 얻기 위해서 애썼다.

203

museum
[mjuːzíːəm]

명 박물관. 미술관

🔊 뮤지엄 › ⊙ 무지 엄하여 › ⊙ 박물관이나 미술관을 관람할 때에는 무지 엄하여 떠들거나 사진 촬영을 하지 못하게 한다.

📝 The **museum** proudly displayed broken pottery. 박물관에서는 부서진 토기를 자랑스럽게 전시했다.

미술관 등을 관람할 때는
무지 엄하게 통제하는구나. ▶

204

word
[wəːrd]

명 말. 낱말. 약속

🔊 워드 › ⊙ 워드 › ⊙ "미정아. 너 컴퓨터 용어 워드프로세스란 말 들어 보았지?" "그래. 워드프로세스 시험을 보고 자격증도 땄지. 워드는 '말', '낱말', '단어' 등의 뜻이야."

📝 We didn't speak a **word** to each other all evening. 우리는 저녁 내내 서로 아무 말도 하지 않았다.
Christians say that the Bible is the **Word** of God. 기독교인들은 성경이 신의 말씀이라 말한다.

205

hate
[heit]

톰 **싫어하다. 미워하다**

🔊 헤이트 > 🔊 헤이! 트집 > 🔊 그는 만나는 사람마다 '헤이' 하면서 트집을 잡는다. 그래서 다들 그를 싫어한다.

📝 I **hate** bananas. 나는 바나나가 정말 싫어요.
Hate and love go hand in hand. 증오와 사랑은 함께 손을 잡고 다닌다.

206

reason
[ríːzn]

명 **이유. 까닭**

🔊 리즌 > 🔊 잊은 > 🔊 나를 그렇게 빨리 잊은 이유를 말해 보게.

📝 Tell me the **reason** you are late. 네가 늦은 이유를 설명해 봐라.
I have a **reason** to believe you are wrong. 네가 틀렸다고 믿을 수 있는 이유가 있다.

베풀어 준 나를 잊은
이유가 무엇인가? ▶

207

borrow
[bárou]

톰 **빌리다. 차용하다**

🔊 바로우 > 🔊 보루 > 🔊 아저씨는 담배 한 보루를 친구에게서 빌렸다.

📝 Friends do not **borrow** money from each other. 친구들은 서로에게 돈을 빌리지 않는다.
I **borrowed** a calculator from my brother. 나는 내 동생으로부터 계산기를 빌렸다.

208

care
[kɛər]

명 **돌보아 줌. 조심** 톰 **좋아하다. 관심을 가지다**

🔊 케어 > 🔊 캐어 > 🔊 손자는 산삼을 캐어 병든 할머니를 돌보아 주기 위해 산속으로 들어갔다. 조심하여 골짜기로 가는데 독사가 나타나 기겁을 하고 도망쳤다.

📝 Please take **care** of my pet snake for the weekend. 주말 동안 나의 애완 뱀을 돌봐 줄 수 있니?
My mother **cares** for me. 나의 어머니는 나를 매우 좋아한다.

209

complete
[kəmplíːt]

동 완성하다. 끝내다 형 전부의. 완전한
🔊 컴플릿 > ⚙ 컴(퓨터)+(팸)플릿 > 😊 선생님께서 컴퓨터로 팸플릿 만드는 작업을 맡기셨다. 일주일 작업 끝에 완성했는데 이를 본 사람들 전부가 완전하다고 칭찬하셨다.
📝 I am too lazy to **complete** my homework. 나는 너무 게을러서 숙제를 마칠 수 없다.
He will never **complete** his report. 아마 그는 결코 그의 보고서를 마치지 못할 것이다.

210

dear
[diər]

형 사랑하는. 친애하는. 귀여운 감 어머나
🔊 디어 > ⚙ 어디 > 😊 나의 사랑하는(귀여운) 사람이 어디 있을까? 만나보고 싶구나.
📝 **Dear** diary, today I met the man of my dreams. 내 소중한 일기장아, 오늘 내가 꿈꾸던 남자를 만났단다.
Eat your baked beans, my **dear**. 이 구운 콩을 먹어 봐요, 내 사랑.

◀ 나의 사랑하는 사람은 지금
어디에서 무엇을 하고 있을까?

211

glad
[glæd]

형 기쁜. 즐거운
🔊 글래드 > ⚙ 골내도 > 😊 민지는 참 좋은 아이야. 친구들이 골내도 항상 즐거운 표정으로 대하니까 말이야.
📝 I am **glad** to see you. 당신을 보게 되어 기뻐요.
How **glad** I am! 참으로 기쁘도다.

212

gold
[gould]

명 금. 황금
🔊 고울드 > ⚙ 골드 > 😊 올림픽에서 "no gold 나라가 3개국이다." 라고 했을 때의 골드는 금을 뜻하는 말이야.
📝 All that glitters is not **gold**, and not all those who wander are lost. 반짝이는 것들이 모두 금은 아니고, 방랑자라 해서 모두 방황하는 자인 것은 아니다. (반지의 제왕 중)
My earrings are made out of **gold**. 나의 귀걸이는 금으로 만들어졌다.

213
hear
[hiər]

동 **듣다**

🔊 히어 > ✪ 희어졌다 > ⊙ 회사원으로 일하시는 아저씨가 하시는 말씀. "좋은 소리 나쁜 소리 다 들으며 일하다 보니 머리가 희어졌네."

📖 I **hear** the bells ringing. 종이 울리는 것이 들려요.
He was too far away to **hear** his daughter cry. 그의 딸이 흐느끼는 것을 듣기에는 그는 너무 멀리 떨어져 있었다.

이 소리 저 소리 다 듣다 보니 머리가 희어졌어요.

214
sign
[sain]

명 **사인. 표시. 기호. 신호**

🔊 사인 > ✪ 사인 > ⊙ 요즘은 도장을 찍지 않고 사인으로 결재 표시를 하여 서류에 동의한다는 신호를 나타내고 있다.

📖 There are specific **signs** for the deaf people. 청각 장애인들을 위해 특별히 만들어진 기호 체계가 있다.
There are several **signs** that the economy will revive. 경기가 회복될 것이라는 신호가 몇 가지 있다.

215
high
[hai]

형 **높은** 부 **높이. 높게**

🔊 하이 > ✪ 하이 > ⊙ 까마득히 높은 곳에서 서커스하는 사람이 '하이' 하고 소리치고 있다.

📖 My mother lives up **high**, there among the clouds. 우리 엄마는 저기 높은 데 구름들에 둘러싸여 사세요.
Skyscrapers are **high**. 고층빌딩들은 높답니다.

'하이' 저 여기에서 공연하고 있어요. ▶

216
hot
[hɑt]

형 **뜨거운. 더운**

🔊 핫 > ✪ 핫 > ⊙ 핫핫핫. 미치겠네. 뜨거운 물을 만져버렸네.

📖 It's **hot** in summer. 여름에는 덥다.
It is very **hot** today. 오늘은 매우 덥다.

DAY 10

STORY가 있는 영단어

217

mention
[ménʃən]

동 **말하다. 언급하다**

🔊 멘션 > ✪ 맨션 > ☺ 맨션에 사는 민수는 자신의 꿈을 자주 말하곤 한다.

📝 I **mentioned** him to my father. 나는 아버지께 그에 대해 언급했다.
The very **mention** of that name scares me. 그 이름의 언급 자체가 나를 겁먹게 만든다.

◀ 이 맨션에 사는 저는 항상 더 높은 꿈을 말하곤 하지요.

218

change
[tʃeindʒ]

동 **바꾸다. 변화하다** 명 **잔돈. 변화**

🔊 체인지 > ✪ 체인(과) 지(폐) > ☺ 몇 날을 운전하다 배가 고파서 체인을 지폐와 바꾸어 빵을 사고 잔돈을 거슬렀다. 그간 내 모습은 너무 핼쑥하게 변했다.

📝 Her expression **changed**. 그녀의 표정이 달라졌다.
Children **change** when they grow older. 아이들은 자라면서 변하는 법이다.

219

south
[sauθ]

명 **남쪽**

🔊 사우쓰 > ✪ 싸웠어 > ☺ 아버지는 머나먼 남쪽 나라 베트남에 파견되어 민주주의를 위해 싸웠어.

📝 He headed **south**. 그는 남쪽으로 갔다.
To the **south** of the school is the library. 학교 남쪽에 도서관이 있다.

220

waste
[weist]

동 **낭비하다. 버리다. 소모시키다**

🔊 웨이스트 > ✪ 외 있었다 > ☺ "원진아. 여기 오이 있었다. 그런데 어디 갔는지 안 보이네." "아버지. 제가 좋아하지 않아서 버렸어요." "왜 너는 함부로 버려서 낭비하느냐?"

📝 Do not **waste** food. 음식을 버리지 마시오.
Governments are often accused of **wasting** money. 정부 기관은 예산 낭비로 자주 공격받는다.

221

sometime
[sʌ́mtàim]

틧 언젠가. 머지 않아

🔊 섬타임 > ✪ (그) 섬(에) 타임(캡슐) > ☺ 꿈에 아름다운 섬을 보았다. 언젠가 그 섬에 내가 아끼던 물건을 모아 타임캡슐을 만들어 묻고 싶다.

💬 I want to go Italy **sometime**. 언젠가 이탈리아에 가고 싶다.
Maybe we can meet **sometime** later. 다음 언젠가에 만날 수 있겠죠.

222

even
[íːvən]

틧 마저. ~라도. 훨씬 휑 평등한

🔊 이븐 > ✪ 입은 > ☺ 입은 옷마저 남에게 벗어주는 착한 아이. 그는 모든 아이들을 평등하게 대했다.

💬 **Even** you, Brutus? 브루투스, 너마저?
We are now **even**. 우리는 이제 평등하다.

223

earn
[əːrn]

뙤 벌다. 얻다

🔊 언 > ✪ 언제 > ☺ 이모는 너무 가난합니다. 언제 돈을 벌어서 단칸방이라도 얻을 수 있을까요.

💬 I **earned** my living by working part time at a convenience store. 나는 편의점에서 파트 타임으로 일하면서 생계를 유지했다.

이모는 언제 돈 벌어
방을 얻을 수 있을까요?

224

culture
[kʌ́ltʃər]

몡 문화. 교양

🔊 컬쳐 > ✪ 가르쳐 > ☺ 한국 문화와 교양을 가르쳐 주세요.

💬 Korean **culture** values the teachings of wise men. 한국의 문화는 현인들의 가르침을 중시한다.
He is a man of **culture**. 그는 교양인이다.

한국 문화와 교양 그리고 한강의 기적에 대해
가르쳐 주세요. ▶

225
education
[édʒukèiʃən]

명 **교육**

🔊 **에듀케이션** > ✪ **에듀케이트(educate)** > ➡ '에듀케이트' 는 '어떻게 했죠. 어떻게 교육했죠' 를 연상한다. 'education' 은 'educate' 에 tion을 붙여서 명사(교육)가 된 것이다.

📝 The **education** of the child took many years. 아이들의 교육에는 여러 해가 필요하다.
Education breeds scholars. 교육은 학자들을 길러낸다.

|Tip| 'breed' 는 '낳다, 기르다' 의 뜻으로 쓰인다.

226
later
[léitər]

형 **더 늦은** 부 **뒤에. 나중에**

🔊 **레이터** > ✪ **(오)래 있다** > ➡ 어떤 일이든 망설이며 오래 있다 결정하면 더 늦은 상태가 되고, 뒤에(나중에) 후회하게 된다.

📝 I will check my e-mail **later**. 나중에 이메일 확인하지요.
It's too late to regret **later**. 나중에 후회해 봤자 이미 너무 늦다.

어떤 일이든 뜸을 들이며 오래 있다 하면 그만큼 늦어져요.

227
experience
[ikspíəriəns]

명 **경험** 동 **경험하다**

🔊 **익스피어리언스** > ✪ **익수 피 어리었어** > ➡ 익수의 피가 눈에 어리었어. 어제 익수와 철수가 싸웠는데 익수가 맞아 피가 난 걸 보았어. 그 경험이 아직도 내 눈에 삼삼하게 어리고 있어.

📝 I **experience** pleasure whenever I see shiny things. 반짝이는 물건들을 볼 때마다 즐거운 기분을 느낀다.
Do you have any work **experience** in this particular field? 어떤 특정한 분야에서 일을 해 본 경험이 있습니까?

228
month
[mʌnθ]

명 **달**

🔊 **먼쓰** > ✪ **만 쓰** > ➡ 한 달만 쓰고 드릴게요. 나에게 책을 빌려 주세요.

📝 What **month** is it? 지금이 몇 월이지?
Oh my God, you don't even know what **month** it is? Have you been playing Civilizations? 맙소사, 지금 몇 월인지조차 모르고 있다니! 문명 게임을 하고 있었니?

◀ 박목월의 나그네 시집, 한 달만 쓰고 줄 테니 빌려 주세요.

229
flower
[fláuər]

명 꽃

🔊 플아우어 > ☀ 풀 아울러 > 🅰 공원에는 풀과 아울러 아름다운 꽃이 많이 피어 있었다.

🅰 Rose is a **flower** that symbolizes love. 장미는 사랑을 상징하는 꽃이다.
Narcissus is my favorite **flower**. 수선화는 내가 가장 좋아하는 꽃이다.

공원에 눈 풀과 아울러 아름다운 꽃이 많이 피었습니다. 어라! 꽃 위에 작은 벌레가 웃고 있네.

230
town
[taun]

명 도시. 읍

🔊 타운 > ☀ 타운 > 🅰 미국 LA에 한인타운이라는 데가 있는 것 알지? 한국인이 사는 '도시'라는 뜻이야. '읍'을 뜻하기도 해.

🅰 She lives in a **town**. 그 여자는 도시에 산다.
The **town** elders met to discuss the recent turn of events. 최근의 상황 변화에 대해 의논하기 위해 마을의 장로들이 모였다.

231
hour
[áuər]

명 시간. 시각

🔊 아우어 > ☀ 아울러 > 🅰 "시간과 공간을 아울러 포함하는 3차원 세계에 들어가 보았다." "그래, 정말이야?"

🅰 It takes an **hour** to walk from one end of Seoul National University to another. 서울대학교의 한쪽 끝에서 다른쪽 끝까지 걸어가는 데는 한 시간이 걸린다.
I waited for five **hours**. 나는 다섯 시간 동안 기다렸다.

◀ 재광이 형. 여기가 시간과 공간을 아울러 포함하는 공간이야?

232
cream
[kriːm]

명 연유. 크림. 화장용 크림

🔊 크림 > ☀ 크림 > 🅰 커피에 크림을 넣지. 이때의 크림은 '연유'의 뜻. 아이스크림 먹지? 이때의 크림은 '크림'의 뜻. 언니가 얼굴에 바르는 크림 보았지? 이때의 크림은 '화장용 크림'의 뜻.

🅰 I like eating sour **cream** and potatoes. 나는 신 크림을 바른 감자를 먹는 것을 좋아한다.
The **cream** on the cake tastes very sweet. 케이크 위의 크림이 매우 달다.

233

land

[lænd]

명 육지. 뭍. 국가 동 착륙하다

🔊 랜드 > ✪ 랜드 > ☺ "용인 에버랜드(everland)에 가 보았나?" "에버랜드는 '바다' 가 아니라 '육지' 에 있었어요." "그래. 랜드(land)는 '육지' 의 뜻이지." "잉글랜드(England)도 육지에 있는 국가야."

📝 He want to visit a foreign **land**. 그는 외국 방문을 원한다.
The starship **landed**. 그 우주선이 착륙했다.

234

newspaper

[njúːspèipər]

명 신문

🔊 뉴스페이퍼 > ✪ 뉴스페이퍼 > ☺ 뉴스(news)는 '새 소식' 의 뜻, 페이퍼(paper)는 '종이' 의 뜻. 그러므로 뉴스페이퍼는 '신문' 의 뜻이다.

📝 Professor Yoon always reads the **newspaper** after waking up. 윤 교수님은 언제나 일어난 후에 신문을 읽는다.
When we don't have umbrellas, we can use **newspaper** instead. 우산이 없으면, 신문지를 대신 써도 된다.

235

feel

[fiːl]

동 느끼다. ~라고 생각하다

🔊 필 > ✪ 꽃 필 > ☺ 봄이 되어 날이 포근해지자 머지않아 꽃이 필 것임을 온몸으로 느낀다.

📝 I **feel** warm and comfortable. 따뜻하고 편안한 기분을 느끼고 있어요.
He **feels** that his grandfather doesn't give him enough pocket money. 그는 그의 할아버지가 충분히 용돈을 주지 않는다고 생각했다.

◁ 봄이 되어 꽃이 필 것을 온몸으로 느끼겠구나.

236

mouse

[maus]

명 생쥐

🔊 마우스 > ✪ 마우스 > ☺ 컴퓨터 모니터에 연결되어 있는 마우스가 있지. 어떻게 생겼니? 꼭 생쥐와 같지?

📝 The **mouse** ran into the hole. 그 쥐가 구멍 안으로 후다닥 달려 들어갔다.

| Tip | mouse의 복수는 mice이다.

DAY
10

237
glove
[glʌv]

명 글러브. 장갑

◀) 글러브 > ❂ 글러브 > ❓ 권투 글러브, 야구 글러브 이런 말 자주 들어 보았지? 글러브는 '장갑'의 뜻임을 바로 알겠네.

예) She gave him a pair of **gloves**. 그녀는 그에게 한 켤레의 장갑을 주었다.
Black leather **gloves** are fashionable. 검은 가죽 장갑은 멋지다.

나도 글러브를 끼고
운동을 하고 싶다. ▶

238
once
[wʌns]

부 한 번. 옛날에

◀) 원스 > ❂ 원수 > ❓ 법 없이도 살 수 있다는 그 사람도, 남과 다투어 원수를 진 일이 딱 한 번 있었다.

예) I was **once** a famous boxer. 나는 한때 유명한 권투 선수였다.
I **once** forgot to turn off the light. 나는 불을 끄는 것을 한 번 잊어버린 적이 있었다.

원수진 일이 한 번이라고,
그럼 잘못 저지른 일이
한 번이라는 뜻이군.

239
symbol
[símbəl]

명 상징. 심벌

◀) 심벌 > ❂ 심벌 > ❓ '하트의 심벌'이 무슨 뜻일까? 하트는 심장이니 '심장의 심벌' 즉 '심장의 상징'이 무엇이냐는 말이구나. 그러므로 심벌은 '상징'이란 뜻임을 미루어 알 수 있어.

예) Heart is a **symbol** of love. 하트는 사랑의 상징이다.
Dove is a **symbol** of peace. 비둘기는 평화의 상징이다.

240
wait
[weit]

동 기다리다

◀) 웨이트 > ❂ 웨이터 > ❓ 웨이터(waiter)를 생각해. 웨이터가 뭐야. 손님이 오기를 기다렸다가 시중들어 주는 사람이잖아. 그러니까 웨이트(wait)는 '기다리다'의 뜻이지.

예) **Wait**, take me with you! 기다려요, 나를 데려가요!
He **waited** for the bus to arrive. 그는 도착하는 버스를 기다렸다.

241
bike
[baik]

명 **자전거**
🔊 바이크 > ☼ 봐! 이크! > ⓒ "영수야 옆에 오는 자전거를 잘 봐!" "이크! 자전거에 걸려 넘어졌네."
ⓔ Riding a **bike** along the Han river is fun. 자전거를 타고 한강변을 달리는 일은 신나는 일이다.
My **bike** is a expensive. 내 자전거는 비싸다.

242
affair
[əféər]

명 **일. 사건. 업무**
🔊 어패어 > ☼ 어서 패어 > ⓒ 한 청년이 장작을 패다가 쉬고 있다. 주인이 "어서 장작을 패어 일을 하라고!" 하고 재촉한다. 이때 큰 사건이 벌어졌다. 청년이 도끼로 자기 발등을 찍은 것이다. 그러니까 항상 업무에 집중해야지.
ⓔ It's not my **affair**. 그건 내 일이 아냐.

243
source
[sɔːrs]

명 **출처. 근원. 원천**
🔊 소스 > ☼ 소스 > ⓒ "서양 요리의 소스는 맛을 돋우기 위하여 넣어 먹는 걸쭉한 액체로 참 맛있다더라." "그래? 그 내용의 출처(근원)가 어디냐?"
ⓔ What was the **source** of the matter? 그 문제의 근원은 무엇이었습니까?

◀ 입맛을 돋우는 서양 요리 소스의 출처(근원)는 어디예요?

244
large
[lɑːrdʒ]

형 **큰. 많은**
🔊 라지 > ☼ 크라지 > ⓒ 어머니가 아들에게 하시는 말씀. "우리 아들 한없이 크라지." "예, 많은 노력을 하여 큰 인물이 될 거요."
ⓔ Everything **large** and beautiful is worth noticing. 크고 아름다운 것들은 어느 것이나 살펴볼 가치가 있다.
She bit a **large** sausage. 그녀는 커다란 소시지를 한입 베어 물었다.

245

listen
[lísn]

〔동〕**듣다**

🔊 리슨 ▸ ✪ 이순 ▸ 😊 사람의 나이 60을 이순(耳順)이라고 해. 이 나이가 되면 인생의 진리를 잘 깨닫게 되고 남의 말을 잘 듣게 되지.

📢 **Listen**, can you hear the fairies whistling? 잘 들어 봐. 요정이 휘파람을 부는 소리가 들리니?
My friend never **listens** to me. 친구는 절대 내 말은 듣지 않는다.

| **Tip** | 'listen' 의 't' 는 묵음으로 발음하지 않는다. listen은 '주의하여 듣다' 의 뜻이고 hear는 들려 오므로 '단순히 듣다' 의 뜻이다.

246

movie
[múːvi]

〔명〕**영화**

🔊 무비 ▸ ✪ 무(자)비 ▸ 😊 나는 서로가 무자비하게 싸움을 벌이는 영화는 좋아하지 않는다.

📢 Do you have the time to catch a **movie**? 영화 볼 시간 있니?
The **movie** starts at seven o'clock. 영화는 7시에 시작해.

저는 무협 영화를 무척 좋아해요. ▶

247

pollution
[pəlúːʃən]

〔명〕**오염**

🔊 펄루션 ▸ ✪ (개)펄로+시원 ▸ 😊 윤경이는 기름으로 오염된 바닷가 개펄로 들어가 뒹굴더니 시원하다고 소리쳤다. 참 이상한 아이지?

📢 **Pollution** is a serious problem. 오염은 심각한 문제다.
We have to reduce water **pollution**. 우리는 수질 오염을 줄여야 합니다.

> 개펄로 들어가 시원하다는 윤경이 이야기를 들으니 오염된 기름이 다 정화되어 깨끗해졌답니다.

248

mean
[miːn]

〔동〕**의미하다**(mean-meant-meant)

🔊 민 ▸ ✪ 미인 ▸ 😊 미인은 '아름다운 여자' 를 의미하지. 남자에게는 미인이라고 하지 않고 보통 '미남' 이라고 해.

📢 That's not what I **meant** at all. 그것은 내가 의미한 말이 아니야.
This sign **means** that you must go. 이 신호는 네가 가야 하는 것을 의미해.

249

pretty
[príti]

형 예쁜 부 꽤

🔊 프리티 > ✪ 풀[草]이 (그려진) 티(셔츠) > 😄 풀이 그려진 저 티셔츠 꽤 예쁘구나.

📝 You are so **pretty**. 당신은 정말 아름다워.
Pretty men are not always popular. 예쁜 남자들이 항상 인기가 있는 것은 아니다.

풀이 그려진 티셔츠 너무 예쁘더군.
하나 사야지. ▶

250

Puritan
[pjúərətən]

명 청교도

🔊 퓨어러턴 > ✪ 퍼렁던 > 😄 16세기 후반, 영국 국교회에 대항하여 생긴 개신교의 한 교파가 있었는데 이들은 사치와 권위 이야기만 나오면 서슬이 퍼렁던 청교도였대.

📝 Many Americans have **Puritan** ancestors. 많은 미국인들은 청교도 조상들을 가지고 있다.
The **Puritan** left England. 그 청교도는 영국을 떠났다.

251

pool
[pu:l]

명 수영장

🔊 풀 > ✪ 풀장 > 😄 어머니께서 수영하러 집 앞 복사골 문화센터에 있는 풀장(pool場)에 가신대. 이것으로 미루어 풀(pool)이 '수영장'임을 알겠지.

📝 Let's go to the swimming **pool**! 수영장 가재!

252

rain
[rein]

명 비 동 비 오다

🔊 레인 > ✪ 래(來)in 안으로 와 > 😄 비가 오니 우산 안으로 들어 와.

📝 **Rain** prevented us from going on a picnic. 비가 와서 소풍이 취소되었다.
I like autumn **rain**. 나는 가을비가 좋다.

DAY
11

253
respect
[rispékt]

몡 존경 동 존경하다

🔊 리스펙트 > ✪ (김)리수 팩 토라져 > 💬 김리수는 나를 존경하는 후배이다. 복장이 불량하여 벌을 주었더니 팩 토라져 있다. 하지만 그녀는 본성이 착하여 조만간 마음을 열 것이다.

🅔 Americans believe you should earn your **respect**. 미국인들은 공경이란 얻어내야 하는 것으로 생각한다.

254
bring
[briŋ]

동 가져오다. 데려오(가)다(bring-brought-bought)

🔊 브링 > ✪ 브릉 > 브르릉 > 💬 재판을 하면서 판사가 관련 자료를 요청하자 브르릉 차를 타고 가서 가져오고, 증인까지 데려왔다.

🅔 I **brought** my cat to school. 나는 고양이를 학교로 데려왔다.
Bring me to your home, please. 나를 당신의 집에 데려가 줘요.

◀ 차를 타고 부르릉~
가져오고, 데려오고.

255
revolution
[rèvəlúːʃən]

몡 혁명. 회전

🔊 레벌류션 > ✪ 네 발로 쏜 > 💬 그는 권총 네 발로 쏜 후에 혁명을 일으켰다.

🅔 This is a educational **revolution**. 이것은 교육 혁명이다.
Students see it as a **revolution**. 학생들은 그것을 혁명으로 본다.

256
sound
[saund]

몡 소리. 음 동 소리나다. 들리다. 생각되다

🔊 사운드 > ✪ 사운드 > 💬 "힘찬아! '사운드오브뮤직(sound of music)' 이라는 영화 보았니?" "응, 오스트리아의 트라프 가족이 겪은 실화를 뮤지컬화한 것으로 영화로 보았어." "애잔한 영화로 기억이 생생해. 이 '사운드' 란 말은 '소리' , '소리가 들리다' 의 뜻 외에 '생각되다' 라는 뜻도 있어."

🅔 I made no **sound**. 나는 아무 소리도 내지 않았다.
Violin and viola **sounds** different. 바이올린과 비올라는 다른 소리가 난다.

257

system
[sístəm]

명 조직. 체계. 제도

🔊 시스텀 > ✪ 시스템 > 😀 이 '조직' 은 도대체 뭐하는 시스템이지? '체계' 가 서 있지 않아.

📝 Do not erase the **system** files. (컴퓨터의) 운영 체계 파일을 지우지 마.

뭐하는 시스템인지
조직의 체계가 없어 실망
했네.

DAY
11

258

triumph
[tráiəmf]

명 승리. 대성공

🔊 트라이엄프 > ✪ 돌아이+엄포 > 😀 두 친구가 있었다. 내기에서 이기는 사람이 또다른 친구를 사귀기로 했다. 한 돌아이[石뒨]가 싸움에 졌으면서도 제가 '승리' 했으므로 친구를 차지해야 한다고 우기며 엄포를 놓고 있다.

📝 The general returned in **triumph**. 그 장군은 승리하여 돌아왔다.
We shall **triumph** against the enemy, for God is with us! 신께서 우리와 함께 하시기에, 우리는 그 적군들과 싸워 이길 것이다!

259

low
[lou]

형 낮은. (값이) 싼

🔊 로우 > ✪ (밑으)로, (아래)로 > 😀 물건이 백원 밑으로 낮은(싼) 가격이면 사겠다.

📝 The ceiling was so **low** that I could almost touch it. 천장이 너무 낮아서 내가 닿을 수 있을 것만 같다.
His parents did not approve of the marriage because his fiancée's caste was **low**. 그의 부모는, 그의 약혼자의 사회적 계급이 너무 낮았기 때문에 그들 사이의 결혼을 허락하지 않았다.

◀ 이 가격 밑으로 낮은 값이면 살 테니 깎아 주세요.

260

communication
[kəmjùːnəkéiʃən]

명 통신. 의사소통. 교통

🔊 커뮤너케이션 > ✪ 커뮤너케이션 > 😀 커뮤너케이트 (communicate)는 '통신하다' 의 뜻이다. 단어 끝이 e로 끝날 때 e를 잡아 떼버리고 tion을 붙이면 명사가 된다. 따라서 communication은 '통신', '의사소통' 의 뜻이다.

📝 **Communication** is the key to establishing a successful relationship. 의사소통은 성공적인 관계를 만들어 가기 위한 열쇠이다.
I am in **communication** with Seoul. 나는 서울과 연락을 유지하고 있다.

075

261

minute
[mínit]

명 분. 짧은 시간

🔊 미니트 > ✪ 미니 트(럭) > 🙂 내가 도착하자, 미니 트럭이 짧은 시간 즉 1분 정도 있다가 출발했다.

📢 Wait a **minute**. 조금만 기다려.
It is seven **minutes** after five. 5시 7분이다.

미니 트럭이 1분 정도 잠깐 있다가 출발했어요. ▶

262

wish
[wiʃ]

동 바라다. 빌다. 기도(기원)하다. ~하고 싶다

🔊 위시 > ✪ 위(하여!)시(험 합격) > 🙂 어머니는 시험의 합격을 위하여(바라며) 밤새 빌고 기도하신다.

📢 I **wish** him happy. 그의 행복을 빌어.
I **wish** you good luck. 너의 행운을 빈다.

우리 아들의 외고 시험 합격을 위하여 기도합니다.

263

competition
[kàmpətíʃən]

명 경쟁. 경기. 시합

🔊 캄퍼티션 > ✪ 캄캄+버티셔 > 🙂 두 남자가 심판을 사이에 두고 경쟁을 벌이고 있다. 심판은 "캄캄한 곳에서 버티셔. 무서움을 참고 버티기 경쟁(경기)에서 오래 참는 사람을 선택할 거요."라고 말했다.

📢 He won in the **competition**. 그는 대회에서 우승했다.
He was declared as the winner of the **competition**. 그는 경기의 우승자로 공표되었다.

264

glory
[glɔ́ːri]

명 영광. 영예. 명예

🔊 글로리 > ✪ 글로리 > 🙂 독일에서 태어나 한국에서 광광공사 사장을 하고 있는 이참 씨! 대단합니다. 나는 글로 당신의 영광과 명예를 찬양하리라.

📢 We fight for the **glory** of the Empire! 우리는 제국의 영광을 위해서 싸운다!

DAY 12 STORY가 있는 영단어

265

rein

[rein]

⑲ 고삐 ⑧ 억제하다. 지배하다

🔊 레인 > ✪ (바)레인 > ⓞ 바레인은 영국이 지배하던 나라로 영국인들이 노예처럼 고삐를 매고 억제하던 시절이 있었다.

⑩ He pulled on the **reins**. 그는 고삐를 당겼다.

바레인은 억제당 하던 시절이 있었습니다.

266

early

[ə́:rli]

⑲ 이른. 일찍의 ⑭ 일찍. 초기에

🔊 얼리 > ✪ 얼리 > ⓞ 외국 여행을 갈 때 비행기표를 예약하게 되는데 비행기 여행 상품 중에 '얼리버드(early bird)'라는 게 있어. 여행 출발 전 오래전에 표를 일찍 예약하면 가격을 50% 이하로도 할인 받을 수 있는 상품이지. 뭐든지 부지런하면 손해는 없다는 말씀.

⑩ The **early** morning bird catches the worm. 아침 일찍 일어나는 새가 벌레를 잡는다.

267

ago

[əɡóu]

⑲ ~ 전 ⑭ ~ 전에

🔊 어고우 > ✪ 어!고(古) > ⓞ 어! 유적지의 누각에 고(古)라고 씌어 있네. 古는 '옛날, ~전'이라는 뜻이지.

⑩ I ate a slice of chocolate cake an hour **ago**, but I am still hungry. 한 시간 전에 한 조각의 초콜릿 케이크를 먹었지만, 여전히 배고프다.
Tigers used to smoke a long time **ago**. 오래 전에는 호랑이들이 담배를 피우고는 했다.

268

through

[θru:]

⑳ ~를 통하여. ~를 지나서. ~중 내내. ~를 꿰뚫어

🔊 쓰루 > ✪ 술로 > ⓞ 아저씨는 친구를 통하여 배운 술로 한 주일 내내 소일하고 있었다.

⑩ He ran away **through** the tunnel. 그는 터널을 통해서 도망쳤다.
The tip of the pencil went **through** the paper. 연필 끝이 종이를 꿰뚫었다.

269
buy
[bai]

동 **사다**

🔊 바이 > ✪ 바이 > ⊙ 북한에서 물건 사 달라고 할 때 쓰는 말. "이 바이(봐이) 동무 하나만 사 달라우야."

📝 It is not wise to **buy** things that you will use only once or twice. 한두 번 정도만 쓰기 위해서 물건을 사는 것은 현명하지 않다. **Buying** a doll make me happy. 인형을 사면 행복해진다.

270
effort
[éfərt]

명 **노력**

🔊 에퍼트 > ✪ 애보다 > ⊙ 애 보는 일이 얼마나 힘들고 노력을 요하는 일인지 너는 아니?

📝 Make the **effort**! 노력을 좀 해라! Put in some **effort** if you do not want to fail. 네가 만약 실패하고 싶지 않다면, 노력을 좀 해 보아라.

애 보는 일보다 이렇게 험한 산을 올라가는 것이 훨씬 더 노력이 필요하죠. ▶

271
few
[fjuː]

형 **소수의. 거의 없는** 대 **거의 없는 사람(사물)**

🔊 퓨 > ✪ 피휴! > ⊙ 사람들에게 쫓기던 원숭이가 나무 꼭대기에 올라가서 하는 말. "피휴! 나를 잡으려 결사적으로 쫓아오던 사람들이 이제 거의 다 가 버리고 소수의 사람만 남았군."

📝 **Few** people survive being thrown off a cliff. 절벽에서 떨어진 사람들은 거의 살아남지 못한다. People who live to be a hundred are very **few**. 100세까지 사는 사람은 거의 없다.

272
section
[sékʃən]

명 **부분. (책, 장의) 절. (도시의) 구역. 지역**

🔊 섹션 > ✪ 섹션 > ⊙ 학생들이 운동회할 때 카드섹션을 하는 것 보았지? 카드섹션에서 섹션은 '부분'을 뜻하지. 카드의 부분(조각)이 여럿 모여 마치 하나처럼 보이게 하는 것이 카드섹션이야. 카드섹션 준비하느라 전 지역이 난리네.

📝 The school library does not have a biology **section**. 학교 도서관은 생물학 부문이 없다.

273

interest
[íntərəst]

명 관심. 흥미 동 흥미를 일으키다

🔊 인터러스트 › ✪ 이 터(이 땅)+레스토(랑) › ☺ 집 앞에 넓은 공
터가 있다. 아버지는 이 터에 관심이 많다. 아버지는 이 터를
레스토랑으로 활용하려는 데 매우 흥미를 느낀다.

📝 The dog showed no **interest** in the bone. 그 개는 뼈다귀에 관
심을 보이지 않았다.
I am **interested** in science fiction. 나는 공상 과학 소설에 관심이
있다.

◁ 이 터를 레스토랑으로 쓰면 매우 흥미있겠지.

274

none
[nʌn]

대 아무 사람('않다' 의 뜻)

🔊 넌 › ✪ 넌 › ☺ 난 소중한 사람. 넌 아무것도 아닌 사람. 이런
식으로 남을 업신여기면 절대로 안 돼.

📝 **None** lived to see the dawn. 살아남아 일출을 본 사람은 아무도 없
었다.
And then there were **none**. 그리고 아무도 없었다.

275

still
[stil]

부 아직 형 조용한. 고요한

🔊 스틸 › 에스티아이엘(철자 기준) › ✪ 애썼다 아이를 › ☺ "대
단히 애썼다 아이를 돌보느라고." "아니에요. 아직 조용한 상
태로 자고 있어 힘들지 않아요."

📝 It is **still** unknown. 그것은 아직도 알려지지
않았다.
I **still** love him. 나는 아직도 그를 사랑한다.

> 아직은 조용히 잠 자서
> 힘들지 않아요.

> 애썼다 아이를 돌보느 라고.

276

need
[ni:d]

동 필요로 하다 명 필요

🔊 니드 › ✪ 니도 › 너도 › ☺ 아들아, 공부하느라 많이 힘들지?
가만히 있지만 말고 너도 어렵거나 필요한 것이 있으면 꺼리
지 말고 내게 말해 보렴. 네 친구도 부모한테 필요한 것을 요
청했어.

📝 He left me just when I **needed** him most. 그는 내가 그를 가장
필요로 할 때, 나를 떠나갔다.
Cars **need** oil to make energy. 자동차가 에너지를 얻기 위해서는
기름이 필요하다.

DAY
12

277
owl
[aul]

명 올빼미. 부엉이

🔊 아울 > ✪ 울아 > 울어 > 🔑 올빼미는 밤에 울고 부엉이는 저녁에 울어. 그게 사실이니? 글쎄요.

📝 **Owls** can clearly see objects even at night. 올빼미는 밤에도 사물을 선명하게 볼 수 있다.
I'm going to see an **owl** show. 난 심야 쇼를 볼 예정이다.

올빼미 눈 밤에 울어요.

278
unity
[jú:nəti]

명 단일성. 통일성. 개체. 단일체

🔊 유너티 > ✪ 유나의 티 > 🔑 유나가 입은 티셔츠는 흰색이고 무늬도 없어 단일성, 통일성이 강조된 옷이다.

📝 Let us seek **unity** in love. 사랑으로 하나가 되도록 합시다.
We believe that the new **unity** government of Iraq can deal with the problem. 새로 구성된 이라크 연합 정부가 그 문제를 잘 처리할 수 있으리라 믿습니다.

279
plane
[plein]

명 비행기

🔊 플레인 > ✪ 8레인 > 🔑 8레인에서 수영하는 선수는 비행기를 타고 온 선수이고, 7레인에서 수영하는 선수는 배 타고 온 선수이다.

📝 **Plane** to LA leaves in a minute. 로스앤젤레스로 향하는 비행기가 몇 분 안에 출발해요.
The toy **plane** floated in the bathtub. 장난감 비행기는 목욕통(욕조)에서 떠다녔다.

◀ 비행기 타고 온 8레인 선수가 우승하라고 응원했어요.

280
arrive
[əráiv]

동 도착하다. 도달하다

🔊 어라이브 > ✪ 어라 이브 > 🔑 아담과 이브는 데이트를 마치고 헤어졌다. 그런데 이브 어머니로부터 이브를 찾는 전화가 왔다. "어라? 이브가 벌써 도착했을 시간인데." 아담은 걱정이 되었다.

📝 The train **arrived** late, too. 열차도 늦게 도착했다.
I **arrived** late because my plane crashed. 내가 탄 비행기가 추락하는 바람에 늦게 도착했다.

281
posture
[pástʃər]

명 자세. 태도 동 자세를 취하다

🔊 파스처 > ✿ 벗어 주오 > 💬 가족 사진 찍으러 사진관에 갔는데, 자세(태도)가 잘 안 나오니까 사진 기사가 옷을 "벗어 주오"라고 말한다.

📝 The model **postured** and we sketched her. 모델은 자세를 취했고, 우리는 그녀를 그렸다.
Good **posture** is essential. 자세가 좋은 것은 매우 중요하다.

282
direction
[dirékʃən]

명 방향. 지시. 지휘

🔊 디렉션 > ✿ 디랬어 > (어)디랬어 > 💬 등산을 갔다. 선생님이 가라는 방향을 듣지 않아 길을 잃었다. 길을 헤매며 "선생님께서 지시하신 방향이 어디랬어?"하면서 서로 묻는다.

📝 I have no **direction** sense. 나는 방향 감각이 없다.
Thankfully, my friend has some **direction** sense. 다행스럽게도 내 친구는 방향 감각이 있다.

DAY
12

283
present
[preznt]

형 출석한. 현재의 명 선물 동 주다. 수여하다

🔊 프레즌트 > ✿ 뿌려준다 > 💬 선생님으로부터 현재 출석한 사람에게만 선물을 뿌려준다는 연락이 왔다.

📝 This is a **present** for you. 이건 너를 위한 선물이란다.
The **present** is more important than the past or the future, that is why we call it the **present**. 현재는 미래나 과거보다 더 중요하기에 우리는 그것을 선물이라고 부른다.

| Tip | present가 형용사, 명사로 쓰일 때는 [preznt]로 발음하고, 동사로 쓰일 때는 [prizént]로 발음한다.

284
increase
[inkríːs]

동 증가하다

🔊 인크리스 > ✿ 잉+끄리+수 > 💬 우리 동네 저수지의 잉어와 끄리(잉엇과의 민물고기) 수가 매년 증가하고 있다.

📝 Chocolate **increases** happiness. 초콜릿은 행복감을 높여 준다.
My mother's wrinkles **increased** after I was born. 내가 태어난 이후로 어머니의 주름살이 늘었다.

아저씨! 잉어와 끄리 수가 정말 늘었어요? ▶

285
enough
[inʌ́f]

형 충분한 부 충분히

🔊 인어프 > ⊕ 안 아파 > ☺ 몸살 날 때는 충분한 휴식을 취하면 안 아프게 돼.

예 **Enough** with your proud words! 너의 자랑은 이제 충분해!
You break my heart, dear. Am I not good **enough** for you? 나의 마음을 아프게 하네요, 그대여. 내가 당신에게 어울릴 만큼 충분하지 않은가요?

286
method
[méθəd]

명 방법. 방식. 체계

🔊 메써드 > ⊕ 매(를) 써도 > ☺ 자식에게 매를 써도 매를 대는 방법을 모르면 반발만 사고 존경을 받지 못한다.

예 He adopted a new teaching **method**. 그는 새로운 가르치는 방법을 채택했다.
It is important to work with **method**. 체계 있게 일을 하는 것은 중요하다.

287
refrigerator
[rifrìdʒəréitər]

명 냉장고

🔊 리프리저레이터 > ⊕ 이파리 저래(저렇게 시들어) 있다 > ☺ 배추 이파리 저래 시들어 있다. 그러면 어디에다 넣어야 하는가? 냉장고 속에 넣어야죠.

예 I have a **refrigerator** which needs a key. 나는 열쇠로 열어야 하는 냉장고를 가지고 있다.
The woman kept her lipstick in her **refrigerator**. 그녀는 자기 립스틱을 냉장고에 보관했다.

◀ 이파리 저래 있으면 빨리 냉장고에 넣어라.

288
population
[pàpjuléiʃən]

명 인구

🔊 파퓰레이션 > ⊕ 밥 풀 애 있어 > ☺ 그 마을에는 인구가 많다 보니, 밥을 지을 애도 있고 다 된 밥을 풀 애도 있고 반찬을 만들 애도 있다.

예 **Population** control is sometimes inevitable. 때때로 인구 통계는 불가피하다.
The **population** of Seoul is on the decrease. 서울의 인구는 감소 중이다.

인구가 많으니 별 애가 다 있네.

DAY 13
STORY가 있는 영단어

289
leader
[líːdər]

명 **지도자**
📣 리더 > ✪ 더리 > 되라 > 🔑 너희는 더욱 노력하여 위대한 지도자가 되라.
📝 He was the **leader** of the French army. 그는 프랑스군의 사령관이었다.

290
republic
[ripʌ́blik]

명 **공화국**
📣 리퍼블릭 > ✪ 이(예)뻐 불이익 > 🔑 "아프리카의 어느 공화국에는 얼굴이 이뻐 불이익을 받는 곳이 있다는 이야기가 있다." "그게 사실인가요? 그럼 나도 불이익을 받겠군요."
📝 Korea is a democratic **republic**. 대한민국은 민주주의 공화국이다.
I want to become a knight of the old **republic**. 나는 구공화국의 기사가 되고 싶다.

291
space
[speis]

명 **공간. 장소. 간격**
📣 스페이스 > ✪ 스페이스 키 > 🔑 "여러분 컴퓨터 키에서 공간(공란)을 띄우는 키가 무엇인지 아세요?" "예. 스페이스 키입니다. 키보드 아랫부분 중앙에 있는 기다란 키입니다."
📝 There are many **spaces** to sit and talk. 앉아서 얘기할 공간이 많이 있다.

292
amount
[əmáunt]

명 **총액. 총계. 양**
📣 어마운트 > ✪ 엄마 운다 > 🔑 이사하려는 집에 치러야 할 잔금 총액이 너무 많아 걱정이라며 엄마가 운다(우신다).
📝 No **amount** of apology can make me forgive you. 아무리 사과를 많이 한다 하더라도 당신을 용서할 수 없어요.
There is a fair **amount** of jelly beans in this bag. 가방 안에는 꽤 많은 양의 젤리 빈이 들어 있다.

293

ancestor
[ǽnsestər]

명 **조상. 선조**

🔊 앤새스터 > ⚙ 안 씻었다 > ☺ 얼굴이 검은 친구에게 이유를 묻자 하는 말. "우리 조상들은 대대로 몸을 전혀 안 씻었다. 그래서 검어."

예 My **ancestors** were scholars. 나의 조상들은 학자였다.
Please bury him next to my **ancestors**.
그를 나의 조상들 옆에 묻어 주세요.

조상 대대로 안 씻어서 그렇게 검은 것 사실이니? ▶

294

manner
[mǽnər]

명 **예의. 방법. 태도**

🔊 매너 > ⚙ 매너 > ☺ 매너(예의)가 좋은 사람과 사귀는 방법은 먼저 자신의 몸가짐과 태도를 올바로 하는 일이다.

예 His **manner** is perfect. 그의 태도는 완벽하다.
The **manner** of his speech was somewhat cooled. 그의 화술은 다소 냉정한 감이 있다.

295

prairie
[preri]

명 **대초원**

🔊 프레리 > ⚙ 풀에 이리 > ☺ "풀에 이리가 돌아다니는 곳은 어디일까요?" "그야 물론 대초원이지."

예 Wolf live on the **prairie**. 이리는 대초원에 산다.
I want to live in a little house on the **prairie**. 나는 초원의 작은 집에서 살고 싶다.

> 풀밭에 이리 들이 마음껏 돌아다니는 곳이 어딜까.

296

activity
[æktívəti]

명 **활동. 활약. 활발**

🔊 액티버티 > ⚙ 액정 티브이(TV)지 > ☺ 올림픽에 참가한 선수들의 활동을 가장 잘 볼 수있는 것이 액정티브이지.

예 Field **activity** is important to a scientist. 현장 활동은 과학자에게 매우 중요한 일이다.

297

instrument
[ínstrəmənt]

몡 도구. 악기

🔊 인스트러먼트 > ✪ 인수더러 멘트(해봐) > ☺ 인수는 음악가야. 도구나 악기를 다루는 방법을 모르면 인수더러 멘트(물어)해 봐.

📖 He does not play musical **instruments**. 그는 악기를 연주하지 않는다.
Drums are **instruments**. 북은 악기이다.

> 도구나 악기 다루는 방법은 무조건 인수더러 물어 봐.

298

remember
[rimémbər]

동 기억하다(반forget). 생각해 내다

🔊 리멤버 > ✪ 이 멤버 > ☺ 우리는 의리로 뭉친 멤버이다. 항상 서로 돕고 살아야 한다. 어려운 일이 있을 때는 이 멤버를 기억하고 도움을 요청하도록 해라.

📖 Do you **remember** me? 나 기억하니?
She **remembered** being hit on the back of her head. 그녀는 뒤통수를 맞은 것을 기억했다.

299

clean
[kli:n]

DAY
13

형 깨끗한. 청결한. 순결한

🔊 클린 > ✪ 클리너 > ☺ 어떤 공간이나 물건을 깨끗하게 하는 '청소기나 세제'를 클리너(cleaner)라고 한다. 그렇다면 클린(clean)은 어떤 뜻일까? 청소기나 세제의 공통점은 '깨끗하게 하는' 것이다. 즉 '깨끗한', '청결한', '순결한'의 뜻이다.

📖 Please **clean** up this mess! 이 어질러 놓은 것 당장 치워 놓아라!
Be sure to wear a **clean** shirt. 꼭 깨끗한 셔츠를 입도록 해라.

300

adventure
[ədvéntʃər]

몡 모험. 사건. 위험한 계획

🔊 어드벤처 > ✪ 어두울 벤치 > ☺ 은정아. 어두울 때 벤치에 앉아 있는 것은 모험이야(위험해). 치한들이 항상 주변을 노리고 있거든.

📖 I want to go on an **adventure**! 나는 모험을 떠나고 싶어요.
I want to be the king of **adventure**!
나는 모험왕이 될 거야!

어두울 시간이다. 이때는 벤치에 혼자 앉아 있는 것은 모험이다. ▶

301
daughter
[dɔ́ːtər]

몡 딸

◑ 도터 > ✪ 도가 터 > ㉯ 우리 딸은 노는 데에는 정말 도가 텄어요. 숙제를 마치자마자 친구 집에 가서 밤 늦게까지 놀아요.

㉰ My **daughter** is the prettiest girl in the entire world. 내 딸은 이 세상에서 가장 예쁜 여자아이이다.
The **daughter** of time is death. 시간의 딸은 죽음이다.

우리 딸은 공부도 잘하지만 노는 데도 도가 텄어요. ▶

302
already
[ɔːlrédi]

♜ 벌써. 이미

◑ 오래디 > ✪ 오래되(었어?) > ㉯ 맛이 이상해서 "찌개 만든 지 오래되었어?" 했더니 벌써 일주일이 되었단다. 뱉고 싶었지만 이미 목구멍으로 넘어간 뒤였다.

㉰ Are you going home **already**? 오늘은 벌써 집에 돌아가니?
I am **already** an adult. 나는 이미 어른이에요.

◀ 오래되어서 상한 음식이 벌써 목구멍으로 넘어가 버렸네.

303
catch
[kætʃ]

툉 붙잡다. 따라잡다. (병에) 걸리다

◑ 캐치 > ✪ 캐지 > ㉯ 바삐 가는 사람 붙잡고 미주알고주알 캐지 마. 호흡기를 통해 병(감기)에 걸릴 수도 있어.

㉰ I **caught** a dragonfly. 나는 잠자리를 잡았다.
I **caught** a cold. 나는 감기에 걸렸다.

304
certainly
[sə́ːrtnli]

♜ 확실히. 꼭. 물론이죠

◑ 서튼리 > ✪ 서툰 이 > ㉯ "매사에 서툰 이가 열심히 노력하면 확실히 달라질까요?" "그럼. 물론이죠. 꼭 그렇게 될 거요."

㉰ I will **certainly** help you, for a price. 돈만 낸다면, 나는 너를 확실히 도와줄 거야.
That is **certainly** true. 그건 확실한 사실이지.

이 앞에 서툰 이도 노력하니 확실히 달라졌어요.

305

matter
[mǽtər]

명 문제. 일

🔊 매터 › ⚙ 맡아 › 도맡아 › 😊 그는 문제되는 일은 도맡아서 하고 있다. 그래서 우리 모두는 그가 좋다.

💬 It doesn't **matter** whether I eat breakfast or not. 내가 아침을 먹든지 말든지 중요치 않다.
This is a grave **matter**. 이것은 중대한 일이다.

문제되는 일을 도맡아 하였으므로
이 상패를 수여함. ▶

306

habit
[hǽbit]

명 습관. 버릇. 의복

🔊 해비트 › ⚙ 해 비틀어 › 😊 그는 해만 보면 몸을 해쪽으로 비틀어 버리는 이상한 습관이 있다.

💬 Old **habits** die hard. 오래된 습관은 잘 없어지지 않는다.
I am in the **habit** of rising early. 나는 일찍 일어나는 습관이 있다.

307

forget
[fərgét]

동 잊다

🔊 퍼겟 › ⚙ 포겟(몬스터) › 😊 포겟몬스터 게임이 너무 재미있어서 해야 할 일도 다 잊어버렸네.

💬 Do not **forget** your appointment with the teacher! 선생님과의 약속을 잊지 마세요!
I **forgot** the due date for my essay. 나는 나의 에세이 제출 기한을 잊어버렸다.

DAY 13

308

middle
[mídl]

형 한가운데의. 중앙의 명 중앙. 허리

🔊 미들 › ⚙ 믿을 › 😊 연극에서 내가 맡은 대사는 다음 내용이었다. "맏이는 늙었고, 막내는 어리고, 믿을 것은 가운데의 너뿐이구나."

💬 I woke up in the **middle** of the night. 나는 한밤중에 일어났다.
He was thick in the **middle**. 그는 배가 조금 두둑했다.

309
mind
[maind]

명 **마음. 정신** 통 **걱정하다. 꺼리다. 싫어하다**

🔊 마인드 > ✪ 마인데 > (악)마인데 > 💬 "내가 꿈에 본 것이 악 마인데 마음이 얼마나 꺼려지겠니?" "걱정하지 마라, 너는 마음이 착하니 나쁜 일은 없을 거야."

📝 If you could read my **mind**, you would know how happy I am. 만일 네가 내 마음을 읽을 수 있다면 내가 얼마나 행복한지 알 수 있을 거야.
Her **mind** is overflowing with grief. 그녀의 마음은 비탄으로 흘러 넘친다.

310
view
[vju:]

명 **바라봄. 경치. 의견. 목적** 통 **바라보다**

🔊 뷰 > ✪ 비유 > 보이어유 > 보여유 > 💬 충청도 사람이 관광할 목적으로 서울에 왔다. 남산타워에 올라가 시내 경치를 바라보다가 의견을 말했다. "참말 잘 보여유. 인천 바다도 보여유"

📝 Some hotel rooms have a better **view** than others. 어떤 호텔 방은 다른 방보다 경치가 좋다.
I do not understand your point of **view**. 나는 당신의 의견을 이해할 수 없어요.

◀ 꼭대기에서 바라보니 경치가 잘 보여유.
이상 제 의견이었시유.

311
usually
[júːʒuəli]

부 **보통. 대개**

🔊 유주얼리 > ✪ 유주(는) 얼리(어서) > 💬 유주(有酒)는 보통 얼리어서 마신다고 한다. 유주: 외계인의 술. 믿거나 말거나.

📝 He **usually** eats lunch in the school cafeteria. 그는 보통 학교 구내식당에서 점심을 먹는다.
People who play the MMORPG 'World of Warcraft' are **usually** single. MMORPG '월드 오브 워크래프트'를 즐기는 사람들은 보통은 싱글이다.

312
season
[síːzn]

명 **계절. 시기**

🔊 시즌 > ✪ 시즌 > 💬 '바야흐로 독서의 시즌이 되었다.' 이런 말 들어 봤지? 그렇다면 시즌(season)의 뜻은? '계절', '시기'.

📝 There are only two **seasons** in some countries. 어느 나라에는 계절이 두 가지밖에 없다.
Winter is my favorite **season**. 겨울은 내가 가장 좋아하는 계절이다.

> '가을은 독서의 시즌이 다'의
> '시즌'은 '계절'이란 뜻입니다.

DAY 14

STORY가 있는 영단어

313

adult
[ədʌ́lt]

명 성인(=grown-up) 형 성장한. 성숙한

🔊 어덜트 › ⚙ 애들도 › 😊 애들도 자라면 성인이 되지.

📖 I want to become an **adult** soon. 나는 어서 어른이 되고 싶어요.
Sometimes **adults** act like children. 때때로 어른들은 마치 아이처럼 행동한다.

너는 커서 훌륭한 사람이 되어라. ▶

314

clothe
[klouð]

동 옷을 입다. 입히다

🔊 클로우드 › ⚙ 클러+옷도 › 😊 체육 시간이 다 끝나기 전에 급히 옷을 갈아 입었다. 이 장면을 보신 선생님 하시는 말 "클러(벗어) 옷도! 아직 수업 안 끝났어."

📖 I want to **clothe** you in silk and velvet. 나는 네게 실크와 벨벳 재질의 옷을 입히고 싶다.
The King was **clothed** in red. 왕에게 빨간색 옷이 걸쳐졌다.

315

feast
[fiːst]

명 잔치 동 맘껏 먹다

🔊 피스트 › ⚙ 비슷해 › 😊 잔치에 모인 사람들의 옷차림이 비슷해서 누가 누구인지 알아보기가 어렵다. 사람들은 잘도 먹는구나.

📖 The king held a **feast** in celebration. 왕은 축하를 위해서 잔치를 벌였다.
My brother **feasted** on leftover cakes. 동생이 남은 케이크를 먹어 치웠다.

316

stone
[stoun]

명 돌. 석재. 보석

🔊 스토운 › ⚙ 3톤 › 😊 무게가 3톤이나 되는 돌이 산사태로 길 아래로 떨어졌다. 그 돌 속에는 보석의 원석이 들어 있었다.

📖 Killing two birds with one **stone**. 일석이조.
There are many **stones** in the backyard. 뒷마당에는 돌이 많다.

317

treasure
[tréʒər]

명 보물

🔊 트레저 > ✪ 틀어쥐어 > 🔑 보물을 우연히 발견했다고 하자. 그것을 놓칠 사람이 어디 있겠는가? 보물을 손에 틀어쥐어 잘 보관할 것이다.

예 The **treasure** chest was overflowing with gold and silver. 그 보물 상자는 금과 은으로 넘쳐나고 있었다.

보물을 발견하면 누가 가져가지 않도록 틀어쥐어야지

318

tower
[táuər]

명 탑. 타워. 망대. 누대

🔊 타워 > ✪ 타워 > 🔑 "서울 남산에 남산타워가 있더군." "그래 남산 타워의 '타워'는 '탑'의 뜻인데 전망대의 뜻도 있어."

예 Faramir proposed to Eowyn as they stood under the shadow of the **towers** of Gondor. 파라미르는 곤도르 탑의 그림 자 아래에 서서 에오윈에게 청혼했다.
The floor of CN **Tower** is made out of glass. CN 타워의 바닥 은 유리로 되어 있다.

319

universe
[júːnivəːrs]

명 우주. 전 세계

🔊 유니버스 > ✪ 유니 벗 쇼 > 🔑 특종 기사가 신문에 보도되었 다. 유명인 유니 씨가 옷을 벗고 전 세계를 누비다가 그것도 시원찮아서 우주에서 쇼를 한다는 기사다.

예 What is the answer to the question of life, **universe**, and everything? 삶과 우주와 그리고 모든 것에 대한 대답은 무엇인가?
Even the **universe** must disappear someday. 우주조차도 언 젠가는 멸망할 것이 틀림없다.

◀ 유니 씨의 쇼는 만우절 기사로 밝혀졌어요.

320

wealth
[welθ]

명 재산. 부

🔊 웰쓰 > ✪ 욀 수(만 있다면) > 🔑 독학으로 성공한 큰형은 이렇 게 말씀하신다. "그날 배운 영단어를 매일 10개씩만 욀 수만 있다면 실력을 쌓을 수 있고, 훌륭한 사람이 되어 재산을 크게 모으고 부를 쌓을 수 있단다."

예 **Wealth** does not bring happiness. 부가 행복을 가져다주는 것은 아니다.

321
sleep
[sliːp]

동 자다 명 잠. 수면

🔊 슬립 > ⚙ 슬(슬) (졸)립 > 💬 이틀간 중간고사 시험 준비를 하느라고 잠을 못 잤다. 이제 슬슬 졸립다. 그러면 어떻게 해야 할까? 무조건 자야 한다.

📝 She always **sleeps** late at night. 그녀는 항상 밤늦게 잔다.
I can live without food, but I cannot live without **sleep**. 나는 음식 없이는 살아도 잠 안 자고는 못 산다.

322
basketball
[bǽskitbɔːl]

명 농구

🔊 배스킷볼 > ⚙ 배스킷+볼 > 💬 배스킷과 볼이 합쳐져서 이루어진 말이다. 배스킷(basket)은 '바구니'의 뜻. 볼(ball)은 '공'의 뜻. 바구니처럼 생긴 골대에 공을 넣는 운동은 무엇일까? 그야 농구이지.

📝 Michael Jordan is the most famous **basketball** player ever. 마이클 조단은 역사상 가장 유명한 농구 선수이다.

323
information
[ìnfərméiʃən]

명 정보. 지식. 안내처

🔊 인퍼메이션 > ⚙ 인품에 있어 > 💬 우리 선생님의 지식과 정보는 그분의 훌륭한 인품 속에 있어.

📝 For more **information**, visit our homepage. 더 많은 정보를 원하시면, 우리 홈페이지를 방문하세요.
Go to the **information** booth. 안내 부스로 가 보세요.

내가 졸업하고 많은 지식과 정보를 얻을 수 있었던 것은 선생님의 훌륭한 인품 때문이지. ▶

324
leaf
[liːf]

명 잎 (복수 leaves)

🔊 립 > ⚙ 잎 > 💬 노란 단풍잎이 지나가는 나를 잠시 머물게 하는구나.

📝 He swept up a pile of dead **leaves**. 그는 낙엽 더미를 쓸어서 담았다.

▶ 이 아름다운 단풍잎 옆에 있으니 기분이 좋구나.

325

laugh
[læf]

동 웃다 **명** 웃음

🔊 래프 › ⚙ 그래프 › ❓ 선생님은 내가 그린 꺾은선그래프를 보고 껄껄 웃으신다. 이상하게 그렸다는 듯이.

📖 A person who likes to **laugh** is a cheerful person. 웃는 것을 좋아하는 사람은 밝고 명랑한 사람이다.
Laughing is good for your health. 웃음은 건강에 좋다.

> 내 그래프가 그렇게 웃기는가 봐.

326

rice
[rais]

명 쌀. 벼. 쌀밥

🔊 라이스 › ⚙ 라이스 › ❓ "'오므라이스, 카레라이스' 등에 공통으로 들어가는 말은?" "라이스." "그럼 공통되는 재료는?" "쌀." "결국 라이스(rice)는 '쌀'의 뜻이네."

📖 Asian people eat **rice** as their breakfast. 아시아 사람들은 아침으로 밥을 먹는다.
These days in Korea, people are consuming less **rice**. 요즘 한국 사람들은 쌀 섭취가 줄고 있다.

◀ 오므라이스, 카레라이스를 맛있게 먹기 위해
내가 참새들로부터 벼를 잘 지켜야지요.

327

ruin
[rúːin]

명 파멸. 화근 **동** 망치다

🔊 루인 › ⚙ 로인 › ❓ 헤로인. 그가 한때 마약 (헤)로인을 복용한 것이 파멸의 화근이었다.

📖 You **ruined** everything. 네가 모든 걸 망쳤어.
The bugs **ruined** the harvest. 벌레들이 농사를 망쳤다.

328

difficult
[dífikʌlt]

형 어려운

🔊 디피컬트 › ⚙ 깊이 칼 두 › ❓ "몸 깊이 칼을 두고 다니는 사람을 보면 대하기가 쉬워?" "아니 어려워."

📖 Don't make my life **difficult**. 내 삶을 어렵게 만들지 마.
This problem is **difficult**. 이 문제는 어렵다.

329

green
[griːn]

휑 녹색의 몡 녹색

🔊 그린 > ✪ 그린 > ➡ 녹색으로 그린 풀밭 그림은 누가 그린 것이니?

📝 Leaves are **green** and roses are red, sugar is sweet and I love you. 잎사귀는 초록빛이고 장미는 붉으며, 설탕은 달콤하고 나는 당신을 사랑합니다. (영국 민요)
Emeralds are mostly **green** but they are sometimes with blue. 에메랄드는 대부분 초록빛이지만, 어떨 때는 푸른색이 되기도 한다.

330

finish
[fíniʃ]

통 끝내다. 끝나다

🔊 피니시 > ✪ 피니 쉬 > ➡ 아름다운 꽃이 피니(피었을지라도) 오래 못가서 쉬 끝나고 앙상하게 잔해만 남는다.

📝 Let me **finish** my homework. 나 이제 숙제 좀 끝낼게.
I **finished** eating another slice of cheesecake. 나는 치즈 케이크를 한 조각 더 먹었다.

이 아름다움도 쉬 끝나겠구나. ▶

331

race
[reis]

몡 경주. 인종 통 경주하다. 달리다

🔊 레이스 > ✪ 애 있어 > ➡ 나에게는 귀한 애가 있어. 그를 경주 잘하는 인종으로 만들고 싶어.

📝 I'm so happy because I finally won this **race**. 나는 마침내 이 경기에서 승리해서 정말 행복하다.
The students **raced** to the cafeteria. 학생들은 식당으로 달려갔다.

332

kitchen
[kítʃin]

몡 부엌

🔊 키친 > ✪ 끼친 > ➡ 우리집 가족의 영양 섭취에 가장 큰 영향을 끼친 장소는 어디인가? 부엌이다.

📝 This cabinet is for **kitchen** utensils. 이 보관함은 주방용품을 담아 두는 용도이다.
My mother's **kitchen** is always clean. 어머니의 부엌은 항상 깨끗하다.

가족의 영양 섭취에 영향을 끼친 곳이 바로 부엌이군.

333
happen
[hǽpən]

동 (우연히) 일어나다. 생기다

🔊 해편 > ⚙ 해 펑 > 🔑 망원경으로 해를 유심히 관찰하다 보니 '펑' 하는 소리가 우연히 일어났다.

📝 I don't know how it **happened**. 그것이 어떻게 벌어진 일인지 잘 모르겠어.
It **happened** while I was passing by. 내가 지나쳐 가는 동안에 그 일이 벌어졌다.

해가 '펑' 하는 소리가 우연히 일어났다고? 너 귀 어떻게 된 것 아니야? ▶

334
left
[left]

형 왼쪽의 명 왼쪽 부 왼편으로 동 leave(떠나다)의 과거 · 과거분사형

🔊 레프트 > ⚙ 리포트 > 🔑 그는 오른손을 다쳐서 왼쪽손으로 리포트를 작성하고 있다.

📝 I sat on teacher's **left** side. 나는 선생님의 왼쪽에 앉았다.
My brother **left** Korea. 내 오빠는 한국을 떠났다.
I **left** my umbrella in my friend's house. 나는 친구의 집에 우산을 남겨 두었다.

335
ship
[ʃip]

명 배

🔊 십 > ⚙ 쉽게 > 🔑 배는 파도에 쉽게 전복되지 않도록 만들어야 한다.

📝 I prefer **ships** over airplanes. 나는 비행기보다 배가 좋다.
I am the cook of the **ship**. 나는 배의 요리사이다.

배가 쉽게 전복되 면 큰일 나겠지요.

336
myself
[maisélf]

대 나 자신. 나 스스로

🔊 마이셀프 > ⚙ 마이셀프 > 🔑 my는 '나의' 라는 뜻, self는 '스스로' 의 뜻이야. 그러므로 myself는 '나 자신', '나 스스로' 의 뜻이지.

📝 I did it **myself**. 나 스스로 그것을 했다.
I like **myself**. 나는 나 자신을 좋아한다.

STORY가 있는 영단어

337

wonderful

[wʌ́ndərfl]

형 훌륭한. 멋진. 이상한. 놀랄 만한

🔊 원더플 › ⚙ 원더플 › 😀 외국 사람들이 우리나라에 와서 가을 하늘을 보며 '원더풀'을 연방 외쳐대는데, 이때의 원더풀 (wonderful)은 '훌륭한', '멋진'의 뜻이다.

예 I live a **wonderful** life. 나는 멋진 삶을 살고 있다.
'Lord of the Rings' is a **wonderful** book. 반지의 제왕'은 멋진 책이다.

338

poverty

[pávərti]

명 가난. 결핍

🔊 파버티 › ⚙ 퍼부었대 › 😀 가난한 것도 서러운데 돈 없다고 업신여기면서 마구 욕을 퍼부었대.

예 We have to settle the **poverty** problem. 우리는 빈곤 문제를 해결해야 한다.
She was born in **poverty**. 그녀는 가난하게 태어났다.

339

thermometer

[θərmámətər]

명 온도계

🔊 써마머터 › ⚙ 숨아 멎어 › 숨이 멎어 › 😀 숨이 멎을 듯한 더위가 계속되었다. 온도계가 40도를 가리키는 날이 많았다.

예 Do you know how to measure the height of a building with a **thermometer**? 온도계로 건물의 높이를 재는 방법에 대해 아시나요?

아이고 숨이 멎을 지경이야.
온도계가 40도를 가리키네.

340

appointment

[əpɔ́intmənt]

명 약속. 지정. 임명

🔊 어포인트먼트 › ⚙ 어 보인다. 뭔데 › 😀 "어! 보인다." "뭔데?"
"미래에 꿀이 흐르는 약속의 땅이 보여. 신이 지정한 땅이야."

예 I cancelled my **appointment** with the dentist. 나는 치과의사와의 약속을 취소했다.
I am always scared whenever I have an **appointment** with the professor. 교수와 만날 약속이 있을 때면 언제나 두려워하게 된다.

341
bicycle
[báisikl]

명 자전거

🔊 바이시클 > ⚙ 바이시클 > 💬 "제가 문제 하나 내지요. 바이(bi)는 '2'의 뜻. 사이클(cycle)은 '차바퀴'의 뜻입니다. 그럼 바이시클은 무슨 뜻일까요?" "자전거입니다."

📝 Every morning I go to school by **bicycle**. 나는 매일 아침 자전거로 학교에 간다.
That **bicycle** has a very large front wheel. 저 자전거에는 매우 큰 앞바퀴가 있다.

342
suddenly
[sʌdnli]

부 갑자기

🔊 서든리 > ⚙ 썩은 이 > 💬 이를 잘 안 닦았더니 갑자기 썩은 이가 생겼다. 그래서 333법칙을 따라야 한다. '하루 3번, 식후 3분, 3분 동안'

📝 **Suddenly**, someone stepped out. 갑자기 누군가가 나갔다.
I **suddenly** realized who she was. 나는 그녀가 누구인지를 갑자기 알아챘다.

◀ 갑자기 썩은 이가 생기는 것을 막기 위해 저는 하루 최소 3번 이상 이를 깨끗이 닦아요.

343
debt
[det]

명 빚. 부채. 은혜

🔊 데트 > ⚙ 大빚(철자 기준) > 💬 물에 빠진 나를 구해 준 사람에게 나는 큰 빚을 지었구나. 이 부채(은혜)를 어떻게 갚지?

📝 I owe you a **debt** that I can never repay! 당신에게 참으로 갚을 수 없는 빚을 졌군요!
I hope that does not mean that you will never repay the **debt**. 그 말이, 내게 그 빚을 전혀 갚지 않을 거라는 뜻은 아니라면 좋겠는데 말이지요.

| **Tip** | 'debt'의 'b'는 묵음으로 발음하지 않는다.

344
face
[feis]

명 얼굴. 표정. 안색

🔊 페이스 > ⚙ 패었어 > 💬 달리다 넘어져서 얼굴이 패었어.

📝 He looked at the **face** of Nyarlathotep and lost his mind. 그는 니알랏토텝의 얼굴을 보고 정신이 나갔다.

345

hobby
[hǽbi]

명 취미

🔊 하비 > ✪ 하(키와 럭)비 > 😊 영수야 네 취미가 뭐니? 하키와 럭비가 내 취미야.

예 TRPG is my favorite **hobby**. 티알피지는 내가 가장 좋아하는 취미이다.
Someone who has extreme sports for a **hobby** is not likely to live long. 취미로 익스트림 스포츠를 하는 사람은 오래 살것 같지 않다.

346

inside
[insáid]

전 부 안에. 안쪽에. 안으로. (반 outside)

🔊 인사이드 > ✪ 인사이드 > 😊 인(in)은 '안', 사이드(side)는 '쪽' 의 뜻이므로 인사이드(inside)는 '안에', '안쪽에' 의 뜻이 된다.

예 The letter is **inside** the desk. 편지는 책상 안에 있습니다.
The cat is **inside** the hat. 고양이는 모자 안에 들어 있어요.

347

hometown
[hóumtàun]

명 고향

🔊 호움타운 > ✪ 홈타운 > 😊 홈(home)은 '집' 의 뜻이고 타운(town)은 '읍 정도 규모의 지역' 을 뜻하지. '집이 있는 마을' 이라고나 할까. 여기에서 '고향' 의 뜻이 되었어.

예 My **hometown** is not exactly a town, but a city. 내 고향은 엄밀히 말하자면 마을은 아니고, 도시라고 할 수 있다.
My **hometown** was destroyed in an earthquake. 내 고향은 지진으로 파괴되었다.

348

law
[lɔ:]

명 법률. 규칙

🔊 로 > ✪ 로(路) > 😊 옛날에는 왕이 가는 로(路:길)가 바로 법률(규칙)이라고 생각했다는구먼.

예 Let's do this by the **law**. 법대로 처리합시다.
I am the **law** and the law is not mocked! 내가 바로 법이고, 법은 조롱의 대상이 아니다! (자베르 경감)

프랑스의 루이 14세는 '짐이 곧 국가다' 라고 할 정도로 절대 권력을 누리기도 했어요. ▶

349

break
[breik]

통 어기다. 깨지다. 깨다

🔊 브레이크 > ✪ 브레이크 > 😀 규칙을 어기고 브레이크 작동을 소홀히 하면 머리가 깨질 수 있으니 조심하여라.

📝 A baseball **broke** the shop window. 야구공이 가게의 창문을 깼다.
I will not **break** the promise with you. 당신과 한 약속을 깨지 않겠어요.

차들이 횡단보도에서 브레이크 작동을 어기면 절대 안 되죠. ▶

350

mayor
[méiər]

명 시장

🔊 메이어 > ✪ 매여 > 😀 한 도시의 시장은 일이 바빠서 일에 매여 사는 사람이다.

📝 The **mayor** of Seoul became president. 서울시장은 대통령이 되었다.
Some **mayors** wear a chain of office. 몇몇 시장들은 지위를 상징하는 체인목걸이를 걸고 다닌다.

351

office
[ɔ́:fis]

명 회사. 사무소

🔊 오피스 > ✪ 오피스텔 > 😀 오피스텔은 주거용이 아니고 사무실로 사용하는 집이야. 이로 미루어 오피스는 '회사', '사무소'의 뜻임을 알 수 있어.

📝 Welcome to my secret **office**. 내 비밀 사무실에 온 것을 환영합니다.
I work in the post **office**. 나는 우체국에서 근무한다.

352

series
[síri:z]

명 연속. 시리즈. 총서

🔊 시리즈 > ✪ 시리즈 > 😀 해리포터 시리즈에서 시리즈는 연속된 것을 말하지.

📝 I can't handle a **series** of bad luck. 나는 이어지는 불운을 감당할 수 없다.
The newspaper contains a **series** of articles about unfairness in our society. 신문이 우리 사회의 불평등을 다룬 기사들을 여러 개 싣고 있다.

353

subway
[sʌ́bwèi]

명 지하철. 지하도

🔊 서브웨이 ▸ ✪ 서브 웨이 ▸ ☻ 서브(sub)는 '지하'의 뜻, 웨이(way)는 '길'의 뜻. 합하여 '지하철' 혹은 '지하도'의 뜻.

📝 I can't find the **subway** station. 지하철역을 찾을 수가 없다.
How much time does it take to go there by **subway**? 그곳까지 가는 데 지하철로 얼마나 걸립니까?

> sub 는 '지하'의 뜻이므로 way 가 붙으면 지하철 (subway) 이 되고, marine(바다의, 배의) 이 붙으면 잠수함(submarine) 이 되는군요.

354

control
[kəntróul]

명 통제. 지배 동 통제하다. 지배하다

🔊 컨트로울 ▸ ✪ 권투를 ▸ ☻ 권투를 하는 언니가 감량을 위해 몇 끼를 굶는 등 자기 통제를 잘 하더니 챔피언이 되어 전 세계를 지배하였다.

📝 He lost **control** of the bike. 그는 자전거의 조종에 실패하였다.
I **control** my own destiny. 나는 내 운명을 통제한다.

355

short
[ʃɔːrt]

형 짧은. 키가 작은(반 tall)

🔊 숏 ▸ ✪ 숏 ▸ ☻ 키가 작은 사람을 숏다리라고 하지.

📝 He is **short** and fat. 그는 키가 작고 통통하다.
Write a **short** essay about Shakespeare's poems. 셰익스피어 시에 대한 짧은 에세이를 쓰시오.

356

vacation
[veikéiʃən]

명 휴가

🔊 베이케이션 ▸ ✪ 밖에션 ▸ 밖에(서) 시원 ▸ ☻ 밖에서 시원하게 놀 수 있는 때는 오직 휴가 때뿐입니다.

📝 I want to go to Japan for my summer **vacation**. 나는 여름 휴가로 일본에 가고 싶다.
How did you spend your summer **vacation**? 여름 방학을 어떻게 보냈습니까?

◀ 삼촌 휴가 때 우리 가족은 밖에서 시원하게 놀았는데요, 여기는 강원도 복숭아탕입니다.

DAY
15

357
design
[dizáin]

동 설계하다. 디자인하다 　명 설계도. 디자인

🔊 디자인 > ⚙ 디자인 > ⏱ 정태가 다니는 디자인 회사에서는 건물 내부를 설계하고 디자인한다.

📝 The **design** of this notebook is good. 이 공책의 디자인은 좋다.
A famous architect **designed** this building. 유명한 건축가가 이 빌딩을 디자인했다.

358
close
[klouz, klous]

동 닫다. 끝내다 　형 가까운. 친밀한

🔊 클로우즈 > ⚙ 굴러왔죠 > ⏱ 어떤 사람이 문을 열어 달라고 한다. "여기저기를 떠돌아다니다 굴러왔죠." "안 됩니다." 주인은 이야기를 끝내고 문을 닫았다. 그는 친한 사람 외에는 문을 열어 주지 않는다.

📝 He **closed** the door on his way out. 그는 나가면서 문을 닫았다.
She is my **close** friend. 그녀는 나의 친한 친구이다.

| **Tip** | close가 동사로 쓰일 때는 [klouz]로, 형용사로 쓰일 때는 [klous]로 발음한다.

359
village
[vílidʒ]

명 마을. 촌 　형 마을의. 촌의

🔊 빌리지 > ⚙ 빌리지 > ⏱ 우리 반은 진잠 향교로 답사를 갔다. 성희가 숙소를 걱정하자 선생님이 "마을을 빌리지. 민박을 하자."라고 말씀하신다.

📝 Climate change made the Eskimos abandon their **village**.
기후 변화는 에스키모들이 자신들의 마을을 포기하도록 만들었다.
There are many abandoned **villages** in the United States.
미국에는 많은 사람이 떠나 버려진 마을들이 있다.

◀ 반장 이성희! 숙소로는 마을을 빌리도록 하지.

360
lunch
[lʌntʃ]

명 점심 　동 점심을 먹다

🔊 런치 > ⚙ 넌 치(워) > ⏱ 나는 점심을 맛있게 먹게 너는 방을 치워라.

📝 I had deep-fried sweet potato chips for **lunch** today. 나는 오늘 바삭하게 튀긴 감자 칩을 점심으로 먹었다.
He **lunched** with me in the cafeteria. 그는 나와 구내식당에서 점심을 먹었다.

난 점심 먹고 넌 치우고.

DAY **16**

STORY가 있는 영단어

361

purse

[pəːrs]

명 지갑. 핸드북

🔊 퍼스 > ✳ 퍼서 > ☺ 지갑(핸드백)에서 돈을 퍼(내)서 가난한 사람들에게 나누어 주었지. 정말 잘했어.

✏ I lost my **purse** again. 나는 지갑 또 잃어버렸어.
There is nothing left in my **purse**. 지갑에 아무것도 남지 않았어.

◀ 가난한 사람에게 나누어 주기 위한
지갑이 많이 있네요.

362

uniform

[júːnəfɔ̀ːrm]

명 제복. 군복 형 한결같은. 똑같은. 일정한

🔊 유너폼 > ✳ 유니폼 > ☺ 학생들은 똑같은 유니폼을 입지. 우리 학교 교복도 '제복' 이야. 군인도 똑같은 유니폼을 입지? 그것이 '군복' 이야.

✏ Russian soldiers in their **uniforms** look like little bears. 군복을 입은 러시아 군인들은 마치 작은 곰처럼 보인다.

363

quick

[kwik]

형 빠른 부 빨리. 신속히

🔊 퀵 > ✳ 퀵서비스 > ☺ 퀵서비스로 물건 배달하는 사람은 엄청나게 빠르지. 내가 보니까 바람을 타고 다니던데.

✏ Come here. **quick**! 이리와. 어서!
I made a **quick** speech. 나는 연설을 재빨리 마쳤다.

눈깜짝할 사이에 없어졌네요.
엄청나게 빠릅니다. ▶

364

custom

[kʌ́stəm]

명 풍습. 습관

🔊 커스텀 > ✳ 고스톱 > ☺ 우리나라에는 언제부터인가 고스톱을 치는 풍습이 생겼다.

✏ Different country, different **custom**. 지방이 다르면, 풍습 역시 다른 법.
Hanbok is the traditional **custom** of Korea. 한복은 한국의 풍습 문화이다.

101

365

since
[sins]

전 ~부터. ~이래로. 접 ~ 이후로. ~때문에

🔊 신스 > ✦ 산수(수학의 이전 이름) > ☺ 나는 산수를 잘 못하기 때문에 초등학교 시절부터(이래로) 줄곧 꼴찌만 하였다.

📝 **Since** the day you smiled at me, I fell in love with you. 당신이 나에게 미소 지었던 날 이후로 나는 당신과 사랑에 빠졌어요.
Since no one was in the classroom, I stepped out. 아무도 없었기 때문에 나는 교실에서 나왔다.

366

believe
[bilíːv]

동 믿다

🔊 빌리브 > ✦ 빌려 봐 > ☺ 정수가 나에게 말했다. 네가 물건을 빌려 봐. 너는 모든 사람이 믿으니까 빌려 줄 거야.

📝 An atheist does not **believe** in God. 무신론자는 신을 안 믿는다.
I can't **believe** that I can do anything. 내가 무엇 하나 할 수 있다는 사실을 믿을 수 없어.

> 그 친구는 매정해서
> 믿어도 빌려 주지 않아.

367

oath
[ouθ]

명 맹세. 선서

🔊 오우쓰 > ✦ 오소 > ☺ 회사에 매일 지각하는 지각 대장의 아내가 말했다. "당신! 사장님께 다시는 지각 안 한다고 맹세하고 오소."

📝 He swore an **oath** on the Bible. 그는 성경책에 대고 맹세했다.

지각 안 한다고 맹세하고 오소! ▶

368

end
[end]

명 끝. 종말. 끄트머리. 목적 동 끝내다

🔊 엔드 > ✦ 안 돼 > ☺ 그 영화는 슬픈 이야기가 한없이 이어졌다. 비극으로 끝이 날 것 같다. 나는 속으로 '비극으로 끝내면 안 돼.' 하고 소리쳤다.

📝 In the **end**, the prince married the princess and lived happily ever after. 결국에는 왕자님은 공주님과 결혼하여 그 후로 영원토록 행복하게 살았답니다.

369
ready
[rédi]

형 준비가 된 동 준비시키다

🔊 레디 > ✪ 레이디 > 😀 레이디는 '숙녀'의 뜻. 숙녀는 신사를 맞이할 준비가 된 사람이야. 그럼 신사는 숙녀를 맞이할 준비가 된 사람이네.

📝 **Ready**, action! 준비, 촬영!
Are you **ready** for the next question? 다음 질문에 준비 되셨나요?

◀ 레이디는 맞이할 준비가 된 사람이래요.

370
college
[kálidʒ]

명 단과대학

🔊 칼리지 > ✪ 코흘리지 > 😀 미연아, 코 흘리지 마. 너도 이제 대학생이야.

📝 You do not need to go to **college** in order to be successful.
성공하기 위해 꼭 대학에 갈 필요는 없다.
He has a **college** degree. 그는 대학 졸업장을 가지고 있다.

371
somewhere
[sʌ́mwɛ̀ər]

부 어딘가에

🔊 섬웨어 > ✪ 숨어 > 😀 산토끼가 이 근처 어딘가에 숨어 있다. 모두들 부지런히 찾아보자.

📝 It should be **somewhere**. 어딘가에 있겠지.
The hamsters are **somewhere** inside the cage. 햄스터들은 우리 안 어딘가에 있다.

어딘가에 숨어 있을 테니 잘 찾아봐.

372
dark
[dɑːrk]

형 어두운. 진한. 검은

🔊 다크 > ✪ 닫고 > 😀 남들과 대화하지 않고 마음의 문을 닫고 있으니 앞날이 어둡지 않니?

📝 Do not go out after **dark**. 어두워 진 후에 밖에 나가지 마라.
The **dark** and handsome stranger winked at me. 그 어둡고 잘생긴 낯선 사람이 나에게 윙크했다.

373

gesture
[dʒéstʃər]

명 몸짓. (감정의) 표시 동 손짓(몸짓)하다

🔊 제스처 > ✪ 제스가 추어 > ➡ 제스가 현란한 몸짓으로 춤을 추어 모두를 놀라게 했다.

예 Her **gesture** went unnoticed. 그녀의 몸짓은 아무에게도 알려지지 못했다.
He **gestured** at her to stay away. 그는 그녀에게 물러서라는 손짓을 보냈다.

> 제스 씨의 현란한 몸짓의 춤 솜씨 좀 보세요.

374

temperature
[témprətʃər]

명 온도. 체온

🔊 템프러처 > ✪ 템포 늦춰 > ➡ 땀을 뻘뻘 흘리며 행군을 하고 있다. 지휘관이 말했다. "한여름이라 온도가 높으니 행군 템포를 늦춰." 그러나 이미 한 병사가 체온이 급격히 올라가더니 일사병으로 쓰러진 뒤였다.

예 The surface **temperature** of the sun is about 6000 Kelvin. 태양의 표면 온도는 절대온도 6000도 정도이다.
Look at the **temperature**, you should go see a doctor! 너 체온 좀 봐! 의사에게 가야겠어!

375

east
[iːst]

명 동쪽. 동부 부 동쪽으로

🔊 이스트 > ✪ 있었다 > ➡ 그 사람은 동쪽에 있었다 금방 사라졌다 하는 홍길동과 같은 존재이다.

예 Look **east**. 동쪽을 보렴.
I was born in the **East**. 나는 동부에서 태어났다.

376

however
[hauévər]

부 아무리 ~ 해도 접 그러나. 그렇지만

🔊 하우에버 > ✪ '하오' 해 봐 > ➡ "그 사람이 아무리 '하오 해 봐' 하더라도 나보다 나이가 어리므로 그 사람한테 존대 못해. 그러나 너한테는 하오를 해 볼 수 있어."

예 **However** hard you try, you will not arrive at the station at ten. 네가 아무리 열심히 해 봐도 10시에 역에 도착하지 못할 것이다.
She is pretty. **However**, she isn't very intelligent. 그녀는 예뻐. 하지만 그리 똑똑하지 않은걸.

377

traffic
[trǽfik]

몡 교통. 왕래

🔊 트래픽 › ⊙ 트(럭) 레(미콘) 픽(업) › ⊙ 트럭과 레미콘과 픽업
은 모두 화물을 싣고 도로를 왕래하는 차들로서 교통 안전을
위해 힘써야 한다.

📙 The **traffic** is horrific! 교통 상황이 끔찍해요!
I was held up because of the **traffic**. 나는 차가 막히는 바람에
지연되었다.

378

heart
[hɑːrt]

몡 심장. 마음. 가슴

🔊 하트 › ⊙ 하트 › ⊙ "하영아, 하트가 무슨 모양이지?" "그야
가슴속에 있는 심장 모양이지. 하트는 '마음'을 뜻하기도 해."

📙 She has a **heart** of gold. 그녀는 아름다운 마음을 가지고 있어요.
A thief stole her **heart** in the night. 도둑이 밤에 그녀의 마음을 훔
쳤어요.

'하트' 그림은 심장 모양을
본뜬 것이구나. ▶

379

furniture
[fə́ːrnitʃər]

몡 가구

🔊 퍼니처 › ⊙ 퍼떡(빨리)+니(네)+처(아내) › ⊙ 아버지가 숙부
에게 하시는 말씀. "결혼한 지 10년이 되었지만 옛날 가구를
그대로 사용하고 있으니 네 처가 얼마나 속상하겠니? 퍼떡 네
처에게 새 가구 하나 마련해 주렴."

📙 Move the **furniture** for me, will you? 나를 위해서 이 가구를 옮
겨 주겠니?
This mahogany **furniture** is expensive. 이 마호가니 가구는 비
싸다.

380

indoor
[índɔ̀ːr]

혱 실내의. 옥내에서의

🔊 인도어 › ⊙ in(안)+door(문) › ⊙ 문 안이니까 '실내의', '옥
내에서의' 라는 뜻이지.

📙 Please remain **indoors**, this is for your own protection. 제
발 실내에 계세요. 당신의 안전을 위해서입니다.
People spend a lot of time **indoors**. 사람들은 많은 시간을 실내
에서 보낸다.

| Tip | indoor에서 's' 가 붙으면 '실내에서' 라는 뜻의 부사가 된다.

105

381
nature
[néitʃər]

명 자연. 천성. 본질

🔊 네이처 > ✪ 네이저 > 네가 잊어 > 💬 그 사람 실수는 하였지만 네가 잊어. 그 사람 본성(천성)은 착하니 나중에 자연 사과하러 올 거야.

📝 You are so brave! Is this your **nature**? 너는 참 용감하구나! 이것이 너의 본성이니?
This is the law of the **nature**. 이것이 자연의 법칙이다.

382
limit
[límit]

명 제한. 한계 동 제한하다. 한정하다

🔊 리미트 > ✪ 네 밑에 > 💬 너와 같이 등산을 해도 나는 항상 네 밑에 따라가게 되는구나. 내가 갈 수 있는 거리는 제한되어 있어. 내 체력도 한계에 다다랐어.

📝 There is no **limit** to the love of God. 신의 사랑에는 한계란 없다.
This toy model is a **limited** edition model. 이 장난감은 한정판 모델입니다.

◀ 엄마는 항상 네 밑에 따라가는구나. 내가 갈 수 있는 거리는 제한되어 있어. 체력도 한계에 도달했나 봐.

383
lady
[léidi]

명 숙녀. 부인

🔊 레이디 > ✪ 레이디 > 💬 공항에 가면 흔히 듣는 말이 있지. "레이디(lady) 앤 젠틀맨(gentleman) 안녕하십니까?" 여기에서 레이디는 숙녀를, 젠틀맨은 신사를 말해. 그런데 왜 숙녀를 먼저 말하느냐고? 서양에서는 '레이디 퍼스트'라고 해서 여성을 더 존대하는 경향이 있지.

📝 The knight kissed the hand of the **lady**. 그 기사는 숙녀의 손에 키스했다.

384
parade
[pəréid]

명 퍼레이드. 행렬. 행진

🔊 퍼레이드 > ✪ 퍼레이드 > 💬 퍼레이드는 '행진', '행렬'의 뜻이야. 우리나라 운동선수들이 세계 대회에서 우승하고 돌아올 때, 뭘 하지? 카퍼레이드 하잖아. 차를 타고 행진하는 것을 카퍼레이드, 그냥 행진하는 것을 퍼레이드라고 하지.

📝 Hurry up! The **parade** will start within 10 minutes. 서둘러! 10분 안에 행진을 시작할 거야.
I held a **parade** for her. 나는 그녀를 위해 퍼레이드를 진행했다.

385
lake
[leik]

명 호수

🔊 레이크 > ⚙ 브레이크 > ❓ 졸음 운전을 하다 호수에 빠질 뻔했다. 브레이크를 밟아 천만다행으로 위기를 모면했다.

📝 He jumped in the **lake**. 그는 호수에 뛰어들었다.
The sailors threw the treasure chest into the **lake**. 선원들은 보물상자를 호수에 던져 넣었다.

386
public
[pʌ́blik]

명 대중. 일반 사람들. 공중 형 공공의. 공중의

🔊 퍼블릭 > ⚙ 허! 불익 > ❓ 허! 불이익 > ❓ 공원에서 쓰레기를 함부로 버리다니, 허! 대중(공중)들에게 불이익을 주는 행동이야 원, 쯧쯧.

📝 The Minister of Transport should use **public** transportation.
교통부 장관은 대중교통을 이용해야 한다.
Public opinion should always be considered. 여론은 언제나 고려되어야 한다.

387
sad
[sæd]

형 슬픈

🔊 새드 > ⚙ 새도록 > ❓ 밤이 새도록 슬픈 이야기를 나누었다.

📝 I am so **sad** that my hamster is dead. 햄스터가 죽어서 슬프다.
What makes you so **sad**? 무엇이 너를 그렇게 슬프게 만드는 거니?

밤이 새도록 슬픈 이야기를
한 곳이 바로 저 다리 근처였죠. ▶

388
statue
[stǽtʃuː]

명 상(像). 조각

🔊 스테츄 > ⚙ 섰댔죠 > ❓ "내가 서 있다고 했죠." "뭐가 서 있는지요." "바로 동상, 조각입니다."

📝 The **statue** of liberty is a must-see in New York. 자유의 여신상은 뉴욕에서 꼭 봐야 할 구경거리다.
The **statue** was made of gold. 그 동상은 순금으로 만들어졌다.

389

drive
[draiv]

동 운전하다(drive-drove-driven) 명 자동차 여행

🔊 드라이브 > ✪ 드라이브 > 😀 형은 여자 친구의 환심을 사기 위해 자주 차를 같이 타고 경춘 가도를 운전하곤 했었지요. 나한테는 까다롭게 대하지요.

🔵 You don't know how to **drive**? 너는 운전하는 법도 모르니?

390

war
[wɔːr]

명 전쟁

🔊 워 > ✪ 워워 > 😀 옛날에는 전쟁할 때 적의 기선을 잡고 겁을 주기 위해 "워워"하고 큰 소리를 지르며 쳐들어갔단다. 첨단 무기가 동원되는 요즈음 세상에는 상상할 수도 없는 모습이네.

🔵 He survived the Korean **War**. 그는 6. 25 전쟁에서 살아남았다.

391

athlete
[ǽθliːt]

명 운동선수

🔊 애쓸리트 > ✪ 애쓸 이 있다 > 😀 '애쓸 이 있다' 가 뭐야. 애쓸 이보다는 체력을 기르기 위해 애쓰는 운동선수라는 표현이 좋겠다.

🔵 Yu-na Kim has become a worldwide famous Korean **athlete**. 김연아는 세계적으로 유명한 한국 출신의 운동 선수가 되었다.

392

either
[íːðər]

형 어느 하나의 대 둘 중 하나 부 ~도 또한. 역시

🔊 이더 > ✪ 이도 > 😀 이(치아)도 어느 하나가 없으면 옆에 있는 이 역시 상하기 쉽다.

🔵 It's **either** me or princess Leia! 나 또는 레아 공주 중 하나를 선택해!
Why does it have to be **either**? why can't it be both? 왜 한쪽을 골라야 하지? 둘 다 함께 하면 안 될까?

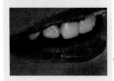

◀ 이도 어느 하나가 없으면 그 옆의 이도 성하지 못하겠구나.

393

floor
[flɔːr]

명 바닥. 층

🔊 플로 > ✪ 풀어 > ⊙ 시장에서 사 온 물건을 2층 바닥에 풀어 놓았다.

예 The **floor** was clean. 바닥이 깨끗했다.
He slipped on the **floor** and fell. 그는 바닥에 미끄러져 넘어졌다.

> 바닥에 풀어 놓으면 어떻게 해요. 식탁 위에다 놓으라니까.

394

head
[hed]

명 머리. 윗부분

🔊 헤드 > ✪ 헤드 > ⊙ "영어 회화 공부를 할 때 머리에 쓰는 것이 무엇이지?" "헤드폰(headphone)." "그럼 헤드는?" "'머리' 이지요."

예 He shook his **head**. 그는 머리를 옆으로 저었다.
I sat at the **head** of the table. 나는 탁자의 상석에 앉았다.

DAY
17

395

glass
[glæs]

명 유리. 유리컵. 한 잔. 안경

🔊 글래스 > ✪ 글렀어 > ⊙ 선생님께 좋은 이야기 듣기는 이미 글렀어. 네가 유리와 선생님 안경을 깨뜨렸으니까. 거기에다가 너는 공부도 꼴찌잖아.

예 My brother drank a **glass** of wine and fell asleep. 형은 와인 한 잔을 마시고 나서 잠들었다.

유리컵과 안경을 깨뜨렸다고?
좋은 이야기 듣기는 글렀어. ▶

396

health
[helθ]

명 건강

🔊 헬쓰 > ✪ 헬쓰장 > ⊙ "지섭아, 헬스장에 가서 무엇을 관리해야지?" "그야 '건강' 이지요."

예 I will pray for your **health**. 당신의 건강을 기원합니다.
It is important to stay **healthy**. 건강하게 사는 것은 중요합니다.

397

opinion
[əpínjən]

명 의견. 견해. 여론

🔊 어피니언 > ✪ 앞이니 원! > ⏱ 호랑이 선생님 앞이니 원! 시험이 끝났으니 집에 일찍 보내 달라는 의견을 내세우지 못하고 친구들의 여론만 들을 뿐이다.

🅰 His **opinion** was ignored. 그의 의견은 무시되었다.
What is your **opinion**. 너의 의견은 무엇이니?

398

phone
[foun]

명 전화 동 전화를 걸다

🔊 포운 > ✪ 폰 > ⏱ 폰(phone)은 텔레폰(telephone)의 단축형으로 '전화'를 뜻하는 말이야. 요즘 휴대전화는 스마트폰(smart phone)을 많이 쓰지.

🅰 Somebody answer the **phone**. 누가 전화 좀 받아 봐.
My parents always check all my **phone** calls. 우리 부모님은 항상 내 전화 내역을 확인하신다.

399

seat
[siːt]

명 의자. 좌석. 관람석 동 앉다

🔊 시트 > ✪ 시트 > ⏱ 시트는 엉덩이를 대고 앉는 '의자'를 뜻하지. 교실의 의자 외에 버스의 좌석이나 영화관의 관람석도 시트라고 해.

🅰 May I take a **seat**? 앉아도 될까요?
She was **seated** just next to me. 그녀는 내 자리 바로 옆에 앉아 있었다.

시트에 앉아서 가니 참 편하구나.

400

library
[láibrèri]

명 도서관. 서재

🔊 라이브레리 > ✪ 나 이블 널으리 > ⏱ "나 이불 널으리, 도서관…" "아니, 서영아! 이불을 어디에다 널겠다는 거지? 너 정신 나갔구나." "아니, 도서관이 아니고 도서관 앞 공터에."

🅰 The student worked part-time in a **library**. 그 학생은 도서관에서 시간제 근무로 일했다.
Children's **libraries** are full of delightful picture books. 아이들용 도서관에는 즐거운 그림책들이 가득하다.

401
shall
[ʃæl]

조 ~일 것이다. ~할까요. ~하지 않겠어요

🔊 쉘 > ✪ 쉴 > ⓟ 소리를 질렀으니 목이 쉴 것이다. 그러면 약을 먹을까요?

⒜ I **shall** be back next Monday. 나는 이번 월요일에 돌아올 것이다.
Shall we dance? 춤 출까요?

402
ocean
[óuʃən]

명 대양. 바다

🔊 오우션 > ✪ 오 시원하다 > ⓟ 큰바다에 가니 온몸이 오! 시원하다. 큰바다는 대양(大洋)을 뜻하지.

⒜ When I see the **ocean**, I feel like I am listening to 'My Heart Will Go On'. 바다를 볼 때면, 항상 'My Heart Will Go On' 이라는 음악이 들리는 것 같다.
I never saw the **ocean**. 나는 한 번도 바다를 본 적이 없다.

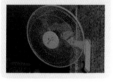

◀ 저는 선풍기를 틀어도 '오 시원' 하네요.
그럼 오션이 선풍기가 되나요?

403
surprise
[sərpráiz]

동 놀라게 하다 명 놀람

🔊 서프라이즈 > ✪ 서(슬) 프(르)러 있다 > ⓟ 유리창이 깨진 집의 주인 아저씨가 화가 나서 서슬 프르러 있다. 그 모습은 나를 너무 놀라게 했다.

⒜ I am **surprised** at the news. 나는 그 소식에 놀랐다.
He **surprised** me with the gift. 그는 선물로 나를 놀라게 했다.

서슬 푸르러 있는 모습이 나를 놀라게 했다.

404
pipe
[paip]

명 관. 파이프. 담뱃대

🔊 파이프 > ✪ 파이프 > ⓟ '화가 난 사람들이 파이프를 휘두르고 있다' 라는 말에서 파이프가 '관' 의 뜻임을 알 수 있지.

⒜ What? A gas **pipe** exploded? 뭐라고? 가스 파이프가 폭발했다고?
His **pipe** was broken. 그의 담뱃대는 부서져 있었다.

DAY
17

405
unite
[juːnáit]

동 **결합하다. 합치다**

🔊 유나이트 > ⚙ 유나 있다 > 💭 유나가 숙제를 위해 나사를 결합하고 있다.

📝 The students were **united** in their affection for the principal. 학생들은 교장 선생님에 대한 애정 때문에 하나가 되었다.
The **United** States of America is the most powerful country in existence. 미국은 지금 존재하는 나라들 중 가장 강력한 나라이다.

406
across
[əkrɔ́ːs]

전 **~를 가로질러. 건너편에** 부 **가로질러**

🔊 어크로스 > ⚙ 어클랐어 > 어 큰일 났어 > 💭 네가 때렸다고 친구 아버지가 운동장을 가로질러 오고 계시니 어! 큰일났어.

📝 A beautiful woman is walking **across** the street. 아름다운 여성이 거리를 가로질러 걷고 있다.
The bank is **across** the street. 은행은 길 건너편에 있다.

407
cheerful
[tʃíərfəl]

형 **명랑한. 쾌활한. 원기 있는**

🔊 치어펄 > ⚙ 추어 펄펄 > 💭 그 아가씨 펄펄 날아다니며 춤을 추어. 참 명랑한 사람일세.

📝 The man grew **cheerful** after I gave him a bundle of cash. 그 남자는 내가 한 묶음의 돈다발을 건넨 후에 활기차게 변했다.
Being **cheerful** is good for your health. 즐거운 것은 당신의 건강에 좋습니다.

펄펄 날며 춤을 추는 저 아가씨 참 명랑한 사람이구나. ▶

408
sick
[sik]

형 **앓는. 병든**

🔊 식 > ⚙ 식식 > 💭 아저씨는 아파서(병들어서) 식사도 제대로 하지 못하고 식식거리고 있다.

📝 I was **sick** so I couldn't attend the class. 나는 아파서 수업에 나올 수 없었다.
I wish you won't get **sick**. 네가 아프지 않았으면 좋겠다.

아저씨! 식식거리지만 마시고 구급차 왔으니 어서 병원에 가세요.

409

electricity
[ilèktrísəti]

명 전기. 전류

🔊 일렉트리서티 > ☀ 일 냈더래 시티(도시) > 😀 김 박사가 절전형 전구로 교체함으로써 도시의 전기 소비를 반으로 줄이는 큰일을 냈더래.

예 **Electricity** is a vital part of our society. 전기는 우리 사회에서 매우 중요한 부분이다.

410

happy
[hǽpi]

형 행복한. 즐거운

🔊 해피 > ☀ 해(가) 피(어나는) > 😀 나는 늘 행복한 마음으로 하루를 시작한다. 얼마나 행복하면 해가 뜨는 모습을 '해가 피어난다'고 느낄까?

예 I am **happy**! Now envy me! 나는 행복해! 이제 나를 부러워해 봐!
Happy birthday to you. 생일 축하합니다!

411

ground
[graund]

명 땅. 운동장. 토양

🔊 그라운드 > ☀ 그라 운다 > 😀 그라가 땅(운동장)에 엎드려 운다. 아끼는 애완견이 없어졌다고 저리 슬피 울까 쯧쯧.

예 The baby whale crashed into the **ground**. 그 아기 고래는 땅에 부딪혔다.

412

ladder
[lǽdər]

명 사다리. 단계. 사회적 지위

🔊 레더 > ☀ 네다(리) > 😀 접이식 사다리는 세 다리가 아니고 네 다리야.

예 He climbed up the **ladder**. 그는 사다리를 기어올랐다.
He is high on the political **ladder**. 그는 정치적인 지위에서 꽤 높은 위치에 있다.

접이식 사다리 누 다리가 셋이 아니고 네 다리이 더라.

413

holiday
[hálədèi]

명 휴일. 공휴일. 휴가. 연휴

◀) 할러데이 > ✪ 할례day(날) > ☺ 예전에, 일부 부족은 아이들의 할례하는 날을 만들고 이 날을 공휴일로 정하고 휴가를 주었다고 한다. 믿거나 말거나.

예 Let me go on a **holiday**. 휴가를 가게 해 줘.
Be happy, it's **holiday** season! 기뻐해, 휴가철이니까!

414

mass
[mæs]

명 대중. 집단 형 대량의. 대규모의

◀) 매스 > ✪ 매수 > ☺ 대중을 매수하여 선동을 일으키면 안 됩니다.

예 **Mass** transportation system in Korea is serviceable. 한국의 대중교통 체계는 쓸 만하다.

대중을 매수하여
선동하면 안 돼요.

415

lately
[léitli]

부 요즈음. 최근에

◀) 레이틀리 > ✪ 내 이 틀니 > ☺ 할아버지는 요즈음 "내 이 틀니가 자꾸 빠져서 치과에 가 봐야겠다."고 자주 말씀하신다.

예 **Lately** I don't feel well. 요즈음 나는 기분이 좋지 않았다.
Lately my mother has stopped calling me. 최근에 나의 어머니는 나에게 전화하는 것을 그만두었다.

할멈, 요즘 들어 내 이 틀니가 자꾸 빠지는데
어떻게 하면 좋을까요 ▶

416

spirit
[spírit]

명 정신. 의지

◀) 스피리트 > ✪ 쇠파리도 > ☺ 하찮은 쇠파리도 정신이 있거늘 너는 어찌하여 매일 숙제를 잊고 안 해 오니 도대체 정신이 있는 사람이냐?

예 You should never take to lightly the power of human **spirit**.
인간 정신의 힘을 결코 얕보지 말라.
His **spirit** was broken. 그의 의지는 꺾였다.

417

math

[mǽθ]

명 수학

🔊 매쓰 > ✿ 매일 쓰다 > ☺ 수학 공식을 매일 쓰면서 공부하고 있다.

💬 My boyfriend, who majors in physics, strongly believes that **math** is more important than English. 물리학을 전공하는 남자 친구는 수학이 영어보다 더 중요하다고 강하게 믿는다.

수학을 공부하느라 매일 공식을 쓰는 동생! 대견하구나.

418

anyway

[éniwèi]

부 어쨌든. 어차피. 결국

🔊 에니웨이 > ✿ 아니 왜 이런 > ☺ 아들에게 도움을 준 학생이구나. 아니 왜 이런 도움을 주었니. 어쨌든 고맙구나.

💬 I did not want that cake **anyway**. 어쨌든, 그 케이크를 먹고 싶지도 않았어요.
Anyway, what's for lunch? 어쨌든, 점심 뭐 먹지?

| **Tip** | any way처럼 띄어서 쓰면 '어떤 방법으로라도'의 뜻.

419

fly

[flai]

동 날다. 비행하다 명 비행. 파리

🔊 플라이 > ✿ 플라이 > ☺ "야구에서 공이 높이 날아가는 것을 무어라고 하지?" "플라이 볼". 이것으로 미루어 '플라이'는 '날다'의 뜻임을 알 수 있겠다.

💬 Fly, tortoise, **fly**! 날아라, 거북아, 날아라!

에이. 겨우 공중으로 뜨는 플라이 볼을 쳐서 잡혔네. ▶

420

full

[ful]

형 가득한. 완전한. 충분한

🔊 풀 > ✿ 풀 > ☺ 야구에서 주자들이 가득한 상태를 '풀베이스(full base)'라고 하고, 더울 때 에어컨을 충분한(완전한) 상태로 틀어 놓는 것을 에어컨 풀가동(full 가동)이라고 하지.

💬 I am **full**, I cannot eat another bite. 나는 배불러서 한입도 더 먹을 수 없어요.

DAY
18

421

funeral

[fjúːnərəl]

명 장례식

🔊 퓨너럴 > ✪ 피우너럴 > 피어나라 > 💬 할아버지께서 친구 장례식에서 애도사를 읽으시면서 하시는 말씀. "친구야! 너는 저 세상에 가서 한 송이 꽃으로 피어나라.

예 The girl arrived at the **funeral** in red shoes. 그 소녀는 장례식장에 빨간 구두를 신고 도착했다.
The **funeral** was held in America. 장례식은 미국에서 치러졌다.

422

century

[séntʃəri]

명 세기. 100년

🔊 센처리 > ✪ 쓴 추리 > 쓴 추리 소설 > 💬 영국의 코난도일 (1859 ~1930)이 쓴 추리 소설이 100년이 지나 세기가 바뀐 지금도 전 세계인들에 의해 즐겨 읽혀지고 있다.

예 A new **century** has dawned. 새로운 세기의 여명이 밝았다.
The 21st **century** will be different from all the other centuries. 21세기는 지금까지의 어떤 다른 세기와도 다를 것이다.

423

government

[gʌ́vərnmənt]

명 정부. 정치

🔊 거번먼트 > ✪ 갑옷 망토 > 💬 예전에, 갑옷과 망토는 비싸기 때문에 개인이 만들기 어려워 정부가 만들었단다.

예 No **government** is perfect. 완벽한 정부는 없다.
Government of the people, by the people, and for the people. 국민의, 국민에 의한, 국민을 위한 정치.

424

hall

[hɔːl]

명 홀. 집회장. 회관

🔊 홀 > ✪ 홀 > 💬 우리 동네는 마을 회관의 넓은 홀을 집회장으로 사용하고 있다.

예 The **hall** was dark and empty. 그 홀은 어둡고 비어 있었다.

이 건물의 넓은 홀을 오늘의 집회장으로 정했어요.

425

spend
[spend]

동 쓰다. 소비하다. 보내다. 지내다

🔊 스펜드 > ✱ 습엔도 > 10엔도 > 🕐 일본인에게 본받을 점은, 그들은 단 10엔도 정말로 아껴서 쓰고 소비한다. 이들은 지금보다는 향후 잘 지내는 것을 더 생각한다.

🔤 I didn't **spend** much time with my friend this year. 올해는 친구와 시간을 많이 보내지 못했다.
Parents want their children to **spend** more time with them. 부모들은 자식이 자신들과 더 많은 시간을 보내길 원한다.

426

member
[mémbər]

명 회원. 일원

🔊 멤버 > ✱ 멤버 > 🕐 합창단 멤버, 걸스카우트 멤버 등에서 멤버의 뜻을 추측해 보자. '회원', '일원'의 뜻이구나.

🔤 A **member** of the reading club quit school. 독서 동아리의 일원이 학교를 그만두었다.
She is a **member** of the gang. 그녀는 이 조직의 구성원이다.

427

mile
[mail]

명 마일(거리의 단위; 약 1,609m)

🔊 마일 > ✱ 마일 > 🕐 여기서부터 1마일 떨어진 곳에 우체국이 있다.

🔤 The city is 30 **miles** away from here. 도시는 여기에서 30마일 떨어져 있다.

428

nail
[neil]

명 손톱. 못

🔊 네일 > ✱ 내일 > 🕐 "당신은 무슨 일에 종사하나요?" "내 일은 손톱을 물들여 주는 손톱 마사지사입니다."

🔤 Stop biting your **nail**! 손톱 그만 물어뜯어!
I painted my **nail**. 손톱을 물들였다.

내 일은 손톱을 관리해 주는 일입니다. ▶

429 guide
[gaid]

图 안내하다. 인도하다 명 안내서. 안내원

◀) 가이드 > ✪ 가이드 > ◷ 관광지를 구경하거나 고궁을 관람할 때나 해외 여행을 할 때, 길을 안내하고 설명하며 도움을 주는 사람이 가이드라는 것 알고 있지. 창경궁을 구경할 때 가이드 (안내원)의 친절한 안내가 인상 깊었어.

예 The travel **guide** was a former thief. 그 여행 가이드는 예전에는 도둑이었다.
The **guide** book was full of pretty pictures. 그 안내 책자는 예쁜 사진들로 가득했다.

430 democracy
[dimákrəsi]

명 민주주의

◀) 디마크러시 > ✪ 데모 클라지 > ◷ "너희 나라에서는 데모하면 큰일 나지?" "아니야. 민주주의 국가에서는 의사 표현이 자유롭기 때문에 큰일 나지 않아."

예 We honor the principles of **democracy**. 우리는 민주주의의 정신을 존중한다.

데모를 해도 민주주의 국가에서는 큰일 나지 않아.

431 general
[dʒénərəl]

명 육군 대장 형 일반적인

◀) 제너럴 > ✪ 제너(사람 이름)+를 > ◷ 제너는 미 육군사관학교에 다니고 있는 생도이다. 제너는 부모님의 대화를 엿들었다. "여보, 내가 제너를 육군 대장으로 꼭 만들어 놓을 거요. 두고 보세요." "일반적인 의견은 그것이 어렵다는 겁니다."

예 The **general** ordered his soldiers to defend the harbor. 그 장군은 그의 병사들에게 그 항만을 보호하도록 명령했다.

432 junior
[dʒúːnjər]

명 연소자. 중급자. 후배. 청소년 형 고등학교 2학년의

◀) 주니어 > ✪ (힘이) 주니+어(떻게) > ◷ 힘이 주니 강한 사람과 어떻게 해 볼 수가 없다. 이 말은 어떤 사람이 하는 말일까. 나이가 어린 연소자나, 중급자나 후배나 청소년들이겠지?

예 He is a high school **junior**. 그는 고등학교 2학년이다.

433

return
[ritə́ːrn]

통 **돌아오다. 돌려주다**

🔊 리턴 > ✪ 있던 > ➡ 늙으면 있던 자리로 돌아오게 마련이다.

예 I will **return** in three months. 세 달 안으로 돌아올 거야.
I regret that I **returned** here. 나는 여기로 돌아온 걸 후회해.

> 시골에서 도시로 갔다가 은퇴 후 다시 시골
> 로 돌아오듯이 예전에 있던 자리로 돌아오
> 는 것이 인간의 마음이야.

434

advice
[ædváis]

명 **충고. 조언**

🔊 애드바이스 > ✪ 얻어 봐 있어 > ➡ 형이 책을 빌려 오라고 해서 옆집 친구에게 물어보니 없다고 말했다. 형은 "다시 가서 정중한 태도로 얻어 봐. 있어." 하고 충고의 말을 했다.

예 I dislike bad **advice**. 나는 나쁜 충고가 싫어요.
There is no one to give me **advice**. 나에게는 충고를 해 줄 사람이 없어요.

435

chop
[tʃɑp]

통 **음식 재료를 잘게 썰다. 장작 등을 패다**

🔊 찹 > ✪ 춥(철자 기준) > 좁게 > ➡ 칼로 음식 재료를 간격이 좁게(잘게) 썰었다.

예 I **chopped** the steak into small pieces. 나는 스테이크를 작은 조각들로 잘게 썰었다.
The woodcutter started **chopping** the huge tree. 나무꾼은 거대한 나무를 벌목하기 시작했다.

436

alone
[əlóun]

형 **혼자의. 외로운** 부 **홀로**

🔊 얼로운 > ✪ 얼른 > ➡ 아들아. 방학이 되었으니 얼른 오너라. 혼자의 몸으로 얼마나 외로우며 고생이 많았느냐. 이 어미는 너만 생각할 뿐이다.

예 I feel so **alone**. 나 외롭다고 느껴요.
I am **alone** on Christmas Eve. 나는 크리스마스 이브 날에 혼자이다.

437
danger
[déindʒər]

몡 위험

◀ 데인저 > ✪ 데인 저곳 > ☺ 불에 데인 저곳은 매우 위험하니 빨리 치료하세요.

ⓔ **Danger**! High Voltage Ahead. 위험! 고전압 주의.
His life was in **danger**. 그의 생명이 위험에 처해 있었다.

불에 데인 저곳, 상처가 심해 위험하니
빨리 구급차 타고 병원에 가세요. ▶

438
build
[bild]

동 짓다. 만들어 내다(build-built-built)

◀ 빌드 > ✪ 빌드 > ☺ 빌딩(building)은 큰 건물을 뜻하는 말이지. 그러면 이로 미루어서 'build' 는 무슨 뜻일까? 빌딩을 '짓다' 의 뜻이구나.

ⓔ He **built** a house. 그는 집을 지었다.
I love **building** Lego castles. 나는 레고로 성을 만드는 것을 좋아한다.

439
grade
[greid]

몡 성적. 학년 동 채점하다

◀ 그레이드 > ✪ 그래 (보)이(어)도 > ☺ 그 말[馬] 말이야. 생긴 것은 못생기고 그래 보여도 달리기 성적은 전체 말 중(학년)에서 1등을 한다는구나.

ⓔ What **grade** are you in? 너는 몇 학년이니?
The professor **graded** my homework. 교수가 나의 숙제를 채점했다.

440
state
[steit]

몡 상태. 국가. 주(洲)

◀ 스테이트 > ✪ 솥에 있다 > ☺ 김 박사가 개발한 신품종 감자가 익은 상태로 솥에 있다. 이 감자는 국가에서 특별히 관리하는 품종이다.

ⓔ I'm not in a good **state**. 나는 좋은 상태가 아니다.
How's the patient's **state**? 환자의 상태는 어떠합니까?

441

grow
[grou]

图 성장하다. ~이 되다. 재배하다

🔊 그로우 > ✪ 끌어 와 > 🙂 저 야구 선수는 크게 성장하여 국가 대표가 될 가능성이 있다. 우리 팀으로 끌어 와라.

📝 Plants and children tend to **grow** fast. 식물들과 아이들은 빨리 자라는 편이다.

◀ 야구 감독님이 하시는 말씀. "저기 보이는 이알 찬 선수 크게 성장할 인재이니 우리 팀으로 속히 끌어 와라."

442

pull
[pul]

图 끌다. 당기다

🔊 풀 > ✪ 풀어헤치고 > 🙂 마을 대항 줄다리기를 하고 있다. 모두들 머리를 풀어헤치고 젖먹은 힘을 다해서 줄을 끌고 잡아 당겼다.

📝 Push or **pull** this door. 이 문을 밀거나 당기세요.
Pull me up! 나를 당겨 올려 줘!

443

meal
[mi:l]

图 식사. 끼니

🔊 밀 > ✪ 밀 > 🙂 보리가 아닌 밀로 한끼 식사를 했다.

📝 It is not healthy to miss a **meal**. 식사를 거르는 것은 건강에 좋지 않다.
Typical Korean **meal** includes steamed rice. 전형적인 한식은 밥이 포함된다.

DAY
19

444

tea
[ti:]

图 차

🔊 티 > ✪ 티 > 🙂 너 보성의 녹차 밭에 가 보았니? 차는 티처럼 가늘고 얇은 차가 품질이 좋대.

📝 Come in and have a cup of **tea**. 들어와서 차 한잔 하세요.
Is it time for **tea**, yet? 벌써 차 마실 시간입니까?

445

top
[tɑp]

◀ 나는 톱 산악인이라오.

명 꼭대기. 정상(반bottom)

🔊 탑 > ⚙ 톱 > 😀 톱 탤런트라는 말 들어 보았지? 이 말은 인기가 '꼭대기' 까지 오른 즉 '정상' 에 다다른 탤런트란 뜻이지.

📖 Even if you get into one of the **top** universities, you can still have trouble finding a girlfriend. Believe me, I know. 네가 일류 대학에 들어가더라도, 아마도 여자 친구는 안 생길 거야, 나를 믿어.

446

dollar
[dálər]

명 달러. 미국의 화폐 단위

🔊 달러 > ⚙ 달러 > 😀 1달러는 100센트이지요.

📖 I have a **dollar**. 나는 1달러가 있다.
It is 1,250won to the **dollar**. 달러당 1,250원입니다.

447

contest
[kántest]

명 대회. 경쟁 동 이의를 제기하다

🔊 칸테스트 > ⚙ (팝)콘+테스트 > 😀 팝콘을 누가 잘 먹는지 테스트하는 대회에서 모두들 경쟁을 벌이면서 서로 많이 먹으려고 한다.

📖 The winners of beauty **contests** attract a lot of attention. 미인대회 우승자는 많은 관심을 끌게 된다.
I **contest** your claim. 나는 당신의 주장에 반대합니다.

448

half
[hæf]

명 절반. (경기의) 전반 부 절반으로

🔊 해프 > ⚙ 하! 푸! > 😀 수영 선수가 거의 절반 정도 헤엄쳤을 때 힘들어서 '하! 푸!' 하고 거친 숨을 내쉬었다.

📖 **Half**-life is a scary game. '하프-라이프' (반감기)는 무서운 게임이다.
I ate **half** the apple and gave the other half to my dog. 나는 사과의 절반을 먹고, 나머지 반을 개에게 주었다.

| **Tip** | half의 'l' 은 묵음으로 발음하지 않는다.

449
quiz
[kwiz]

명 퀴즈. 질문. 간단한 테스트

🔊 퀴즈 > ✪ 퀴즈 > ❸ 나는 간단한 질문이 있는 낱말맞히기 퀴즈 프로그램을 즐겨 본다.

💬 I'll give you a **quiz**. Guess the answer. 퀴즈를 낼게. 맞혀 봐.
This professor likes pop **quiz**. 이 교수님은 깜짝 퀴즈를 내는 것을 좋아한다.

"저는 가요퀴즈를 즐겨 봐요."
"저는 낱말 맞히기 퀴즈를 좋아하는데." ▶

450
could
[kud]

조 ~할 수 있었다(can의 과거형). ~해 주시겠어요

🔊 쿠드 > ✪ 구두 > ❸ 저 예쁜 구두를 하나 살 수 있었으면 좋으련만…

💬 I **could** not tell her my secret. 나는 그녀에게 나의 비밀을 말할 수 없었다.

> 캔을 마실 수 있으면 좋을 텐데. 쿠드는 캔의 과거이므로 '마실수 있었으면 좋았을 텐데'라고 하면 되겠다.

451
ride
[raid]

동 타다. 타고 가다. 태우다

🔊 라이드 > ✪ 나이도 > ❸ 나이도 어린 녀석이 가마를 타고 신부를 태우러 간다.

💬 Did you **ride** a horse on your visit to Jeju island? 제주도 방문했을 때 말 타 봤니?
Why not go to Han River to **ride** a bicycle? 한강에 자전거 타러 안 갈래?

452
alphabet
[ǽlfəbèt]

명 문자. 알파벳

🔊 앨퍼벳 > ✪ 알파 베타 > ❸ 그리스 문자 알파, 베타, 감마 등에서 만들어진 것으로, 영어를 글로 나타내는 데에 사용하는 문자를 알파벳이라고 해.

💬 There are 26 letters in the **alphabet**. 알파벳에는 26글자가 있다.
The hebrew **alphabets** look cool. 히브리어 알파벳은 멋지게 생겼다.

453 principal
[prínsəpl]

형 중요한 명 교장

◀ 프린서플 > ✪ 뿌린 (곳에)서 풀 > ☺ 좋은 씨앗을 뿌린 곳에서 좋은 풀이 자라난다는 것이 교장 선생님의 중요한 사상이야.

예 She is the **principal** of this school. 그녀는 이 학교의 교장이다.
Meatballs are the **principal** ingredients in this sandwich. 미트볼은 이 샌드위치의 가장 중요한 재료이다.

좋은 씨앗을 뿌린 곳에서 좋은 풀이라는 원칙! 콩 심은 데 콩 나고 팥 심은 데 팥 난다는 말과 일맥상 통하는 것인가요?

454 pronunciation
[prənʌnsiéiʃən]

명 발음

◀ 프러넌시에이션 > ✪ 프로논시에이션 > 풀어 논 새 있어 > ☺ '풀어 놓은 새 있어'를 발음해 봐. 어렵지?

예 Learning proper **pronunciation** is hard. 제대로 된 발음을 배우는 것은 힘든 일이다.
What is the **pronunciation** of this French actor's name? 이 프랑스 배우의 이름의 발음은 어떻게 되나요?

455 telephone
[téləfòun]

명 전화. 전화기

◀ 텔러폰 > ✪ 텔러+폰 > ☺ 텔러(tele)는 '먼'의 뜻. 폰(phone)은 '전화'의 뜻. 합쳐진 telephone은 '전화', '전화기'의 뜻.

예 The **telephone** rang. 전화벨이 울렸다.
Answer the **telephone**! 전화 좀 받아!

456 god
[gɑd]

명 신. 하느님. 하나님

◀ 갓 > ✪ 갓 > ☺ '오 마이 갓(Oh My God)'은 놀라거나 탄식할 때 쓰는 말로, '신이시여, 하느님 맙소사'의 뜻이야.

예 **God** bless you, my child. 신의 축복이 함께 하기를, 젊은이여.

"오 마이 갓(Oh ! My God !)"
"오! 나의 하느님!" ▶

DAY 20

STORY가 있는 영단어

457

wash

[wɑʃ]

통 씻다. 닦다. 밀려오다

🔊 와시 > ⚙ 와! 시원 > ➡ 강원도 십이선녀탕에서 몸을 씻으니 와! 시원하구나.

📝 He **washed** his hands. 그는 손을 씻었다.
The handbag **washed** up on the shore. 그 가방이 해안가에서 파도에 밀려 올라왔다.

458

stress

[stres]

명 강세. 악센트. 스트레스 통 스트레스를 받다

🔊 스트레스 > ⚙ 스트레스 > ➡ 영어 단어 강세가 쉽게 익혀지지 않는구나. 그래서 스트레스 많이 받는구나.

📝 I can't handle the **stress**. 나는 이 스트레스를 감당할 수 없다.
I'm **stressed** out due to my homework. 숙제 때문에 스트레스를 많이 받고 있다.

459

among

[əmʌŋ]

전 ~의 사이에

🔊 어멍 > ⚙ 우멍 > ➡ 마을들 사이에 우멍하게 파인 연못이 있었다.

📝 I am **among** friends. 나는 친구들 사이에 있다.
There are wolves **among** sheep. 양떼들 사이에 늑대들이 있다.

우멍하게 파인 연못에 금붕어가 있어.

460

noise

[nɔiz]

명 시끄러운 소리

🔊 노이즈 > ⚙ 놓이죠 > ➡ 시험이 얼마 안 남았는데 공부는 안 되고 저렇게 시끄러운 소리만 나니 마음이 안 놓이죠.

📝 I am not bothered by **noise**. 나는 소음에 별로 신경 쓰지 않는다.
Keep the **noise** level down when you are in the subway. 지하철에서는 조용히 말해라.

◀ 차 오디오에서 심한 소음이 나요.
카센터에 가 보세요.

125

461

cut
[kʌt]

동 자르다. 베다 명 상처

🔊 커트 > ⚙ 커트 > 🗨 "어머니가 미용실에 가실 때 뭐라고 하시지?" "정섭아. 커트하고 올게." 그래서 칼로 자르거나 베는 것을 '커트' 라고 하는구나. 커트할 때 잘못하면 상처가 나요.

📝 I **cut** my hand with a knife. 나는 칼로 손을 베었다.
He **cut** out a paper doll. 그는 종이 인형을 잘라냈다.

462

desire
[dizaiər]

명 바람. 소망. 욕망 동 소망하다

🔊 디자이어 > ⚙ 되자 이어서 > 🗨 영수는 국가대표 선수가 되자, 이어서 올림픽에서 금메달 따기를 소망했다.

📝 He **desired** to get a good grade. 그는 좋은 성적을 받고 싶어하였다.

머리를 짧게 커트해야 겠어요.

463

Island
[áilənd]

명 섬

🔊 아일런드 > ⚙ 아일랜드 > 🗨 영국 연방에서 독립한 아일랜드는 섬으로 구성되어 있다.

📝 Robinson Crusoe lived in an **island**. 로빈슨 크루소는 섬에서 살았다.
Dr. Moreau's **island** was full of strange animals. 모로 박사의 섬에는 이상한 동물들이 가득했다.

| **Tip** | 'Island' 의 's' 는 묵음으로 발음하지 않는다.

◀ 철새들이 쉬어가는 섬입니다.

464

rather
[ræðər]

부 약간. 다소. 꽤. 오히려. 차라리

🔊 레더 > ⚙ 레도 > 🗨 서양 음계의 '레' 음은 '도' 음보다 약간 (다소) 더 높은 소리가 난다. 이 점을 여러 번 강조했는데 너무 못하는구나. 차라리 내가 하는 게 낫겠다.

📝 I feel **rather** tired. 나는 약간 피곤하다.
I would **rather** choose this one. 나는 차라리 이걸 선택하겠어요.
I prefer eating **rather** than sleeping. 나는 먹는 게 자는 것보다 더 좋아.

465

everywhere
[évri*h*wὲər]

부 어디라도. 어디에나

🔊 에브리훼어 > ✪ 에브리훼어 > ⓞ 에브리(every)는 '모든' 의 뜻. 훼어(where)는 '장소' 의 뜻. 합쳐서 '어디라도, 어디에나' 의 뜻.

例 I am pursued **everywhere** by my guilt. 나는 어디에서든 나의 죄악에 쫓기고 있다.
Mosquitoes are **everywhere**. 모기들은 어디에나 있다.

466

personal
[pə́ːrsənəl]

형 개인의. 인격적인

🔊 퍼서널 > ✪ 벗어날 > ⓞ 개인은 인격적인 존재로서 항상 현위치를 벗어나려는 경향이 있다

例 Isn't that question too **personal**? 그 질문은 좀 사적이지 않나요?
It's a **personal** problem. 이것은 개인적인 문제야.

개인의 의견인데 저는 너무 행복해서 현 위치를 벗어날 생각이 없어요.

467

sell
[sel]

동 팔다(sell-sold-sold)

🔊 셀 > ✪ 셀 > ⓞ "미정아. 물건 값이 셀(높을) 때 물건을 사는 것이 유리하냐. 파는 것이 유리하냐?" "그야 당연히 '파는' 것이 유리하지요."

例 I **sold** all my stuff before leaving for America. 나는 미국으로 떠나기 전에 내 소지품들을 전부 팔았다.
Are you **selling** these stuff? 이 물건들 파는 건가요?

468

proverb
[právəːrb]

명 속담

🔊 프라버브 > ✪ 풀어봐 봐 > ⓞ "얘야, 풀어봐 봐." "무엇을 풀어보라는 말이지?" "속담 풀이를 풀어 보래."

例 Do you like **proverbs**? 당신은 속담을 좋아합니까?
As the **proverb** goes, every cloud has a silver lining. 속담에 있듯이, 모든 구름에는 은빛 안감이 덧대어 있다.

DAY 20

재! 여러분 속담풀이를 풀어봐 보세요. ▶

469

several
[sévərəl]

형 몇 개의. 여럿의. 몇 사람의

🔊 세버럴 › ✪ 세배를 › ☺ 우리들 여럿이서 몇 개의 과일을 사서 선생님 댁에 세배를 갔다.

📖 There are **several** reasons why I'm against the plan. 내가 그 계획에 반대하는 이유가 몇 가지 있다.
Several students are staying at the library to study. 학생들 몇 명이 공부하러 도서관에 남아 있다.

470

turn
[təːrn]

동 돌리다. 돌다. 뒤집다. 바꾸다

🔊 턴 › ✪ 턴 › ☺ "자동차 운전해 보았니?" "미성년이라 아직 배우지 못했어요." "그럼 유턴(Uturn)이 뭔지 모르겠네." "아버지가 운전하실 때 항상 옆에 타서 잘 알아요. 유턴은 U자 모양으로 도는 것이죠." "그래 턴(turn)은 '돌다, 돌리다' 라는 뜻 외에 '방향을 바꾸다' '뒤집다' 의 뜻으로도 쓰여."

📖 He **turned** the door handle without knocking. 그는 문을 두드리지 않고 문고리를 돌렸다.
The girl **turned** around. 소녀는 돌아섰다.

471

scar
[skɑːr]

명 상처. 흔적

🔊 스카 › ✪ 스카프 › ☺ 친구와 싸워 목에 상처가 났다. 흔적을 가리려고 스카프를 둘렀다.

📖 He has a big **scar** on his forehead. 그는 이마에 큰 흉터가 있다.
Girls are often attracted by men's **scars**. 여자들은 종종 남자들의 흉터에 매혹되기도 한다.

472

voice
[vɔis]

명 소리. 목소리 동 말로 나타내다

🔊 보이스 › ✪ 보이스 › Boys › ☺ 젊고 패기있는 Boys(소년들)의 (목)소리는 노인에 비해 맑다.

📖 You have the **voice** of angels. 당신은 천사의 목소리를 가졌군요.
He **voiced** his thoughts. 그는 자신의 의견을 말로 펼쳤다.

소년들 의 맑은 목소리를 기타에 실어 보내 드릴게요.

128

473
trouble
[trʌ́bl]

- 명 근심. 어려움. 문제점. 고생. 수고
- ◑ 트러블 > ✪ 틀어 볼 > ☺ 수도꼭지가 꽉 잠겨 물을 사용할 수 없다. 꼭지를 틀으려고 애썼으나 틀어 볼 수 없었다. 비듬을 달고 학교에 가야 하는지 근심과 걱정이 태산같았다. 수도의 문제점은 해결 못하고 고생만 했다.
- 예 The **trouble** with you is that you don't know what's wrong with you. 너의 문제는, 너의 무엇이 잘못되었는지조차 모르는 것이지.

◀ 수도꼭지가 잠겨 근심과 걱정이 많아요.

474
truth
[tru:θ]

- 명 진리. 진실
- ◑ 트루쓰 > ✪ 들었소 > ☺ 서로 자기가 진실을 말한다고 주장한다. 누가 사실을 말하는지 밝힐 수 없자, 경찰서에서 가리기로 했다. 경찰서에서도 서로 싸우자 경찰이 말했다. "나는 누가 진실을 말하는지 들었소."
- 예 My school's motto is 'the **truth** is my light'. 우리 학교의 교훈은 '진리는 나의 빛' 이다.

나는 누가 진실을 말하는 지 들었소 .

475
chance
[tʃæns]

- 명 기회. 운. 가능성
- ◑ 챈스 > ✪ 찬수 > ☺ 찬수 형은 기회가 있을 때마다 "공부해라. 공부해라"하고 성화를 댔다. 그 말은 운에 의해 성공할 가능성은 없음을 암시해 주는 것 같다.
- 예 It's one-in-a-thousand **chance**. 그것은 천분의 일의 가능성(확률)이다.
  I will take a **chance**. 나는 그 기회를 잡아보겠다.

476
character
[kǽriktər]

- 명 성격. 인격. 특징. 등장인물. 문자
- ◑ 캐릭터 > ✪ 캐릭+말 터 > ☺ 캐릭은 나오는 말을 터서 지내는 사이이다. 캐릭은 우리가 공연하는 연극의 성격 좋은 인물로 모든 사람을 매우 인격적으로 대한다. 그는 특징 있는 등장인물이다.
- 예 Javert is the coolest **character** in the novel 'Les Miserables'. 자베르는 소설 '레 미제라블' 에서 가장 매력적 인물이다.

DAY
20

477
encourage
[inkə́ːridʒ]

통 용기를 북돋다. 격려하다

🔊 인커리지 > ✪ 안그러지? > ✪ 아들이 아버지 컴퓨터를 몰래 하다가 망가뜨렸다. 순간 겁이 나서 울고 있었다. 아버지는 풀이 죽은 아들이 불쌍했다. 그래서 오히려 용기를 북돋워주는 말을 했다. "오! 우리 아들 다시는 안그러지?" 하고 격려해 주었다.

🔹 I **encouraged** my students to read science fiction. 나는 내 학생들에게 공상 과학 소설을 읽도록 독려했다.

478
paint
[peint]

명 페인트. 그림물감 통 페인트칠하다. 그림 그리다

🔊 페인트 > ✪ 페인트 > ✪ 페인트를 가지고 그림물감 삼아 그림을 그리든지 칠하든지 네 마음대로 해라.

🔹 I have to **paint** the wall. 나는 벽을 칠해야 해.
Would you **paint** a portrait of me? 제 초상화를 그려 주시겠어요?

479
halt
[hɔːlt, halt]

명 정지

🔊 할트 > ✪ 할딱 > ✪ 달리기를 오래하였더니 숨이 할딱거려서 더 달리지 못하고 정지해 버렸다.

🔹 **Halt**! Who goes there? 정지! 거기 누구시오?
The car screeched to a **halt**. 그 차는 급히 멈춰 서며 끼익 하는 소리를 냈다.

> 빨리 달리다 지쳐 할딱거리더니 결국은 멈추었구나.

480
though
[ðou]

접 비록 ~일지라도 부 그러나. 하지만

🔊 도우 > ✪ 도 > ✪ 윷놀이를 하고 있다. 비록 도가 나올지라도 나는 두 동을 업어 가겠다.

🔹 **Though** he is handsome, he is not very tall. 그는 비록 잘생겼지만 키가 그리 크지는 않다.
It is true, **though**. 그러나 그것은 사실이다.

481

exercise
[éksərsàiz]

명 **운동. 연습**

🔊 액서사이즈 > ✿ 애써 사이즈 > 🙂 나는 애써서 운동(연습)을 하여 몸 둘레 사이즈를 많이 줄였지.

📝 I do not like to **exercise**. 나는 운동을 좋아하지 않아요.
Exercising helps you to stay healthy. 운동은 너를 건강하게 만들어 준단다.

> 애써 연습(운동)하여 사이즈를 많이 줄였죠.
> 팔등신이 되었답니다.

482

rainy
[reini]

형 **비가 오는. 비가 많은**

🔊 레이니 > ✿ 애인이 > 🙂 비가 오는 날 애인이 전화하여 마음이 심난하니 바람 쐬러 가자고 했다.

📝 It was **rainy** yesterday. 어제는 비가 내렸다.
August is a **rainy** month. 8월은 비가 많이 내리는 달이다.

483

semester
[siméstər]

명 **(대학의) 학기**

🔊 시메스터 > ✿ 심했수다 > 🙂 비싼 등록금을 내고 한 학기를 빈둥빈둥했다고요? 그것 참 심했수다.

📝 I got good marks this **semester**. 이번 학기에는 좋은 성적을 받았다.
Which classes are you going to take next **semester**? 다음 학기에는 무슨 수업을 들을 거니?

484

free
[fri:]

형 **자유로운. 한가한. 무료의**

🔊 프리 > ✿ 풀이 > 🙂 나는 풀이 많은 공원에서 자유롭고 한가한 시간을 보냈다. 이곳의 입장은 무료이다.

📝 **Free** stuff! Yay! 이거 공짜다! 이야!

485

arm
[ɑːrm]

명 팔. 무기(~s)

🔊 암 > ⚙ 암 > ❓ 어린아이가 아빠에게 장난감 무기를 사 달라고 보채고 있다. 아빠는 양쪽 팔을 합쳐서 팔짱을 끼고 "암. 사 주고 말고."라고 말씀하신다.

📝 He held her **arm**. 그는 그녀의 팔을 잡고 있었다.
He had trouble using his left **arm**. 그는 자신의 왼팔을 사용하는 데 어려움을 겪었다.

486

consider
[kənsídər]

동 고려하다. 숙고하다. ~라고 생각하다

🔊 컨시더 > ⚙ 컨(디션 고려) 시간 (숙고)하여 더 > ❓ 소풍을 가는 날이다. 선생님께서는 수능 시험에 고생이 많았던 학생들의 컨디션을 고려하고 소요 시간을 숙고한 끝에 학교 근처 공원으로 가는 것이 더 낫겠다고 생각하셨다.

📝 Please **consider** other people's feelings. 다른 사람들의 감정도 생각해 주세요.
I will **consider** it. 그것을 고려하도록 하지요.

487

exchange
[ikstʃéindʒ]

동 바꾸다. 교환하다 명 교환

🔊 익스체인지 > ⚙ 익수와 다른 사람과 체인지 > ❓ 익수가 우리 편이었는데 다른 사람과 체인지하여(바꿔서) 다른 사람이 우리 편이 되었다.

📝 She was an **exchange** student. 그녀는 교환학생이었다.
We **exchanged** a knowing look. 우리는 의미심장한 시선을 교환했다.

> 익수하고 정수하고 체인지 하여 바꾸어 라.

488

hollow
[hálou]

형 텅빈. 오목한. 공허한 명 구멍

🔊 할로우 > ⚙ 화로 > ❓ 화로는 가운데가 텅 비었고 오목한 모양이다.

📝 The tree was **hollow**. 그 나무는 속이 텅 비어 있었다.
Your compliments are **hollow**. 네가 하는 칭찬은 공허한 칭찬일 뿐이야.

489

leave
[liːv]

图 떠나다. 출발하다. 두고 오다. 남겨 두다

🔊 리브 › ✪ 이브 › 💬 이브는 집을 떠났다. 출발하고 나서 한 시간 후에 아담을 두고 온 것을 알았다.

📝 He is **leaving** Seoul for New York. 그는 서울을 떠나 뉴욕으로 향하고 있다.
Please don't **leave** me alone in the dark. 나를 어둠 속에 홀로 남겨 두지 말아요.

◀ 이브만 먼저 떠나왔다고요? 아담은 어떡하고.

490

stamp
[stæmp]

图 우표. 도장 图 우표를 붙이다

🔊 스탬프 › ✪ 스탬프 › 💬 '기념 스탬프' 라는 말을 흔히 쓰지. 그 말은 기념 '우표' 란 뜻이야. 그런데 우표에는 '도장' 을 찍어야 배달되는 것 알지?

📝 My hobby is collecting **stamps** from different nations. 나의 취미는 다른 나라의 우표를 수집하는 것이다.
You didn't put a **stamp** on the envelope. 편지 봉투에 우표를 안 붙이셨네요.

491

yard
[jɑːrd]

图 마당. 구내. 뜰. 야드

🔊 야드 › ✪ 야드 › 💬 마당에서 던진 공이 30야드나 날아 공장의 구내 뜰까지 날아가 버렸네.

📝 Children are playing in the **yard**. 아이들이 마당에서 놀고 있다.
Our dog lives in the **yard**. 우리 집 개는 마당에서 산다.

| Tip | 길이의 단위로서 1야드는 약 0. 9미터이다.

492

golden
[góuldən]

图 금빛의. 황금 같은

🔊 고울던 › ✪ 골덴 › 💬 gold에 en이 붙은 말이지. 골드는 금이고 en은 '그와 같은' 의 뜻이므로 '금빛의', '황금 같은' 의 뜻이지. TV 퀴즈 프로그램 '도전 골든벨' 에 나오는 벨의 색이 '황금의' 색인 것 알고 있지?

📝 Her hair is like a **golden** waterfall. 그녀의 머리카락은 마치 황금의 폭포수와도 같다.

493
save
[seiv]

[동] **구하다. 덜다. 아끼다**

🔊 세이브 > ⚙ 새 이불 > 😀 추운 겨울밤을 어떻게 지내나 많이 걱정을 했는데 다행히도 새 이불을 공짜로 구했다. 걱정을 한 시름 덜었다. 그리고 비용도 아꼈다.

💬 You **saved** my life. 당신이 저의 생명을 살렸어요.
Save your time if you want an easier life. 인생을 쉽게 살고 싶으면 시간을 아껴라.

◀ 새 이불을 싸게 구하여 돈을 아꼈다.

494
crack
[kræk]

[명] **갈라진 금. 틈. 흠. 결점**

🔊 크랙 > ⚙ 크래커 > 😀 크래커 과자에서 금이 생겨 부서지는 결점이 발견되어 환불을 받았다.

💬 There is a **crack** in the wall. 벽에 금이 가 있다.

495
hole
[houl]

[명] **구멍. 굴**

🔊 호울 > ⚙ 홀 > 😀 골프에서 17홀이니 19홀이니 하는 말을 자주 쓰던데 여기서 호울(hole)은 '구멍' 의 뜻으로 쓰였구나.

💬 This sock has many **holes**. 이 양말은 많은 구멍이 나 있다.
The black **hole** swallowed everything, even light. 블랙홀은 빛을 비롯한 모든 것을 삼켰다.

496
judge
[dʒʌdʒ]

[명] **재판관. 판사** [동] **판결하다. 판단하다**

🔊 저즈 > ⚙ 저주 > 😀 오늘은 재판관이 판결하는 날이다. 판사가 설마 삼촌을 중형 받으라고 저주하진 않겠지.

💬 Who am I to **judge** his behavior? 내가 누구이기에 그의 행동을 판단할 수 있겠니?
God will **judge** as he sees fit. 신은 그가 보기에 합당한 방식으로 사람들을 판단할 것이다.

497
saying
[séiiŋ]

명 속담

🔊 세잉 > ⚙ 세이 잉 > 세(월)이 잉 > 💬 '세월이 약'이라는 속담이 있지 잉~.

💡 As the **saying** goes, you should not put all your eggs in one basket. 속담에도 있듯이, 모든 달걀을 한 바구니에 넣어선 안 돼.
I can't think of the right **saying**. 딱 맞는 속담을 생각할 수가 없네.

세월이 약이야. ▶

○세월이 약이다
○말 한마디에
천냥 빚도 갚는다

498
wrong
[rɔːŋ]

형 나쁜. 부정한. 잘못된. 틀린

🔊 롱 > ⚙ 롱 > 💬 우롱(愚弄), 농간(弄奸)을 부리다 등에서 '롱(弄)'은 '나쁘고' '잘못되고' '틀린' 것을 뜻하는 말이네.

💡 You look gloomy today, what's **wrong**? 너 오늘 우울해 보이는데, 무슨 일 있니?
Stealing is **wrong**. 훔치는 것은 잘못된 일이다.

499
unhappy
[ʌnhǽpi]

형 불행한. 비참한

🔊 언해피 > ⚙ 안 해피 > 💬 해피(happy)는 '행복한'의 뜻이니 안 해피하면 '불행한'의 뜻.

💡 The reporter asked the man why he was **unhappy**. 그 기자는 그가 왜 불행해 하는지 물었다.

| Tip | 'un'은 단어의 앞에 붙어 그 말의 반대되는 뜻을 나타낸다.

500
cousin
[kʌzn]

명 사촌. 친척

🔊 커즌 > ⚙ 커진 > 💬 사촌이 땅을 사면 배가 아프다는 말이 있듯이, 사촌의 커진 재산을 보면 정말 시기하는 마음이 생길까?

💡 I haven't seen my **cousin** in years. 나는 사촌을 몇 년 동안 보지 못했다.
My **cousin** is just a baby. 사촌은 아직은 아이이다.

이게 사촌이 사 놓은 땅인데. 사촌의 커진 재산에도 질투심이 나지 않던데.

501
fare
[fɛər]

명 요금. 운임

🔊 페어 > ✪ 빼어 > 💡 시내버스의 운행이 끝나면 요금통에서 요금을 빼어 한곳으로 모은다.

📝 The standard bus **fare** is 500 won. 표준 버스 요금은 500원입니다.

여기에 넣은 지폐 요금을 빼어 얼마인지 세어 봅시다. ▶

502
finally
[fáinəli]

부 마지막으로. 끝으로. 마침내

🔊 화이널리 > ✪ 화! 이 난리를 > 💡 졸업식날이다. 졸업생들을 축하하러 나온 재학생 두 명이 서로 다투고 있다. 이 모습을 보신 선생님 하시는 말씀. "화! 언니들이 마지막으로(끝으로) 학교를 나오는 이 졸업식날 이 난리를 피워야 하겠어?"

📝 **Finally**, he drew his final breath. 마침내, 그가 마지막 호흡을 들이쉬었다(운명하였다).

503
planet
[plǽnit]

명 행성

🔊 플래닛 > ✪ 불냈니? > 💡 떠돌이별인 행성이 이동하며 밝은 빛을 내자, 이것을 보고 "행성이 불냈니?" 하고 빗대어 표현하였다.

📝 Earth is a beautiful **planet**. 지구는 아름다운 행성이다.
The sun is a star, not a **planet**. 태양은 항성이지 행성이 아니다.

504
wood
[wud]

명 나무. 숲. 삼림

🔊 우드 > ✪ 우도 > 💡 우도는 제주 성산항에서 출발하는데 우도에 도착하면 우도봉에 있는 나무 숲(삼림)이 장관을 이룬다.

📝 The dark and strange **wood** was full of wild creatures. 그 어둡고 이상한 숲에는 거친 야생 동물들이 가득했다.
Wooden tools soon gave way to iron tools. 나무 도구들은 강철 도구들에 곧 자리를 내 주었다.

505

program
[próugræm]

명 프로그램. 계획

🔊 프로우그램 > ✪ 프로그램 > ➡ 일요일 아침 송해 할아버지가 진행하는 '전국노래자랑'은 내가 유일하게 시청하는 텔레비전 프로그램이야.

📝 Who made this **program**? 이 프로그램을 만든 사람이 누구요? Please follow this **program**. 이 프로그램을 따라주십시오.

506

detective
[ditéktiv]

명 탐정. 형사 형 탐정의

🔊 디텍티브 > ✪ 저 책 뒤 봐 > ➡ 현수야, 저 책 뒤를 봐. 탐정이 책으로 얼굴을 가리고 우리를 감시하고 있어.

📝 The **detective** found out who the chief was. 그 탐정은 누가 도둑인지를 찾아냈다.

◀ 저 책 뒤 봐! 탐정이 있어.

507

invite
[inváit]

동 초대하다

🔊 인바이트 > ✪ 인(숙)+봐+이따(가) > ➡ 오늘은 내 생일이다. 나는 인숙이를 집에 초대할 예정이다. 나는 생일 준비를 하려고 먼저 집으로 가면서 인숙이에게 말했다. "인숙아 봐, 이따가. 초대하는 자리에서 내가 좋은 선물 줄게."

📝 I **invited** my parents to spend a week in my house. 나는 부모님을 초대해서 일주일 동안 머무시도록 했다.

508

devil
[dévl]

명 악마

🔊 데블 > ✪ 대벌(大罰) > ➡ 대벌은 큰 벌인데 대벌을 받았다는 말은 "악마의 저주를 받았다"는 뜻이지.

📝 I made a deal with the **devil**. 나는 악마와 계약을 맺었다. The **devil** has horns. 악마에게는 뿔이 있다.

509

luck
[lʌk]

명 운. 행운

◀) 럭 > ⊕ 럭 > ☺ 너 행운의 숫자가 뭔지 아니? 응, 7을 럭키 (lucky) 세븐이라고 해. 여기에서 럭키는 '행운의' 란 뜻의 형용사이며, '럭(luck)' 은 '행운' 이란 뜻의 명사이지.

예 Some people have all the **luck**. 어떤 사람들은 운을 타고난다.
Hard work is not enough, you also need **luck**. 열심히 하는 것만으로는 충분치 않고, 행운도 필요하다.

510

pardon
[pá:rdn]

동 용서하다 명 용서

◀) 파든 > ⊕ 돈을 파 > ☺ "내가 땅에 묻어 둔 돈을 네가 파?" "죄송해요. 용서해 주세요." "뭐라고? 죄송하다고?"

예 **Pardon** me? 뭐라고요?
He asked for **pardon**. 그는 용서를 구했다.

| Tip | 'pardon me' 에서 pardon을 강하게 말하면서 올리면 '뭐라고요?' 의 뜻이지만 pardon을 강조하지 않고 말하면 '죄송합니다' 의 뜻이 된다.

묻어 둔 돈을 파서 훔쳐 갔으니 용서할 수 없어.

511

lose
[lu:z]

동 잃다. 지다. 길을 잃어버리다

◀) 루즈 > ⊕ 루즈 > ☺ 여자 친구가 핸드백 속에 넣어 둔 루즈를 잃고 설상가상으로 내기에서 졌다고 울상을 지었다.

예 He **lost** his wallet. 그는 지갑을 잃어버렸다.
I have nothing to **lose**. 나는 이제 더 이상 상실할 만한 것이 없다.

루즈를 잃어버리고 내기에서도 졌어요.

512

scholar
[skálər]

명 학자. 학식이 있는 사람

◀) 스칼너 > ⊕ 스피노자, 칼 포터 너 자신~ > ☺ "네가 알고 있는 학자로는 누가 있느냐?" "예. 3명이 있습니다. 스피노자, 칼 포터, 그리고 '너 자신을 알라' 로 유명한 소크라테스입니다." "그래? 똑똑하구먼. 칼 포터의 저서를 알고 있느냐?" "예, 선생님. '열린 사회와 그 적들' 이 있습니다."

예 Aristotle is a well-known Greek **scholar**. 아리스토텔레스는 유명한 그리스 학자이다.

513

type
[taip]

명 유형. 전형. 활자 동 분류하다. 타이프하다

🔊 타입 > ⚙ 타입 > 💡 '너는 어떤 타입을 좋아하느냐'에서 타입은 '유형', '종류'의 뜻이고, '나는 타이프 한다(type)'에서 타이프는 활자를 '입력하다'의 뜻이다.

💬 Sorry, you're not my **type**. 미안하지만, 너는 내 이상형이 아냐.
What is your blood **type**? 당신의 혈액형은 무엇입니까?

514

tourist
[túərist]

명 여행자. 관광객

🔊 투어리스트 > ⚙ 둘이+섰다 > 💡 여행자(관광객) 둘이 길을 가다 너무나도 아름다운 경치에 갑자기 섰다. 경치를 감상하기 위해서.

💬 The **tourist** is on a tour in Asia. 그 관광객은 아시아 여행 중이다.

여행자 둘을 멈추게 한 그 아름다운
경치가 바로 노란 은행잎이야. ▶

515

Chinese
[tʃainíːz]

명 중국어. 중국인 형 중국의

🔊 차이니즈 > ⚙ 차이났어 > 💡 한국과 중국의 삶의 질은 옛날에 비해 훨씬 차이났어(한국이 잘 산다는 말).

💬 This **Chinese** restaurant is popular. 이 중국 식당은 유명하다.
I love **Chinese** food. 나는 중국 음식을 좋아한다.

516

excite
[iksáit]

동 흥분시키다. 흥미를 일으키다

🔊 익사이트 > ⚙ 익사했다 > 💡 사람이 익사했다는 소식을 듣고 적지 않게 흥분되었다.

💬 There is a lot of **exciting** things you can do with a box of crayons. 크레파스 한 상자로 할 수 있는 재미있는 일은 무수히 많다.

그 사람이 익사했다는 말을 듣고 매우 흥분
했어요.

DAY
22

139

517
decide
[disáid]

통 **결정하다**

🔊 디사이드 > ⚙ 저 사이다 > 😊 이 사이다보다는 저 사이다가 맛이 좋을 것 같다. 저 사이다로 결정하자.

💬 He **decided** to be a teacher. 그는 선생님이 되기로 결정했다.
I **decided** to run for class president. 나는 반장 선거에 나가기로 결정했다.

518
hen
[hen]

명 **암탉**

🔊 헨 > ⚙ 흰 > 😊 아버지가 병아리를 사 오셨다. 그 병아리가 자라서 흰 암탉이 되었다. 오늘 아침 흰 암탉이 알을 낳았다.

💬 The **hen** laid eggs. 그 암탉은 알을 낳았어요.

흰 암탉이 낳은 알을 꺼내 마셨지요.

519
harvest
[háːrvist]

명 **수확** 통 **거두어들이다**

🔊 하비스트 > ⚙ 하(夏)배+샀다 > 😊 여름에 수확하여 거두어들인 하배(夏-)를 샀다. 이 품종은 조생종이라 맛이 참 좋다.

💬 It is **harvest** time. 이제는 수확할 때이다.
She **harvested** rice. 그녀는 쌀을 수확했다.

이게 여름에 수확한 하배요? ▶

520
dictionary
[díkʃənèri]

명 **사전**

🔊 딕셔네리 > ⚙ 직선 너(구)리 > 😊 외계인의 사전에서 딕셔너리를 찾아보았더니 '직선으로 걷는 너구리' 라고 되어 있었다. 믿거나 말거나.

💬 Sometimes, in the **dictionary**, extremely long words can be found. 때때로, 사전에 매우 긴 단어들이 나온다.

521
bear
[bɛər]

명 곰 동 참다. 낳다
- 🔊 베어 › ✱ 베어스 › ☺ 두산베어스 야구 선수들 곰처럼 참 끈질기지. 삼국유사에 곰과 호랑이 이야기가 있잖아. 깜깜한 굴 속에서 백일 동안 쑥과 마늘을 먹고 참으면 사람이 된다고 했는데 호랑이는 못 참았지만 곰은 참고 견디어 사람이 되었지. 그 곰이 낳은 것이 바로 우리나라의 시조이신 단군이란다.
- 🗨 Watch out for gray **bears** when camping in this forest. 이 숲에서 야영할 때는 회색 곰을 조심하세요.
  She **bored** three children. 그녀는 세 아이를 낳았다.

522
idle
[áidl]

형 게으른(반diligent) 동 빈둥거리며 보내다
- 🔊 아이들 › ✱ 아이들 › ☺ 우리 아이들은 게으르게 빈둥빈둥 놀아서는 성공할 수 없어요.
- 🗨 A lazy person is often **idle**. 게으른 사람들은 아무것도 하지 않고 시간을 보내는 편이다.

523
model
[mádl]

명 모형. 모델 동 모형을 만들다
- 🔊 마들 › ✱ 모델 › ☺ 아파트 모델하우스에 가 보았지? 실제 아파트가 아닌 모형으로 만들어 놓은 것이야.
- 🗨 There is a toy **model** of Nyarlathotep on the desk. 니알랏토텝의 장난감 모형이 책상 위에 있다.
  My cousin is a fashion **model**. 내 사촌 언니는 패션 모델이다.

> 모델하우스는 사람의 관심을 끌 수 있도록 잘 꾸며집니다.

524
foreign
[fɔ́:rin]

형 외국의. 해외의
- 🔊 포린 › ✱ 퍼런 › ☺ 어디의 여행에서 눈이 퍼런 사람들을 볼 수 있을까? 국내의 여행인가 아니면 외국의 여행인가?
- 🗨 You must be careful when tasting **foreign** food. 외국 음식을 맛볼 때는 조심해야 한다.
  The **foreign** accent of the stranger made him laugh. 그 이방인의 낯선 억양은 그를 웃게 했다.

| Tip | foreign의 'g'는 묵음으로 발음하지 않는다.

◀ 퍼런 눈을 가진 사람들을 볼 수 있는 곳은?

525
dirty
[dɔ́ːrti]

형 더러운 동 더럽히다

🔊 더티 > ✪ 더러운 티셔츠 > 🕐 동생은 깨끗하지 못하고 더러운 티셔츠를 입었다.

📝 The dishcloth is **dirty**. 이 접시 닦는 천은 더럽네요.
My shoes are **dirty**. 내 신발은 지저분하다.

이것은 더러운 티셔츠가 아니고 깨끗하군요. 형의 티셔츠라네요. ▶

526
peace
[piːs]

명 평화. 평온

🔊 피스 > ✪ 피 있어 > 🕐 뭐. 피 있다고? 너희들 피흘리며 싸우지 말고 평화를 찾아라.

📝 We love **peace**. 우리는 평화를 사랑합니다.
Peace is nothing but a fantasy. 평화는 상실일 뿐이다.

527
shake
[ʃeik]

동 떨다. 흔들다. 악수하다 (shake-shook-shaken)

🔊 셰이크 > ✪ 새웠고 > 🕐 그는 산에서 밤을 새웠고 추위에 떨고 있었다. 지나가는 사람에게 입을 것을 요청하려고 손을 흔들었다. 사람들이 도와주자 악수를 하며 고마워하였다.

📝 **Shake** your body and enjoy the music! 몸을 흔들며 음악을 즐겨 보세요!
It is rude to use your left hand to **shake** hands. 악수를 할 때 왼손을 쓰는 것은 무례하다.

528
fall
[fɔːl]

동 떨어지다. 쓰러지다 명 가을. 낙하. 폭포

🔊 폴 > ✪ 펄펄 > 🕐 펄펄 휘날리며 떨어지는 낙엽을 보니 가을이 왔음을 알겠다.

📝 He **fell** down. 그는 넘어졌다.
It is unhealthy to **fall** from high places. 높은 곳에서 떨어지는 것은 건강에 좋지 않다.

◀ 낙엽이 펄펄 떨어지면 청소하시는 아저씨는 힘드시겠지.

529

society

[səsáiəti]

⌅ 사회. 집단. 단체. 교제

🔊 서사이어티 > ✪ 속삭이었지 > ☺ 미영이는 사교적이어서 어느 사회나 집단에도 잘 어울리며 그들의 마음을 사로잡고 친근하게 속삭이었지.

🔘 People in the same **society** share common goals. 같은 사회에 살고 있는 사람들은 공통의 목표를 지닌다.
Men cannot live without **society**. 인간은 사회 없이는 살 수 없다.

530

favorite

[féivərit]

⌅ 아주 좋아하는

🔊 페이버리트 > ✪ 패버렸다 > ☺ 내가 가장 아끼고 좋아하는 사람이 말을 안 들어 패버렸다. 그랬더니 가슴이 매우 아프구나.

🔘 My **favorite** color is midnight blue. 내가 가장 좋아하는 색은 어두운 푸른색이다.
My **favorite** food is Taiwanese custard pudding. 내가 가장 좋아하는 음식은 대만식의 커스터드 푸딩이다.

531

square

[skwɛər]

⌅ 정사각형. 광장

🔊 스퀘어 > ✪ (어)서 깨어 > ☺ 정사각형을 직사각형과 구별 못하는 친구야. 어서 깨어 광장에 나가 정신 차려 열심히 공부하렴.

🔘 Find the area of the **square**. 사각형의 넓이를 구하시오.
Many tables are **square**-shaped. 대부분의 탁자는 사각형 모양이다.

어서 깨어 광장에 나가자

532

church

[tʃəːrtʃ]

⌅ 교회. 예배당

🔊 처치 > ✪ 처치 > ☺ 처치 곤란한 옷가지를 교회에서 기증해 달라고 한다. 불우이웃을 돕기 위함이다.

🔘 The **church** is full of people on Sundays. 그 교회는 일요일에는 사람들로 꽉 찬다.
The minister of the **church** is reputed to be a kind person. 교회의 목사님은 친절한 사람으로 여겨진다.

533

cool
[ku:l]

형 서늘한. 냉정한. 멋진

🔊 쿨 > ⚙ 쿨쿨 > ➡ '쿨쿨' 잠자는 사자 옆을 지나려니 간이 서늘해졌다. 이럴 때는 냉정한 마음을 유지해야 한다. 겁에 질려 사자를 밟기라도 하면 아주 위험해지기 때문이다.

예 The winter wind is **cool**. 겨울 바람은 시원하다.
He looks **cool** no matter what he wears. 그는 무엇을 입든지 멋져 보인다.

534

magazine
[mǽgəzíːn]

명 잡지

🔊 매거진 > ⚙ 매(진) 거진 > ➡ 우리 회사에서 발간하는 잡지가 거진('거의 다' 의 경상도 방언) 매진되었다.

예 Elle is a fashion **magazine** for women. 엘르는 여성을 위한 패션 잡지이다.
Magazine stands sometimes sell snacks and beverages. 잡지 가판대에서는 때때로 과자와 음료수를 팔기도 한다.

535

easily
[íːzəli]

부 쉽게. 무난히

🔊 이절리 > ⚙ 잊으리 > ➡ 쉽게 되지는 않겠지만 내 곁에서 멀어져 간 그 사람을 잊으리. 애써서 잊으리다.

예 I can **easily** fall asleep, even when I am in the shower. 나는 내가 샤워하고 있을 때라도 쉽게 잠들 수 있다.

잊으리 잊으리 하고 애써
잊고자 하면 쉽게 잊힐까? ▶

536

stadium
[stéidiəm]

명 경기장

🔊 스테이디엄 > ⚙ 스타지 암! > ➡ 육상 경기장에서 저렇게 빨리 달리는 유서진 선수야말로 진정한 스타지 암!

예 What a large football **stadium**! 정말 큰 축구 경기장이다!
There were tons of people in the **stadium** in the World Cup season. 월드컵 기간에는 경기장에 사람들이 정말 많았다.

537
beauty
[bjúːti]

명 미. 아름다움. 미인

🔊 뷰티 > ⚙ 쁘지 > 예쁘지 > 💬 저기 걸어가는 미인 참 예쁘지?

💬 Truth is **beauty**, and beauty is truth. 진실이 곧 아름다움이고, 아름다움이 곧 진실이다.
Helena's **beauty** was beyond imagination. 헬레나의 아름다움은 상상할 수 있는 것보다 더 아름다웠다.

538
congratulation
[kəngrætʃəléiʃən]

명 축하

🔊 컨그래철레이션 > ⚙ 캥거루 (춤) 출 애 있어 > 💬 오늘은 축하 모임이 있는 날이다. 이 자리를 축하하기 위해 캥거루 춤을 출 애가 있었다.

💬 **Congratulations**! 축하해요!
Let me offer you a word of **congratulation** on passing your exam. 시험에 합격한 것에 대해서 축하의 말을 전합니다.

539
doll
[dɑl]

명 인형

🔊 달 > ⚙ 돌(철자 기준) > 💬 돌로 만든 인형이 값이 비싸게 팔리고 있다더군. 돌 보기를 황금처럼 해야겠네.

💬 The Barbie **doll** would look monstrous if it was a real woman. 바비 인형은, 그게 정말로 사람이라면 무섭게 보일 것이다.
Chocky is a **doll** that I would not want to sleep with. 처키는 정말로 내가 같이 자고 싶지 않은 인형이다.

◀ 내가 바로 돌로 만든 인형이에요.

540
fight
[fait]

동 싸우다. 전투하다

🔊 파이트 > ⚙ 파이팅 > 💬 '파이팅' 은 fight에 ing가 붙어 명사가 된 말로 '싸움', '전투' 의 뜻으로 쓰이지. 그럼 fight는 '싸우다', '전투하다' 의 뜻임을 쉽게 알 수 있겠다.

💬 My cat and my dog always **fight**. 우리 집 개와 고양이는 항상 싸운다.
Fighting is bad. 싸움은 나쁘다.

DAY
23

541

memory
[méməri]

명 기억. 기억력. 추억. 용량

🔊 메머리 > ✪ 메모리 > 😀 "너 컴퓨터에서 작업한 파일이나 사진 파일 등을 보관하는 USB 있지?" "있어. 있는데 메모리가 1기가밖에 안 되어 저장을 많이 할 수 없어." "방금 네가 말한 메모리가 바로 기억하거나 저장할 수 있는 용량을 뜻하지."

📝 My **memory** is bad. 내 기억은 좋지 않다.
Faded **memories** are often rosy. 빛바랜 기억들은 때때로 장밋빛이다.

542

ticket
[tíkit]

명 표. 승차권

🔊 티킷 > ✪ 티켓 > 😀 '공연 티켓', '야구 티켓', '비행기 티켓' 등에서 공통되는 티켓의 뜻을 찾아내면 '표'의 뜻이지.

📝 He lost the train **ticket**. 그는 열차표를 잃어버렸다.
You cannot enter the subway platform without a **ticket**. 표 없이 지하철 승강장에 들어갈 수 없습니다.

543

moment
[móumənt]

명 순간. 잠깐

🔊 모우먼트 > ✪ 모면 트릭 > 😀 모면하려고 트릭을 써? 순간의 질책을 모면하려고 트릭(속임수)을 쓰면 안 되지.

📝 For a **moment**, he looked sad. 잠시 동안 그는 슬퍼 보였다.
Just a **moment**, please. 잠시만 기다려 주세요.

544

ceremony
[sérəmòuni]

명 의식

🔊 세러모우니 > ✪ 세례 뭐니 > 😀 교회에 처음 따라간 친구가 세례 받는 의식을 보고, "세례가 뭐니?" 하고 물었다.

📝 The wedding **ceremony** was held in the Bahamas. 결혼식은 바하마에서 열렸다.

545

column
[kɑ́ləm]

명 칼럼. (신문, 잡지 등의) 기고. 기고란. 기둥

🔊 칼럼 > ✪ 칼+넘치다 > ⊙ 신문에 기고한 그의 칼럼을 읽으면 시퍼렇게 날이 선 칼이 지면에 넘치는 것같이 날카로웠어.

📝 He wrote a newspaper **column**. 그는 신문 칼럼을 하나 썼다.
A row of **columns** stand in the garden. 기둥들이 정원에 줄지어 늘어서 있다.

여러 가지의 기사란 중에서 컬럼난을 찾기가 쉽지 않군요.

546

difference
[dífərəns]

명 차이점

🔊 디퍼런스 > ✪ 뒤 퍼렇소 > ⊙ 똑같은 장면을 보고 한 사람은 "뒤는 퍼렇소."라고 말하고, 다른 사람은 "앞은 노랗소."라고 말한다. 이 두 사람은 심리적으로 차이점이 있다.

📝 I cannot tell the **difference** between you two. 너희 둘 사이의 차이점을 찾을 수 없어.
What is the **difference** between her opinion and yours? 그녀의 의견과 당신의 의견의 차이는 무엇인가요?

보는 과정에 따라 각각 차이가 나는구나.

547

heaven
[hévən]

명 천국. 하늘. 신. 하느님

🔊 헤번 > ✪ 해 번쩍 > ⊙ 해가 번쩍 뜨는 저 하늘 쪽이 바로 천국이란다.

📝 Stars shine in **heaven**. 하늘에서 별이 반짝여요.
Angels wander **heaven**. 천사들이 천국에서 돌아다녀요.

548

literature
[lítərətʃər]

명 문학

🔊 리터러치어 > ✪ 리터러추오 > ⊙ 우리는 리터러추오 공화국의 문학의 특징을 연구해 보기로 했다. 리터러추오는 리투아니아, 터키, 러시아, 추바슈, 오스트리아 등 5개국이다.

📝 There are people who think that the harry potter series deserve being called **literature**. 해리포터 시리즈도 문학으로 불릴 가치가 있다고 생각하는 사람들도 있다.

549

marry
[mǽri]

동 결혼하다

🔊 매리 > ✪ 매리 > ❓ 나는 누가 뭐래도 현모양처로 부족함이 없고 지혜가 풍부한 매리와 결혼할 거야.

💬 **Marry** me! 나와 결혼해 줘.
Virginia Woolf never regretted **marrying** the love of her life.
버지니아 울프는 그녀의 평생의 연인과 결혼했다는 사실을 후회한 적이 없다.

옆에 있는 사람이 바로 메리예요.

550

revive
[riváiv]

동 부활하다. 소생하다. 활기를 되찾다

🔊 리바이브 > ✪ 이봐 이브 > ❓ 이봐라 이브가 부활했다고 한다. 드디어 활기를 되찾았구나.

💬 Water **revived** the flowers. 물 덕분에 꽃들이 생생함을 되찾았다.
The economy began to **revive**. 경기가 회복되기 시작했다.

551

passenger
[pǽsəndʒər]

명 승객. 탑승객

🔊 패선저 > ✪ 패(고) 선(박은) 저(쪽에) > ❓ 누가 승객을 패고 선 박을 저쪽에 버린 것일까?

💬 All **passengers** should remain seated. 모든 승객들이 앉아 있어야 한다.
The **passengers** complained about the smell. 승객들은 냄새에 대해 불평했다.

552

meat
[miːt]

명 고기

🔊 미트 > ✪ 미꾸라지 트럭 > ❓ 미꾸라지를 실은 트럭에는 무엇이 실려 있을까? 당연히 고기가 실려 있겠지.

💬 Sausages are made out of ground **meat**. 소시지는 다진 고기로 만들어진다.
I cannot live without **meat**. 나는 고기 없이는 살 수 없다.

◀ 미꾸라지를 실은 차가 어디론가 달려갑니다.

553
fruit
[fruːt]

명 **과일**

🔊 푸르트 > ⚙ **푸르트 푸르트** > 푸릇푸릇 > 🔑 푸릇푸릇한 과일을 보기만 해도 신맛이 날 것 같아 눈이 찌푸려진다.

예 Eve took a bite out of the **fruit** of knowledge. 이브는 선악과를 한 입 베어 물었다.
I like **fruit**. 나는 과일을 좋아해요.

여기에 있는 과일은 푸릇푸릇하지 않고 불긋불긋합니다. 다 익어서 그렇습니다. ▶

554
president
[prézidənt]

명 **대통령. 의장**

🔊 프레지던트 > ⚙ **풀에 (쓰러)지던데** > 🔑 대통령배 씨름대회에서 김아름이 초반에 힘을 써서 그런지 지쳐서 그만 제풀에 쓰러지던데.

예 I am the **president** of the United States! 나는 미합중국의 대통령이라고!
Something wrong, **president**? 무슨 문제 있으십니까, 각하?

555
skill
[skil]

명 **기술. 기량. 역량**

🔊 스킬 > ⚙ **스키를** > 🔑 스키를 익숙하게 타는 데는 기술이 많이 필요하다.

예 You should develop many **skills** in your twenties. 20대에 많은 역량을 계발해 두어야만 한다.
I went to Canada to improve my language **skills**. 나는 언어 능력을 개발하기 위해 캐나다로 떠났다.

556
age
[eidʒ]

명 **나이. 시대**

🔊 에이지 > ⚙ **애 있지** > 🔑 "이 나이에 애(자식) 있지. 애 없으면 안 되지." "그래요? 요즘 시대는 혼자 사는 사람 많아요."

예 There is an **age** difference between me and my boyfriend. 나와 내 남자 친구 사이에는 나이 차가 있다.

557

but

[bʌt]

[접] 그러나 [전] ~을 제외하고 [부] 다만

🔊 벗 > ✪ 벗 > ➂ 벗은 서로 도움을 주고받을 수 있어서 좋다. 그러나 친하다고 함부로 대해서는 절대 안 된다.

📝 I love no one **but** you. 나는 당신만을 사랑해요.
Uh, thank you, **but** I don't love you...
아, 미안해요. 하지만 나는 당신을 사랑하지 않는걸요.

벗은 도움을 주고 받을 수 있어서 유익하다.
그러나 친하다고 함부로 대해서는 안 된다. ▶

558

southern

[sʌðərn]

[형] 남쪽의

🔊 서던 > ✪ 서든 > ➂ 따뜻한 남쪽의 위치에 서든 추운 북쪽의 위치에 서든 그것은 너의 자유다.

📝 Busan is the most famous city in the **southern** part of Korea. 부산은 한국 남부 지역에서 가장 유명한 도시이다.
Southern wind is warm. 남쪽에서 불어오는 바람은 따뜻하다.

559

tenth

[ténθ]

[형] 제 10의. 열 번째의 [명] 제10. 열 번째. 10분의 1

🔊 텐쓰 > ✪ 텐쓰 > ➂ 텐(ten)은 '10' 의 뜻이고 th는 '째' 의 뜻이야. 따라서 tenth는 '열 번째(의)' 의 뜻이다.

📝 The runner who finished **tenth** was ignored by everyone. 열 번째로 결승점에 들어온 주자에게는 아무도 주의를 기울이지 않았다.
The **tenth** of two hundred is twenty. 200의 10분의 1은 20이다.

560

popular

[pápjələr]

[형] 인기 있는. 대중적인

🔊 파퓨얼러 > ✪ 밥풀(밥알)+넣어 > ➂ 배 고파 고생하는 죄수들에게 면회 갈 때마다 창문틈으로 밥알을 넣어 주어서 그는 죄수들 사이에 인기가 높은 사람이다 . 왜 도시락이 아닌 밥풀이냐 하면 창틀이 좁아 들어갈 수 없기 때문이지.

📝 This girl group is **popular**. 이 걸그룹은 인기가 많다.
Cheerleaders are always **popular**. 치어리더들은 언제나 인기가 많다.

561

address
[ədrés]

명 주소. 연설 동 주소를 쓰다. 연설하다

🔊 어드레스 › ⚙ 어디랬어 › 😊 북한에서 온 동포의 주소가 어디랬어?

📝 Give me your **address**. 당신의 주소를 알려 주세요.
The presidential **address** is on TV. 대통령의 연설이 TV에서 방송중이다.

북한 동포에게 배달할 식량을 싣고 왔어요.
주소가 어디랬어요? ▶

562

past
[pæst]

형 지난. 과거의 명 과거

🔊 패스트 › ⚙ 페스트 › 😊 지난 시절에는 페스트가 흔한 질병이었다지만 모두 과거의 이야기야. 요즘은 거의 없어.

📝 I'm interested in **past** civilizations. 나는 고대 문명에 관심이 있다.
She worked really hard in the **past**. 그녀는 과거에 정말 열심히 일했다.

563

practice
[præktis]

명 연습. 실행 동 연습하다. 실행하다

🔊 프랙티스 › ⚙ 불에+데었어 › 😊 나는 서커스 단원이야. 불을 피워 놓고 뛰어넘는 묘기를 오래 연습했지. 연습할 때는 잘 되었는데 막상 관중들 앞에서 실행할 때 긴장을 했는지 뛰어넘다가 불에 데었어.

📝 I have to **practice** more. 나는 더 연습해야겠어.
He **practiced** medicine. 그는 의사 일을 한다.

DAY
24

564

continent
[kɑ́ntənənt]

명 대륙

🔊 칸터넌트 › ⚙ 간다 너도 › 😊 올 여름에 미국 대륙으로 여행을 간다. 너도 같이 가자.

📝 There are no more **continents** to discover. 더 이상 새로운 대륙은 없다.
Australia is not a proper **continent**. 호주는 엄밀히 말해서 대륙은 아니다.

나는 비행기 타고 여행 간다.
너도 같이 가자.

565
foreigner
[fɔ́:rənər]

명 외국인

🔊 포러너 > ✪ 퍼런 너 > 😀 앨리스! 나는 이제까지 사귀어 본 외국인 중에서 눈이 퍼런 너를 가장 좋아해.

📝 This restaurant is for **foreigner** use. 이 식당은 외국인을 위한 곳입니다.
Foreigners often cannot speak Korean. 외국인들은 때때로 한국어를 말하지 못한다.

| **Tip** | foreigner의 'g'는 묵음으로 발음하지 않는다.

566
touch
[tʌtʃ]

동 손 대다. 감동시키다. 닿다 명 닿음. 붓놀림. 기미

🔊 터치 > ✪ 터치 > 😀 화가 나면 '나를 터치하지 마' 라고 하지. 즉 '손 대지' 말라는 뜻이지. 남의 마음을 터치하면 어떻게 될까? 감동시키게 되겠지.

📝 Don't **touch** me. 내 몸에 손대지 마.

567
giant
[dʒáiənt]

명 거인 형 거대한

🔊 자이언트 > ✪ 자이언트 > 😀 롯데 자이언트 야구 선수들은 모두들 거대한 체구를 가지고 있더라.

📝 The big friendly **giant** lifted me onto his shoulder. 그 크고 상냥한 거인은 나를 자기 어깨 위에 올려 주었다.
The **giant** elephant crashed through the forest. 그 거대한 코끼리는 숲을 짓밟으며 지나갔다.

◀ 이대호 선수 못지 않은 거대한 체구를 가졌네.

568
fact
[fækt]

명 사실

🔊 팩트 > ✪ 팩 하고 틀어졌다 > 😀 지혜가 나를 보고 팩 하고 틀어져 달아나 버린다. 도대체 왜 그러는지 사실을 모르겠다.

📝 The **fact** is, I'm smarter than you. 사실을 말하면, 내가 너보다 머리가 좋지.
The so-called **facts** in this book are completely false. 이 책에 쓰여 있는 소위 말하는 진실이라는 것들은 모조리 거짓이다.

569
mankind
[mæ̀nkáind]

명 인간. 인류

🔊 맨카인드 > ⊕ 맨+카인드 > ➡ 맨(man)은 '사람'을, 카인드 (kind)는 '종류'를 말하지. 결국, mankind는 '인간', '인류' 의 뜻이군.

예 Scientists serve **mankind** by studying the laws of nature. 과학자들은 자연의 법칙을 연구함으로써 인류에게 봉사한다.

man은 인간, kind 는 종류의 뜻. 합쳐서 Mankind 는 인류의 뜻

570
site
[sait]

명 장소. 대지. 집터

🔊 사이트 > ⊕ 사이트 > ➡ 인터넷 사이트를 생각해 봐. 정보를 제공하기 위해 마련해 놓은 인터넷 상의 '장소'를 사이트라고 해. 장소는 '대지'나 '공간', 혹은 '터'를 말하지.

예 Choosing the right **site** for a store is important. 상점을 여는 데 알맞은 장소를 택하는 것이 중요하다.
There are many historical **sites** in Seoul. 서울에는 많은 역사적 장소들이 있다.

571
castle
[kǽsl]

명 성

🔊 캐슬 > ⊕ 개스를 > 가스를 > ➡ 적의 진지에 가스를 폭발시켜 성을 함락시켜 버렸다.

예 The **castle** is ancient. 그 성은 매우 오래되었다.

|Tip| castle의 't'는 묵음으로 발음하지 않는다.

성을 어떻게 함락시킬 수 있을까요? ▶

572
trick
[trik]

명 속임수. 묘기 동 속이다

🔊 트릭 > ⊕ 트리+ㄱ > ➡ 트리(나무) 위에서 ㄱ자 모양의 묘기 를 하는 것은 속임수에 불과했다.

예 Let me show you a magic **trick**. 마술 하나 보여 드리지요.
He **tricked** his parents into sending him more money than he needed. 그는 부모님께서 자기에게 필요한 양보다 더 많은 돈을 보 내도록 부모님을 속였다.

◀ 트리 위에서 속임수로 묘기를 했어요.

573

as
[æz]

부 ~만큼 전 ~로서

🔊 애즈 > ❂ 애주 > 애주가 > ☺ 애주가로서 고모부만큼 되는 사람은 못 보았다.

📋 I am not **as** pretty as you. 나는 당신만큼 아름답지 않아요.
As a teacher, he was great. 교사로서 그는 위대했다.

574

guess
[ges]

동 추측하다. 생각하다 명 추측

🔊 게스 > ❂ 가스 > ☺ 배 속에서 가스가 나온다고 해서 소화가 잘 된다고 추측하는(생각하는) 것은 옳지 않다. 왜냐하면 배탈이 났을 때도 가스가 나오기 때문이다.

📋 Let me **guess** your blood type. 너의 혈액형을 맞혀 보도록 하지.
I **guess** I have to try harder. 더 열심히 노력해야겠네.

575

cook
[kuk]

동 요리하다. 끓이다. 굽다

🔊 쿡 > ❂ 국 > ☺ "국을 끓이는 것을 무어라 하나요?" "'요리하다' 입니다." "딩동댕. 정답입니다."

📋 He **cooks** better than I do. 그는 나보다 요리를 잘한다.
The head **cook** of this hotel is from France. 이 호텔의 수석 주방장은 프랑스에서 왔다.

아버지는 우렁을 넣고 국을 끓여 요리한 우렁된장국을 제일 좋아하신다. ▶

576

dessert
[dizə́:rt]

명 디저트. 후식

🔊 디저트 > ❂ 뒈졌다 > ☺ 형이 밖으로 나가면서 농담을 한다. "내가 남겨 놓은 후식 훔쳐 먹으면 너 뒈졌다 잉."

📋 We ate **dessert** after a meal. 우리는 식사 후에 후식을 먹었다.
Coffee was served for **dessert**. 후식으로 커피가 나왔다.

577

pole
[poul]

명 **막대기. 기둥. 극. 극지방**

🔊 포울 > ❂ 폴대 > ☺ 야구장에서 폴대에 공이 맞아 홈런되었다는 말 있지. 그래 폴대는 '막대기, 기둥' 을 뜻하지.

예 The fishing **pole** broke. 낚싯대가 부러졌다.
Have you ever been to the north **pole**? 북극에 가 본 적이 있니?

◀ 1루 라인 끝부분과 3루 라인 끝에 폴(pole)대가 있는데 공이 이곳을 맞히면 홈런으로 간주되지.

578

envelope
[énvəlòup]

명 **봉투**

🔊 엔벌로우프 > ❂ 안쪽에 **발라 풀을** > ☺ 봉투는 안쪽에 풀을 발라 만들지.

예 He cut the **envelope** with a paper knife. 그는 봉투를 칼로 찢어 열었다.

> 안쪽에 풀을 발라서 봉투를 만듭니다.

579

map
[mæp]

명 **지도**

🔊 맵 > ❂ **맵고** > ☺ 맵고도 맛있는 고추장을 만든다는 청양군 고추장 공장을 쉽게 찾을 수 있었던 것은 지도 덕택이다.

예 He spread a **map** on the table. 그는 탁자 위에 지도를 펼쳤다.
The treasure **map** was eaten by fire ants. 보물지도는 불개미들에게 먹혀버렸다.

580

agree
[əgríː]

동 **동의하다**

🔊 어그리 > ❂ **어! 그려** > ☺ 충청도 지방에서 부자가 대화하는 말. "아부지, 지가 서울로 유학가도 되겠시유?" "어! 그려. 서울에서 공부 열심히 하면 동의한다니께."

예 I couldn't **agree** more. 당신의 말에 매우 강하게 동의합니다.
I do not **agree** with your statement. 당신의 진술에 동의하지 않아요.

581

pal
[pæl]

명 친구

🔊 팰 > ⊕ 팰 > ⊖ 흔히 펜팔한다고 말하는데, pen은 '펜', '글씨'의 뜻이고 pal은 '친구'의 뜻이다. 서로 얼굴을 보지 않고 편지를 통해서 사귀는 친구가 pen pal 친구다.

📝 He is my favorite **pal**. 그는 내 절친이다.
What's your plan, **pal**? 네 계획은 뭐냐? 친구여.

582

factory
[fǽktəri]

명 공장

🔊 팩터리 > ⊕ 팍 떨이 > ⊖ 경기 침체로 수익성이 악화되자 공장 여기저기에서 팍팍 떨이로 매물이 나오고 있다.

📝 The **factory** workers wore blue shirts. 공장 노동자들은 파란색 셔츠를 입었다.
The toy **factory** burned down in the fire. 그 장난감 공장은 불타 버렸다.

◀ 공장 직거래 물건 팍팍 떨이로 판매합니다.
어서들 오세요.

583

area
[ɛəriə]

명 지역. 범위

🔊 에어리어 > ⊕ 애가 어리어 > ⊖ 우리 애가 어리어 청소년 금지 구역에는 출입할 수 없단다.

📝 This entire **area** is off-limits to civilians. 이 지역 전체는 민간인 출입이 금지되어 있다.
The **area** around Chernobyl is still littered with nuclear waste. 체르노빌 주변의 지역들에는 아직도 핵폐기물이 흩어져 있다.

584

record
[rékərd]

명 기록. 이력. 성적. 음반 동 기록하다. 녹음하다

🔊 레커드 > ⊕ 레코드 > ⊖ 레코드는 적는 것을 뜻하므로 '기록, 이력, 성적'의 뜻임을 쉽게 짐작할 수 있어. 사진기에서 녹화할 때도 'record'라고 하지.

📝 Did you **record** my voice? 내 목소리를 녹음하셨나요?
I **recorded** history in my book. 나는 역사를 내 책에 기록했다.

585

basement
[béismənt]

몡 지하실. 지하층

🔊 베이스먼트 › ⊕ 베어 있어 먼(동이) 트(는) › ⊙ 지하실에 항상 어둠이 배어 있어 먼동이 트는지도 모르겠구나.

📝 The parking garage is usually in the **basement** level of buildings. 주차장은 보통 건물의 지하실에 위치하고 있다.
We can go down to the **basement** level using this elevator. 우리는 이 엘리베이터로 지하실까지 내려갈 수 있다.

586

bridge
[bridʒ]

몡 다리

🔊 브리지 › ⊕ 브러지지 › ⊙ 한강 다리는 워낙 튼튼하게 건설해서 웬만한 폭격으로는 부러지지 않는다.

📝 The London **bridge** is falling down. 런던 다리가 무너지고 있다.
It's all water under the **bridge**. 다 지난 일이야.

폭탄을 맞아도 부러지지 않고 끄떡없겠구나. ▶

587

bat
[bæt]

몡 야구 방망이. 박쥐

🔊 배트 › ⊕ 배트 › ⊙ 배트(야구방망이)를 들고 있는 이승엽 선수 모습을 텔레비전에서 많이 봤지? 그런데 박쥐들도 밤에 야구 배트를 휘두른다나. 믿거나 말거나.

📝 He threw his **bat** and began to run, shouting joyfully. 그는 그의 방망이를 내던지고, 기쁨의 함성을 지르며 달리기 시작했다.
The **bat** flew away. 박쥐는 달아났다.

588

wild
[waild]

혱 야생의. 황폐한. 야만적인

🔊 와일드 › ⊕ 와! 이리도 › ⊙ (자신의 처지를 한탄하며) 와! 이리도 거친 야생의 땅에, 황폐하고 야만적인 벌판에 나 홀로 내버려 둔단 말인가?

📝 **Wild** animals cannot be trained. 야생 동물들은 조련될 수 없다.

589
error
[érər]

명 **실수. 잘못. 오류**

🔊 애러 › ⚙ 애로 › ⊙ 실수로 잘못을 자주 저지르는 사람은 살아가는 데 애로가 많아.

💬 I made an **error** in judgment. 나는 판단에서 오류를 범했다.
Errors in the program drive my friend crazy. 프로그램에서의 오류는 내 친구를 미치게 만든다.

실수가 많은 사람이
살아가는 데 애로가 많아.
그래 맞는 말이지.

590
choose
[tʃuːz]

동 **선택하다. 고르다. 선거하다**

🔊 추즈 › ⚙ 치즈 › ⊙ 추석 선물로 치즈를 선택하였다.

💬 I no longer have a girlfriend because I **chose** princess Leia. 레아 공주를 선택한 내게는 이제 여자 친구가 없다.
I do not regret that I **chose** her. 나는 그녀를 선택한 것을 후회하지 않는다.

591
stage
[steidʒ]

명 **무대. 단계. 시기**

🔊 스테이지 › ⚙ 서태지 › ⊙ 서태지의 무대 공연을 보고 나는 "이 시기의 진정한 스타지." 하는 느낌을 받았어.

💬 My dream is to sing a song on a **stage** before hundreds of people. 나의 꿈은 무대 위에서 수많은 사람들 앞에서 노래를 부르는 것이다.
The **stage** was decorated with luxurious items. 무대는 호화스런 것들로 치장되어 있었다.

592
coin
[kɔin]

명 **동전. 주화**

🔊 코인 › ⚙ 고인 › ⊙ 구리와 주석의 합금 용액이 고인 쇠틀에서 동전이 만들어지고 있었다.

💬 This golden **coin** is from Persia. 이 금화는 페르시아에서 왔다.
Continue? Place a **coin** in the slot. 계속하시겠습니까? 그러려면 슬롯에 동전을 넣으세요.

593
machine
[məʃíːn]

명 기계

🔊 머신 > ✿ 멋있는 > ☺ 자! 자세히 관찰해 보라고. 내 기계가 네 기계보다 멋있는 기계야.

📢 Man is but a thinking **machine**. 사람은 다만 생각하는 기계일 뿐이다.
He invented a new type of **machine**. 그는 새로운 기계를 발명했다.

594
theater
[θíːətər]

명 극장

🔊 씨어터 > ✿ 쉬었다 (보자) > ☺ 아롱이는 다롱이와 함께 극장에 갔다. 아롱이는 영화가 2회나 끝났는데도 계속 더 보자고 치근대고 있다. 그야말로 영화광이다. 다롱이가 지쳐서 쉬었다 보자고 말했다. 둘은 극장 밖 소파에 나와 앉았다.

📢 I have two tickets for the **theater**. 나는 극장표를 두 장 가지고 있다.
This movie **theater** is closed for the weekend. 그 영화관은 주말에는 닫는다.

595
forest
[fɔ́ːrist]

명 숲

🔊 포리스트 > ✿ 풀이 섰다 > ☺ 수많은 풀이 서 있다. 그곳이 어디일까? 숲이다.

📢 The **forest** is full of pine trees. 숲은 소나무로 가득하다.
Forests are full of mosquitoes, too.
숲에는 역시 모기로 가득하다.

야. 수많은 갈대 풀이 서 있구나.
갈대 숲이다. ▶

596
atom
[ǽtəm]

명 원자

🔊 애텀 > ✿ 애텀 > ☺ 애텀은 그리스 어 '더 이상 나눌 수 없는 것' 이란 뜻이다. 여기에서 유래하여 atom을 '원자' 라고 한다.

📢 Hydrogen **atom** is composed of a proton and an electron.
수소 원자는 1개의 양성자와 1개의 전자로 이루어져 있다.

| **Tip** | proton은 '양성자', electron은 '전자' 의 뜻으로 쓰인다.

DAY
25

597

safe
[seif]

형 안전한. 무사한 명 금고

🔊 세이프 > ✪ 새 이뻐(예뻐) > ➋ 어제 산에서 잡아 온 새가 너무 이뻐. 집에 가져오니 동생이 자꾸 달라고 떼를 쓰네. 그래서 감추려고 안전한 금고에 넣어 놨지. 그랬더니 다음날 아침에도 새는 무사하게 잘 살아 있더라고.

예 You are **safe** here, so don't worry. 너는 여기에서 안전하니 걱정하지 마.
Many people in the world cannot live in a **safe** environment. 세계의 많은 사람들은 안전한 환경에서 살지 못하고 있다.

598

climate
[kláimit]

명 기후. 풍토

🔊 클라이밋 > ✪ 클라(큰일 나)+이미 > ➋ 가족이 남극으로 해외여행을 갔다. 아들은 평소의 습관대로 산 꼭대기에서 행글라이더를 타려고 했다. 그때 아버지가 말렸다. "이곳은 제트 기류가 빠르게 이동하는 기후 풍토가 있어 비행하면 큰일 나 이미 여러 명이 사고를 당했어."

예 The **climate** of California is pleasant. 캘리포니아의 기후는 사람을 즐겁게 한다.

599

business
[bíznis]

명 사업. 일

🔊 비즈니스 > ✪ 비잔 있어? > ➋ 외국에 가서 사업(일)을 하려면 필요한 게 비자야. 너 비자는 있어?

예 It's none of your **business**. 당신이 신경 쓸 일이 아닙니다.
I took over my father's **business**. 나는 아버지의 사업을 이어받았다.

> 외국 가서 사업한다면서. 비자는 있어?

600

wise
[waiz]

형 현명한. 영리한

🔊 와이즈 > ✪ 와 이(리) 좋(아) > ➋ 할머니는 현명하고 영리한 며느리를 얻게 되었다면서 "와 이리 좋아! 와 이리 좋아!"를 연방 외치신다.

예 For even the **wise** cannot see all ends. 현명한 사람들도 만사의 결말을 알 수는 없는 법. (반지의 제왕 중)
It is **wise** not to bite the hand that feeds you. 당신에게 먹이를 주는 사람의 손을 물어뜯는 것은 현명한 선택이 아니다.

◀ 현명한 며느리를 얻으니 와 이리 좋아.

601
national
[nǽʃənəl]

형 국민의. 국가의

◀) 내셔널 > ✪ 내(내) 서늘 > ⊙ 우리 국가의 기후는 내내 서늘하고 날씨가 좋습니다. 국민의 대부분이 이런 날씨를 아주 좋아합니다.

예 We don't have to go to school because today is a **national** holiday! 오늘은 공휴일이라 학교 안 가도 돼!
The **national** anthem rang out. 애국가가 울려 퍼졌다.

602
continue
[kəntínjuː]

동 계속하다(되다)

◀) 컨티뉴 > ✪ 컨티뉴 > ⊙ 컨티뉴를 계속해서 소리내 보면 '누구건데' 라고 들린다. 거 참 신기하네.

예 Do you think it is wise to **continue** our relationship? 우리의 관계를 지속하는 것이 현명한 일일까?
I **continued** to be angry at him for his rudeness. 나는 그의 무례함에 계속 화가 나 있었다.

603
bright
[brait]

형 밝은. 빛나는. 영리한

◀) 브라이트 > ✪ 라이트브 > 라이트불 > ⊙ 라이트불은 밤에 참 밝고 빛나는데, 이것을 발명한 사람은 매우 매우 영리한 사람일 거야.

예 The sun is **bright**. 태양이 밝다.
I cannot help but smile when I look into your **bright** eyes. 내가 당신의 빛나는 눈을 바라볼 때마다 미소지을 수밖에 없어요.

604
sense
[sens]

명 감각. 느낌. 의식. 분별 동 느끼다

◀) 센스 > ✪ 센스 > ⊙ "재광아. 센스 있는 사람이 감각 있는 사람이 아닐까." "나도 그런 느낌이 들어."

예 People have five **senses**. 사람에게는 다섯 가지 감각이 있다.
Can you **sense** it? 그것을 느낄 수 있겠니?

센스 있는 사람은 지갑 하나를
골라도 감각이 있어.

161

605

set
[set]

통 **놓다. 맞추다. 정하다**

🔊 세트 > ⚙ 세트(장) > 💡 방송의 사극 등을 촬영하기 위해 특별히 만들어 '놓은' 시설을 '세트장' 이라 해요. 세트장에서는 도구를 '맞추고', 배역을 '정하는' 일이 신속하게 이루어져요.

📝 **Set** a goal before you start. 시작하기 전에 목표를 설정하라.
I **set** down my pen. 나는 펜을 내려놓았다.

606

capital
[kǽpitl]

명 **수도. 자본. 대문자** 형 **주요한**

🔊 캐피틀 > ⚙ 도깨비털 > 💡 어젯밤 공상적인 꿈을 꾸었지. 우주 공간에 있는 도깨비 나라의 수도에 갔는데 도깨비털은 이 나라의 주요한 자본이라고 하더라. 도깨비들은 머리에 대문자로 capital(도깨비털)이라고 쓰고 다녔는데 아직도 눈에 선해.

📝 The **capital** of South Korea is Seoul. 남한의 수도는 서울이다.

607

suburb
[sʌ́bəːrb]

명 **교외. 변두리**

🔊 서버브 > ⚙ 서(울) 버(스) 보(다) > 💡 서울에서 버스를 타고 교외로 나가 멋진 경치를 보았다.

📝 Svay Rien is the **suburb** of Phnom Penh, the capital of Cambodia. 스와이리엔은 캄보디아 수도 프놈펜의 교외에 있다.
Some people prefer to live in **suburbs**. 몇몇 사람들은 교외 지역에 살기를 선호한다.

◀ 버스를 타고 교외에 나가니 이런 멋진 곳이 있네.

608

amateur
[ǽmətʃùər]

명 **아마추어. 비전문가. 애호가**

🔊 애머추어 > ⚙ 아마추어 > 💡 아마추어 연극처럼 어떤 일을 직업적으로 하지 않고 취미나 기호로 하는 '비전문가, 애호가'를 말한다.

📝 I am an **amateur** painter. 나는 아마추어 화가이다.
Professional marathon runners are faster than **amateur** marathon runners. 프로 마라톤 선수들은 아마추어 선수들보다 빨리 달린다.

609
feather
[féðər]

명 깃털

🔊 페더 > ⊕ 패더(라) > ⊖ 친한 친구를 한번 패보라고 시험하니, 너무도 귀엽고 사랑스러운 나머지 깃털로 살살 간질이면서 패더라.

📝 Blankets stuffed with goose **feathers** are warm and soft. 거위 깃털로 채운 담요는 부드럽고 따뜻하다.

610
nation
[néiʃən]

명 나라. 국가. 국민

🔊 네이션 > ⊕ (카)네이션 > ⊖ 5월 둘째 일요일, 어머니에게 붉은 카네이션을 달아 주거나 어머니가 안 계실 때는 자신이 흰 카네이션을 달고 어머니의 은혜에 감사하는 마음을 가졌다. 어머니날의 유래에 대한 설명이다. 이런 유래가 있었던 나라(국가)는 미국이다.

📝 Patriotism is your conviction that this **nation** is superior to all other **nations** because you were born in it. 애국주의는 이 나라에서 당신이 태어났다는 이유로 다른 모든 나라들보다 더 우월하다고 믿는 당신의 믿음이다.(조지 버나드 쇼)

611
settle
[sétl]

동 자리잡다. 정착하다. 해결하다

🔊 세틀 > ⊕ 새들 > ⊖ 새들(철새)이 한 마리 두 마리 집 근처 억새밭에 자리잡기 시작하더니 몇 달 사이에 완전히 정착하여 살게 되었다. 새들의 먹이 문제가 해결되어야 여기서 계속 살 것이다.

📝 Everything is pretty much **settled**. 모든 것이 어느 정도 정착이 되었다.

◀ 새들이 정착하여 살게 되었어요.

612
throat
[θrout]

명 목구멍. 목

🔊 쓰로우트 > ⊕ 슬었다 > ⊖ 오래 굶었더니 목구멍(목)에 녹이 슬었다. 실제로 목구멍에 녹이 스는 것일까?

📝 He grabbed the man by his **throat**. 그는 그 남자의 목을 움켜잡았다.
Her bare white **throat** was lovely. 그녀의 하얗게 드러난 목은 아름다웠다.

'목구멍에 녹이 슬었다' 는 비유적인 표현이야.

613

forward
[fɔ́ːrwərd]

부 앞쪽에. 앞으로 동 전달하다

🔊 포워드 > ✿ 퍼 와도 > 😊 집에서 쌀을 몰래 퍼 와도 집 앞으로 당당하게 걸어 나와라. 집 뒤로 은밀하게 나오면 도둑으로 오인될 수가 있다.

📝 The baby walked **forward**. 아기가 앞으로 걸어갔다.
Forward this email. 이 이메일을 전달해 주세요.

> 자기 집에 있는 곡식을 퍼와도 어른께 말씀을 드리고 떳떳하게 앞으로 퍼와라. 몰래 뒤로 퍼오면 의심을 받게 된다.

614

valley
[vǽli]

명 골짜기. 계곡

🔊 밸리 > ✿ 빨리 > 😊 우리는 계곡으로 놀러갔다. 그런데 갑작스런 폭우로 계곡에 물이 불자 계곡에서 빨리 나오라는 안내방송이 나왔다.

📝 I took a picture of that beautiful **valley**. 나는 이 아름다운 계곡의 모습을 사진에 담았다.

◀ 계곡에 물이 불어요. 빨리 나오세요.

615

pass
[pæs]

동 합격하다. 건네주다. 지나가다 명 합격. 통과

🔊 패스 > ✿ 패스 > 😊 시험에 '패스하다'는 '합격하다'의 뜻, 공을 '패스하다'는 '건네주다'의 뜻이야.

📝 Please let us **pass** through. 그냥 지나가게 해주세요.
He **passed** me the salt. 그는 내게 소금을 건네주었다.

616

pick
[pik]

동 고르다. (꽃, 과일 등을) 꺾다

🔊 픽 > ✿ 픽 > 😊 씨름 경기에서 약한 선수를 골라 허리를 꺾으니 픽 쓰러졌다.

📝 **Pick** a card. 카드를 선택해.
I **picked** flowers in the pond. 나는 연못에서 꽃을 꺾었다.

617

battle

[bǽtl]

몡 전투 통 싸우다

🔊 배틀 > ✪ 비틀(거리다) > 🙂 두 나라는 힘이 다해 비틀거릴 때까지 계속 전투를 벌이며 싸웠다.

📝 That **battle** went on for 3 days. 그 전투는 3일이 넘도록 지속되었다.
The **Battle** of Britain was the most famous battle during the World War II. 영국 전투는 2차 세계대전 중 가장 유명한 전투였다.

618

divide

[diváid]

통 나누다. 쪼개다

🔊 디바이드 > ✪ 저 바위도 > 🙂 저 바위도 손으로 쳐서 둘로 나눌 수 있는 장사가 여기 있습니다.

📝 Let us **divide** the treasure evenly. 보물을 공평하게 나눕시다.
The knife **divided** the cake in half.
그 칼로 케이크를 절반으로 나누었다.

그럼 저 바위도 그 장사가 둘로 나눌 수 있을까요? ▶

619

dangerous

[déindʒərəs]

혱 위험한

🔊 데인저러스 > ✪ 데인(곳) 저렇소 > 🙂 데인 곳이 저렇소. 아, 안타깝게도 매우 위험하게 헐었군요.

📝 Lions are **dangerous** because they have big appetites. 사자들은 그 큰 식성 때문에 위험하다.
It is **dangerous** to play near construction sites. 건설 현장 주변에서 노는 것은 위험하다.

620

exactly

[igzǽktli]

툄 정확히. 꼭

🔊 이그잭틀리 > ✪ 이그! 재 틀니 > 🙂 이그 저애의 틀니가 빠져 꼴사납다. 정확히 맞추어라.

📝 Do **exactly** as I tell you. 내가 말한 그대로 하도록 해.
His height is **exactly** 169. 9 centimeters. 그의 키는 정확이 169. 9센티미터이다.

621
rope
[roup]

몡 새끼. 밧줄

🔊 로우프 > ✪ 로프 > 😊 얘들아, 우리 전에 극기훈련 가 본 적 있지. 그때 로프에 매달려 경사 길을 올라가는 훈련도 했었잖아. 이 '로프' 라는 게 바로 '밧줄' 이었지.

🗨 Here, hold this **rope**. 여기, 이 밧줄을 잡아.
There is no **rope** to climb up the mountain. 산을 타고 오를 밧줄이 없다.

> 경사가 진 산을 오를 때는 밧줄이 요긴해요.

622
gate
[geit]

몡 문. 출입구

🔊 게이트 > ✪ 개 있다 > 😊 문 입구(출입구)에 개가 있다. 그래서 들어가기가 두렵구나.

🗨 The **gate** that leads to heaven is narrow. 천국으로 가는 문은 좁다.
The **gate** of Gondor is sealed. 곤도르의 성문은 닫혀 있다.

◀ 입구에 개는 없으니 안심하고 들어오세요.
입장료도 없습니다.

623
sale
[seil]

몡 판매. 염가 판매

🔊 세일 > ✪ 세일 > 😊 학교 가는 길에 물건을 잔뜩 쌓아 놓고 '바겐세일(bargain sale)' 하는 것을 보았지. '바겐(bargain)' 은 '싼 물건, 특가품' 의 뜻이고 세일(sale)은 '판매' 의 뜻이야.

🗨 The stores are having a huge **sale** on Black Friday. 블랙 프라이데이에는 상점들이 엄청난 세일을 한다.
She profited from the **sale** of her stamp collection. 그녀는 우표를 수집한 것을 판매해서 소득을 얻었다.

624
pressure
[préʃər]

몡 압박. 압력. 기압

🔊 프레슈어 > ✪ 뿌러지어 > 😊 나무 판지를 힘껏 아래로 압박(누름)했더니 뿌러지었다.

🗨 I feel **pressure** because of the exam. 시험 때문에 압박감을 느낀다.
The nurse gently applied **pressure** to the wound. 간호사는 가볍게 상처를 압박했다.

625

puzzle
[pʌ́zl]

뗑 퍼즐 뙝 당황하게 하다

⟪›⟫ 퍼즐 › ✿ 퍼즐 › ◉ 전국 퍼즐 경시대회 문제가 너무 어려워서 나를 당황하게 만들었다.

뗴 I cannot solve this **puzzle**. 나는 이 퍼즐을 풀 수 없다.
I like crossword **puzzles**. 나는 크로스워드 퍼즐을 좋아한다.

626

neighbor
[néibər]

뗑 이웃. 이웃 사람

⟪›⟫ 네이버 › ✿ 네 입어 › ◉ 이웃 간에는 서로 싸우지 말고 설령 옷이 하나만 있어도 '네 입어' 하며 사이좋게 지내야 한다. 알았지?

뗴 She is my **neighbor** Linda. 그녀는 내 이웃 린다예요.
Japan is a **neighbor** nation of Korea. 일본은 한국의 이웃나라이다.

627

shower
[ʃáuər]

뗑 샤워. 소나기

⟪›⟫ 샤우워 › ✿ 샤워 › ◉ "여러분, 샤워 안 해 본 사람 없을 테지요. 샤워할 때 물이 어떻게 나오나요?" "예. 소나기처럼 콸콸 흐릅니다."

뗴 I feel like taking a **shower**. 샤워하고 싶은 기분이 든다.
You can sleep well after taking a warm **shower**. 따뜻한 물로 샤워를 하고 나면 잠이 잘 들 수 있다.

628

supper
[sʌ́pər]

뗑 저녁밥

⟪›⟫ 서퍼 › ✿ (어)서 퍼 (먹어) › ◉ 하루 종일 굶었다니 얼마나 배고프겠니? 저녁밥을 어서 퍼 먹어라.

뗴 What's for **supper**? 저녁 메뉴는 뭐예요?
I'll do homework after the **supper**. 저녁을 먹고 난 후에 숙제할 거야.

◀ 많이 배고팠지? 저녁밥은 먹고 싶은 것 맘껏 선택해서 어서 퍼 먹어라.

629
guest
[gest]

명 손님

🔊 게스트 > ✪ 가셨다 > ☺ 손님이 아까 가셨다.

📖 You are a **guest** in my house, please make yourself comfortable. 당신은 내 집의 손님이니, 편안하게 계세요.
Death is the unwelcome **guest** that knocks at every door. 죽음은 모든 문을 두드리는 초대받지 않은 손님이다.

손님이 아까 가셨다 고요? 진작 말씀해 주시지

630
slow
[slou]

형 느린

🔊 슬로우 > ✪ 술로 > ☺ 술로 하루 일과를 보내는 주정뱅이는 행동이 매우 느리다.

📖 This is too **slow**, don't you think? 이것은 너무 느리다고 생각하지 않니?
Some animals are very **slow**. 몇몇 동물들은 아주 느리다.

631
children
[tʃíldrən]

명 아이들

🔊 칠드런 > ✪ 칠 더러운 > ☺ 아이들이 얼굴에 진흙 칠하여 더러운 모습을 하고 있다. 그래도 참 순박하고 천진난만한 아이들이다.

📖 **Children** are cute! 아이들이 귀여워요!
Children should be protected and loved. 아이들은 보호와 사랑을 받아야만 한다.

◀ 아가야, 더러운 진흙 칠을 하더라도 즐겁게 놀아라.

632
export
[ikspɔ́:rt]

명 수출. 수출품 동 수출하다

🔊 엑스포트 > ✪ 엑스퍼트 > ☺ 엑스(ex)는 '밖으로'의 뜻. 포트(port)는 '항구'의 뜻. 항구 밖으로 물건을 파는 것이니 '수출(하다)'의 뜻.

📖 North Korea **exports** bicycles. 북한은 자전거를 수출한다.
USA is one of the chief **exporters** of grain. 미국은 세계 제일의 곡물 수출국 중 하나이다.

633
fault
[fɔ:lt]

명 결점. 잘못 동 책망하다

🔊 폴트 > ✪ 펄떡 > ➋ 잘못과 결점을 지적해 주자 펄떡 뛰며 책망하는 친구가 있다.

예 It's not your **fault**. 그것은 너의 잘못이 아냐.
I cannot **fault** you for something you have not done. 네가 하지 않은 일 때문에 너를 책망할 수는 없구나.

634
grass
[græs]

명 풀. 잔디

🔊 그래스 > ✪ 그랬어? > ➋ 재광 : "잔디(풀)에 누워서 너와 함께 거니는 생각을 했어." 순옥 : "그랬어? 내가 자세히 관찰해 보니 코를 골며 자던데?"

예 Rabbits eat **grass**. 토끼는 잔디를 먹는다.

"잔디 위에 누워서 네 생각을 했어."
"그랬어? 거짓말" ▶

635
garage
[gərá:ʒ]

명 차고

🔊 거라즈 > ✪ 걸레 줘 > ➋ "너 무엇을 찾고 있지?" "차고에서 청소를 하려고 하는데 걸레 좀 줘."

예 Mazinga Z sleeps in my **garage**. 마징가 Z가 내 차고에서 잠자고 있다.
The **garage** exploded. 차고가 폭발했다.

저는 걸레 주면 주차장에서
청소를 하겠어요. ▶

636
jewel
[dʒú:əl]

명 보석 동 보석이 박히다

🔊 주얼 > ✪ 주얼리 > ➋ 가수 주얼리 알지? 보석처럼 아름다운 누나들 말이야.

예 I fixed my eyes on a **jewel**. 나는 보석에 눈이 멈추었다.
The huge ruby shone in the middle of the **jeweled** crown. 그 커다란 루비는 보석이 박힌 왕관 가운데서 반짝였다.

◀ 가수 주얼리는 여기 있는 보석들보다 훨씬 밝고 환하게 빛나던데.

637
knife
[naif]

명 칼

- 🔊 나이프 > ⚙ 나 이뻐 > ⏱ 칼이 주인에게 물었습니다. "나 이뻐(예뻐)?" "음. 좋은 곳에 쓰면…"
- 📝 He spread butter on his bread with a butter **knife**. 그는 버터 나이프로 버터를 빵 위에 펴서 발랐다.
  He used a **knife** to cut the birthday cake. 그는 생일 케이크를 칼로 잘랐다.

638
lantern
[lǽntərn]

명 랜턴. 등불. 초롱불

- 🔊 랜턴 > ⚙ 랜턴 > ⏱ 밤에 어둠을 밝혀 주는 손전등이 랜턴(lantern)이야.
- 📝 The magical **lantern** flared up when monsters approached. 그 마법의 등불은 괴물이 다가오자 밝혀졌다.
  The **lantern** burned out, and darkness fell in the room. 등불은 다 타서 꺼졌고, 어둠이 방 안을 채웠다.

◀ 랜턴도 밝지만 이 고추 가로등이 훨씬 밝아요.

639
lion
[láiən]

명 사자

- 🔊 라이언 > ⚙ 라이언 > ⏱ "프로야구 삼성 라이언즈(lions)를 알고 있지?" "'라이언'이라는 글자 밑에 뭐가 그려 있지?" "'사자'입니다."
- 📝 The **lion** is the king of the animals. 사자는 동물의 왕이다.
  Aslan is a holy **lion**. 아슬란은 성스러운 사자이다.

640
secret
[síːkrit]

명 비밀 **형** 비밀의

- 🔊 시크리트 > ⚙ 씨 큰났다 > ⏱ 네가 우리 비밀을 누설해 버렸다면서? 씨! 큰일났다.
- 📝 This is a **secret**, so don't tell it to anybody. 이건 비밀이니까 아무한테도 말하지 마.
  Will you keep it a **secret**? 비밀로 지켜 줄래?

큰일 났다. 비밀을 누설해 버렸다니.

641

gentleman
[dʒéntlmən]

명 신사. 양반

🔊 젠틀먼 > ✪ 쟨(재는)+틀(틀림없는)+맨(사람) > 💬 재는 틀림 없는 사람이야. 즉 '신사' 라는 말씀.

예 Bluebeard was a **gentleman**. '푸른 수염' 씨는 신사였다.
Ladies and **gentlemen**, we have a winner! 신사 숙녀 여러분, 여기 오늘의 승자 가 있습니다!

저 사람은 어떤 일이라도 틀림없이 잘 해낼 거야. ▶

642

sensitive
[sénsətiv]

형 예민한. 민감한

🔊 센서티브 > ✪ 센서 티브이 > 💬 센서를 티브이 위에 달아 놓 았더니 매우 예민하게 반응하네. 안테나가 바람에 흔들려 전 파가 안 잡힐 때 재빨리 전파를 잡아 주거든.

예 My skin is quite **sensitive**. 내 피부는 꽤 민감하다.
She is a **sensitive** person. 그녀는 예민한 사람이다.

643

hurt
[həːrt]

동 다치다. 다치게 하다. 아프다. 아프게 하다

🔊 허트 > ✪ 허리를 틀어 > 💬 운동한다고 허리를 틀다가 심하게 다쳤다.

예 She was **hurt** when the boy started shouting at her. 그녀는 그 소년이 자기를 향해 소리치기 시작했을 때 (마음에) 상처받았다.
The pigeon was **hurt**. 그 비둘기는 다쳤다.

644

angle
[ǽŋgl]

명 각도. 모서리. 관점 동 비스듬히 움직이다

🔊 앵글 > ✪ 앵? 글렀다 > 💬 당구치다가 각도가 앵? 글렀다. 안 맞아 빗겨 나갔네.

예 The corner of triangle is a 60 degree **angle**. 삼각형의 모서리 는 각도가 60도이다.
He tried to look at the problem from her **angle**. 그는 그녀의 관점으로 문제를 바라보려고 노력했다.

645
anyone
[éniwʌ́n]

대 **누군가. 누구**

🔊 에니원 > ✪ 애니 원 > 😀 요즘은 세상이 자유분방하여 누구 나(아무나) 애가 되니 나 원 참.

예 Is there **anyone** who cares for my well-being? 나의 건강한 삶에 대해서 관심을 가지는 사람이 없나요?
Does **anyone** want another cup of coffee? 커피 한 잔 더 하실 분 없습니까?

646
bush
[buʃ]

명 **숲. 수풀**

🔊 부시 > ✪ 부시맨 > 😀 부시맨은 숲에서 활동하지. 서남아프리카 칼라하리 사막에 사는데 사막의 수풀 지역에 산다고 하여 부시맨(bush man)이라는 이름이 붙었어.

예 The boy hid behind the **bush**. 그 소년은 수풀 속에 숨었다.

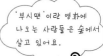

'부시맨'이란 영화에 나오는 사람들은 숲에서 살고 있어요.

647
captain
[kǽptin]

명 **선장. 반장. 우두머리. 주장**

🔊 캡틴 > ✪ 캡(모자)+틴(튀는) > 😀 여러 사람들이 모여 있는데 모자가 튀는(눈에 띄는) 사람이 누구지? 그 사람이 바로 배에서는 선장이요, 일터에서는 반장이요, 단체에서는 우두머리요, 야구 선수로는 주장이 아니겠어?

예 **Captain** O my **Captain** 선장님, 오 나의 선장님.
In Notre Dame de Paris, Pheobus was the **captain** of the guard. '노트르담 드 파리'에서, 피부스는 경비대 대장이다.

648
ninety
[náinti]

명 **90** 형 **90의**

🔊 나인티 > ✪ 나인티 > 😀 nine+ty에서 나인은 '9'의 뜻, ty는 '10의 배수'의 뜻이니 합치면 '90', '90의'라는 뜻이야.

예 My grandfather is **ninety** years old. 우리 할아버지의 연세가 90세이시다.

649

lawyer
[lɔ́:jər]

몡 변호사. 법률가

🔊 로여 > ✪ (별)로야 > 🌀 "그 변호사 말솜씨가 별로야." "그래? 내가 어제 만난 법률가도 별로던데."

㉾ My cousin is a **lawyer** in a big law firm. 내 사촌은 큰 법률회사에 다니는 변호사이다.
John Grisham used to be a **lawyer**. 존 그리샴은 변호사였다.

 그 변호사 말솜씨는 별로야. 그렇지만 많은 사람들에게 실력을 인정받고 있단다.

650

stripe
[straip]

몡 줄무늬

🔊 스트라이프 > ✪ 스트라 이쁘(다) > 🌀 엑스트라로 나온 배우 스트라 씨의 줄무늬 옷이 이쁘(예쁘)다.

㉾ Horses do not have white and black **stripes**. 말은 흰색과 검은색 줄무늬가 나 있지 않다.
I love t-shirts with **stripes**. 나는 줄무늬가 난 티셔츠가 좋다.

 스트라 씨의 옷의 줄무늬뿐만 아니라 얼굴도 이쁘군요(예쁘군요).

651

spell
[spel]

동 (단어를) 철자하다

🔊 스펠 > ✪ 스펠 > 🌀 '스펠'을 철자하면 에스피이엘엘(spell)이 된다.

㉾ You **spelled** the word wrong. 이 단어 철자를 잘못 썼어.
How do you **spell** that word? 그 단어는 철자를 어떻게 쓰나요?

652

branch
[brænʧ]

몡 나뭇가지. 지점. 갈래

🔊 브랜치 > ✪ 불었지 > 🌀 바람이 불었지. 그래서 나뭇가지가 부러졌지. 나무 밑동을 본점이라고 하면 나뭇가지는 지점이라고 비유할 수가 있겠지.

㉾ He cut off the **branch** with a saw. 그는 가지를 톱으로 잘랐다.
Chemistry is a **branch** of science. 화학은 과학의 한 갈래이다.

653

concert
[kánsəːrt]

명 음악회. 연주회

🔊 칸서트 > ⊕ 콘서트 > 🖊 '피아노 콘서트'에 가 보았지? '피아노 음악회'란 뜻이니까 콘서트는 '음악회'란 말이군.

📝 I have two **concert** tickets. Care to join me? 연주회 표 두 장이 생겼는데, 나와 함께 가겠니?
He waited three hours in line to get into a rock **concert**. 그는 록 음악 공연회에 들어가기 위해 줄을 서서 3시간을 기다렸다.

◀ 정서 순화에 도움이 되는 음악회에 자주 가 보고 싶어요.

654

China
[tʃáinə]

명 중국

🔊 차이너 > ⊕ 짜이나 > 짜(장면)이나 > 🖊 군 입대 중 휴가 온 삼촌은 중국에서 유래한 짜장면이나 실컷 먹고 싶단다.

📝 The Republic of **China** is very powerful. 중국은 매우 강력한 국가이다.
Red is the national color of **China**. 붉은색은 중국을 상징하는 색이다.

655

center
[séntər]

명 중심. 중앙. 핵심

🔊 센터 > ⊕ 센터 > 🖊 '원을 그리는 중심점'이란 말에서 '중심', '가운데'의 뜻으로 쓰인다.

📝 The **center** for orphans is open twenty-four hours a day. 고아원은 24시간 열려 있다.
This fitness **center** is always empty. 이 체육관은 언제나 비어 있다.

656

plant
[plænt]

명 식물. 초목. 설비. 공장 동 심다

🔊 플랜트 > ⊕ 풀+랜트(랜턴) > 🖊 풀은 '식물', '초목'이고, 랜턴은 손전등인데 손전등은 '설비'를 갖춘 '공장'에서 만든다.

📝 He planned to construct another **plant**. 그는 또 다른 공장을 건설할 계획이다.
We are going to **plant** trees. 우리는 나무를 심을 생각이다.

657

cloudy
[kláudi]

◀ 구름 긴 날이 오래 지속되면 큰일 나요.

형 **구름이 낀**

🔊 클라우디 > ⚙ 클+라오지 > 큰일 나오지 (않으면) > 😟 구름이 끼어 가려진 해가 나오지 않으면 큰일나지. 햇볕을 받지 못하면 농작물이 자라지 못하고 사람들도 추위에 벌벌 떨 테니까.

예 Tonight we cannot see the stars because the sky is **cloudy**. 오늘 밤은 하늘에 구름이 끼어서 별을 볼 수 없다.
The newscaster said that it will be **cloudy** tomorrow. 뉴스캐스터는 내일은 구름이 낄 것이라고 말했다.

658

quiet
[kwáiət]

형 **조용한. 말이 없는**

🔊 콰이어트 > ⚙ 꽝이어 또? > 😟 아저씨는 로또에서 1등에 당첨되면 한턱 내기로 했는데 이번에도 또 꽝이란다. 이젠 떠벌리지 않고 조용한 자세로 살아야겠단다.

예 I want to live in a **quiet** place. 나는 조용한 장소에서 살고 싶다.
Does peaceful mean **quiet**? 평화가 고요를 의미하는가?

DAY
28

659

dry
[drai]

형 **마른. 건조한** 동 **마르다. 마르게 하다**

🔊 드라이 > ⚙ 드라이 > 😟 "머리를 감은 후에 물에 젖은 축축한 머리를 마른 머리로 건조한 것을 뭐라 하지?" "드라이라고 합니다."

예 His voice was **dry** when he addressed me. 그가 나에게 말을 걸었을 때 그의 목소리는 건조했다.
The blankets are already **dry**. 그 담요는 이미 말라 있다.

660

rest
[rest]

명 **휴식. 수면. 나머지** 동 **휴식하다**

🔊 레스트 > ⚙ (오)래 스트(레스) > 😟 일하면서 오래 스트레스가 쌓이면 어떻게 해야 하는가? 반드시 휴식하거나 수면을 푹 취해야 한다.

예 You need to take some **rest**. 너는 휴식을 좀 취해야 해.
You should **rest** before taking an exam. 시험 보기 전에 좀 쉬어야 해.

우리 학생들도 스트레스를 받지 않도록 애쓰고, 혹시나 스트레스를 받을 경우에는 휴식이나 수면을 충분히 취해야 합니다.

661

moral
[mɔ́ːrəl]

형 **도덕적인. 윤리의** 명 **도덕심**

🔊 모럴 > ⚙ 모를 > 🔑 그는 길에다 오줌을 싸고 제가 한 일이 아니라고 발뺌을 하는데 정말 모를 리가 없어. 한마디로 윤리의 문제가 있어. 도덕적인 문제도 있어.

📝 He has no **morals**. 그는 도덕심 따위는 없다.
There is no **moral** or immoral book. 도덕적이거나 비도덕적인 책 따위는 없다.(오스카 와일드)

◀ 저같은 아이도 길에다가 쉬하지는 않아요.

662

heavy
[hévi]

형 **무거운. 심한. 고된. 힘든**

🔊 헤비 > ⚙ 헤비 > 🔑 몸무게가 많이 나가는 사람을 헤비급(heavy級)이라고 하지. 이러한 사람은 자기 자신을 움직일 때 얼마나 무겁고 힘들까?

📝 This bag is **heavy**. 이 가방은 무겁답니다.
My heart was **heavy** after my dog sickened. 나의 개가 아프고 나서 내 마음은 무거웠어요.

663

rich
[ritʃ]

형 **부유한. 풍부한. 기름진**

🔊 리치 > ⚙ 있지 > 🔑 이것도 있지. 저것도 있지. 없는 것은 없지. 이런 사람을 무어라 하지? '부유한' 사람.

📝 He is so **rich** that he owns three castles. 그는 성을 세 개나 소유할 만큼 부자다.
Rich people are often not as happy as the poor. 부유한 사람들은 종종 가난한 사람들만큼 행복하지 않다.

◀ 아저씨는 현금도 많이 있지요. 부동산도 많이 있지요.
한마디로 억만장자 부자랍니다.

664

slowly
[slóuli]

부 **천천히. 느리게**

🔊 슬로울리 > ⚙ 술로 울리다 > 🔑 아저씨는 나의 어려움에 도움을 청하자 눈도 깜짝하지 않았다. 그러던 그가 한잔의 술로 천천히 심금을 울리게 되었고 내 말에 귀를 기울이기 시작했다.

📝 He speaks very **slowly**. 그는 아주 느리게 말한다.
You should chew your food **slowly**. 음식을 천천히 씹어야 한다.

665

solve
[sɑlv]

동 풀다. 해결하다

🔊 살브 > ⚙ 졸부 > ➡ 갑자기 부자가 된 그 졸부는 서민의 어려운 문제를 풀고 문제를 해결하는 데 앞장섰다.

예 Can you **solve** that quiz? 그 퀴즈를 풀 수 있겠니?
No one but you can **solve** your problem. 너만이 네가 지닌 문제를 해결할 수 있다.

> 졸부가 문제를 풀고 해결했지요.

666

cent
[sent]

명 센트(화폐의 단위)

🔊 센트 > ⚙ 샌다 > ➡ 주머니가 해졌다. 크기가 큰 1달러 동전은 안 새는데 작은 1센트 동전은 다 샌다.

예 This chocolate bar is 99 **cents**. 이 초콜릿 바는 99센트이다.
A penny is an one-**cent** coin. 1페니는 1센트짜리 동전이다.

667

join
[dʒɔin]

동 연결하다. 합치다. 참가하다

🔊 조인 > ⚙ 조인트 > ➡ 내 이름은 조인트야. 아버지 성 조씨와 어머니 성 인씨를 연결해서(합쳐서) 지었어. 조인트 참 좋지? 성씨 대회에 나갈 예정이야.

예 Let me **join** this club! 이 동아리에 들어가게 해 주세요!
These two people are **joined** in marriage. 이 두 사람은 결혼을 했다.

◀ 저는 두 물체를 연결하는 데 쓰이며 이번에 다리 공사에 참가합니다.

668

metal
[métl]

명 금속

🔊 메틀 > ⚙ 메달 > ➡ 상으로 받는 메달은 금속으로 만들지.

예 Gold is a precious **metal**. 금은 귀금속이다.
Metals shine. 금속은 빛난다.

669
weak
[wiːk]

형 **약한. 서툰**

🔊 위크 > ⚙ 이크 > 💬 "이크! 큰일 났다." 약한 새는 뱀이 혀를 날름거리며 들어오자 서툰 몸짓으로 기우뚱하며 둥우리에서 재빨리 빠져나갔다.

📝 Being **weak** is a crime. 약한 것은 죄다.
She was too **weak** to speak. 그녀는 말을 할 수 없을 정도로 허약했다.

> 이크! 약한 새를 잡아먹으려고 뱀이 왔습니다.

670
track
[træk]

명 **경주로. 지나간 자취. 길**

🔊 트랙 > ⚙ 트랙 > 💬 마라톤 중계를 볼 때 아나운서가 하는 말. "민윤기 선수가 1위로 육상 경기장 트랙을 들어오고 있습니다. 이 선수가 지나간 자취를 따라 나머지 선수들이 뒤따르고 있습니다."

📝 You are on the right **track**. 너는 올바른 방향으로 나아가고 있다.
The railway **track** led to the edge of the cliff. 그 철로는 절벽 끝을 향해 뻗어 있었다.

671
twin
[twin]

명 **쌍둥이**

🔊 트윈 > ⚙ 트윈 > 💬 "영태야. 너 야구 좋아하니?" "응, 아주 좋아해." "그런데 누구 편이지?" "LG twins야." "그럼 트윈스가 무슨 뜻인지 알아?" "유니폼 그림을 보니 쌍둥이가 있던데?"

📝 It would be wonderful to have a smart **twin** who could take Suneung instead of you. 당신 대신에 수능을 쳐 줄 똑똑한 쌍둥이가 있다면 좋을 텐데요.

◀ 쌍둥이빌딩

672
act
[ækt]

명 **행위. 행동** 동 **행동하다. ~에 영향을 미치다**

🔊 액트 > ⚙ 액(액운)을 틀어막다 > 💬 어려울 때에도 액운을 틀어막는다는 자세로 올바로 행동하면 남에게 좋은 영향을 미치게 된다.

📝 Stealing is a shameful **act**. 절도는 부끄러운 행동이다.
Do not **act** like a fool. 바보처럼 행동하지 말거라.

DAY
29
STORY가 있는 영단어

673
ahead
[əhéd]

틧 **앞으로, 앞에**

🔊 어헤드 › ✪ 어 헤드 › ➋ 어! 강아지 새끼의 헤드(머리)는 어미 배 속의 앞으로(앞에) 향하고 있네.

📝 The end of the tunnel is just **ahead**.
터널의 끝이 바로 우리 앞에 있다.

어라! 새끼의 헤드가 앞으로 향하고 있네.

674
excellent
[éksələnt]

휑 **뛰어난, 우수한**

🔊 엑설런트 › ✪ 악 쓸란다 › ➋ 뛰어나고 우수한 인재가 있다면 악 쓸란다. 왜냐고? 놓치지 않고 잡으려고.

📝 He is an **excellent** student who deserves a scholarship. 그는 장학금을 받을 만한 뛰어난 학생이다.
This is an **excellent** soup. 이것은 정말 맛있는 수프네요.

675
horse
[hɔːrs]

명 **말**

🔊 호스 › ✪ 호스 › ➋ 뜨거운 여름날 무더위에 지친 말의 등에 호스로 물을 뿌려 주었다.

📝 The boy fell off the **horse**. 그 소년은 말에서 떨어졌다.
The **horse** is clever. 그 말은 영리하다.

676
leg
[leg]

명 **(사람의) 다리, (가구의) 다리**

🔊 레그 › ✪ 리그 › 쪼그리고 › ➋ 다리를 쪼그리고 앉으니 힘들구나.

📝 Her **leg** was broken. 그녀의 다리는 부러졌다.
The chair had three **legs**. 그 의자에는 다리가 세 개 있다.

◀ 다리를 쪼그리고 앉아 있으려니 정말 힘들어요.

677
mad
[mæd]

형 미친. 화난. ~에 열중한

🔊 매드 > ✪ 매도 > 💬 그는 매도 다스릴 수 없을 만큼 심하게 미친 사람이었다.

📝 You are **mad**, **mad**, I tell you! 너 정말 제정신이 아냐!
He was **mad** at me for secretly eating his chocolate cake. 그는 숨겨 둔 초콜릿 케이크를 내가 먹어 버려서 화가 났다.

매도 못 다스린다니 정말 심하게 미쳤겠구먼.

678
funny
[fʌ́ni]

형 재미있는. 기묘한

🔊 퍼니 > ✪ 뻔히 > 💬 뻔히 아는 사실도 기묘하게 돌려 말하는 너는 참 재미있는(기묘한) 녀석이로구나.

📝 He is so **funny**. 그는 너무 재미있는 사람이다.
A **funny**-looking rabbit in a top hat passed me by yesterday. 중절모를 쓴 웃기게 생긴 토끼가 어제 나를 지나쳐 갔다.

◀ 우리 반에요. 뻔한 사실도 기묘하게 말하는 재미있는 친구가 있어요.

679
religious
[rilídʒəs]

형 종교적인. 신앙심이 깊은

🔊 릴리저스 > ✪ 12 (지)저스 > 💬 12제자와 지저스(Jesus;예수)가 종교적인 의식을 거행하고 있다.

📝 My mother is very **religious**. 어머니는 신앙심이 매우 깊으십니다.
Religious Christian go to church every Sunday. 신앙심이 깊은 기독교인들은 매주 일요일 교회에 간다.

680
rude
[ru:d]

형 무례한

🔊 루드 > ✪ 누드 > 💬 누드 상태로 길거리를 거니는 무례한 자들이 있나니.

📝 I don't like him because he is so **rude**. 나는 그가 너무 무례해서 그를 좋아하지 않는다.
His **rude** behavior has made me angry. 그의 무례한 행동이 나를 화나게 했다.

180

681
heat
[hiːt]

명 열. 더위 통 열을 가하다. 데우다

🔊 히트 ▸ ✪ 히트 ▸ 😀 히트(heat)는 '열', '열을 가하다' 의 뜻이고, 히터(heater)는 '열을 가하는 기구' 즉 '난방 기구' 의 뜻이에요.

📝 The **heat** of the sun is unbearable. 태양의 열기는 견딜 수 없어요.
The **heat** of the candle melted the frost. 촛불의 열기가 서리를 녹였어요.

682
upstairs
[ʌpstέərz]

명 위층. 2층 부 위층에. 2층으로

🔊 업스테어즈 ▸ ✪ 없을 때였죠 ▸ 😀 내가 2층에 형을 부르러 갔을 때는 형이 없을 때였죠.

📝 The old woman who lives **upstairs** never leaves her house. 그 위층에 사는 나이든 여인은 집을 전혀 떠나지 않는다.
The washroom is **upstairs**. 세면장은 위층에 있습니다.

683
hold
[hould]

통 손에 들다. 쥐다. 유지하다. 개최하다(hold-held-held)

🔊 호울드 ▸ ✪ 홀로 들어가 ▸ 😀 넓은 홀로 들어가니 어떤 사람이 책을 손에 들고 독서 대회를 개최하고 있었다.

📝 They **held** hands. 그들은 손을 잡았다.
Hold this bottle of water while I open the door. 내가 문을 여는 동안 이 물병을 들어 줘.

넓은 홀로 들어가며 책을 쥔 사람이 독서대회를 개최하고 있어요.

DAY
29

684
load
[loud]

명 짐. 부담

🔊 로우드 ▸ ✪ (손가락으)로도 ▸ 😀 그 장수는 손가락으로도 무거운 짐을 번쩍 들었다. 그렇게 무거워도 손가락이 전혀 부담이 되지 않은 듯하다.

📝 I am hard under the work **load**. 나는 업무의 부담 때문에 힘들다.
A **load** of bricks weighed down the construction worker. 건설 노동자가 나르는 벽돌 짐이 그를 짓눌렀다.

685

formal
[fɔ́:rməl]

형 형식적인. 정규의(반informal)

🔊 폼얼 > ⚙ 폼만 잡는 얼굴 > 🕐 그는 형식적인 폼만 잡는 얼굴을 하고 있다. 아직 정규 직업이 없다.

📝 Let me **formally** introduce you to my friend. 격식을 갖추어 자네를 내 친구에게 소개하도록 하지.
This is my **formal** wear. 이것이 나의 정장입니다.

형식적으로 폼만 잡는 얼굴은 어떤 표정일지 상상해 봅시다.

686

above
[əbʌ́v]

전 ~의 위쪽에. ~ 이상

🔊 어버브 > ⚙ 업어 봐 > 🕐 얘야, 어서 업어 봐. 할아버지 등 위쪽에 올라와라.

📝 The bird is flying **above** trees. 새가 나무 위에서 날고 있다.

| Tip | '~의 위에'라는 뜻을 가진 단어 중 'on'은 사물에 접해 있을 때 쓰고, 'above'는 접하지 않고 위에 있을 때 쓴다.

687

soap
[soup]

명 비누

🔊 소웁 > ⚙ 솝 > 섭섭 > 🕐 내 친구는 나한테 섭섭할 때 얼굴에 비누를 칠하고 슬퍼서 운 것처럼 연극을 하던데 그게 과연 잘 하는 짓인지 모르겠어.

📝 I can't find the **soap**. 비누를 찾을 수가 없다.
Never bend down to pick up a **soap**, especially if you are a soldier. 비누를 집기 위해 몸을 굽혀서는 절대 안 된다. 특히 당신이 병사라면.

◀ 섭섭할 때 얼굴에 비누 칠하고 운 것처럼 꾸미는 친구라! 연극 배우가 되면 적당하겠네.

688

million
[míljən]

명 100만 형 100만의

🔊 밀리언 > ⚙ 밀리언 > 🕐 "베스트셀러(best-seller)는 매우 잘 팔리는 책을 이르는 말이야. 그럼 100만 권이나 팔릴 정도로 베스트셀러 중의 베스트셀러는?" "그야 밀리언셀러(million-seller) 아닙니까."

📝 The Andromeda Galaxy is two **million** light years away. 안드로메다 은하는 2백만 광년 떨어져 있다.
The picture was worth two **million** dollars. 그 그림은 이백만 달러의 가치가 있었다.

689

upset
[ʌpsét]

동 뒤엎다. 망쳐 버리다. 당황하게 하다

🔊 업셋 › ✿ 엎으셋! › 엎으세! › 😀 친구 생일 파티를 하고 있는데 건달들이 와서, "엎으세!" 하면서 케이크를 뒤엎어 생일 파티를 망쳐 버렸다. 나는 매우 당황하였다.

📝 I am almost never **upset**. 나는 거의 당황하지 않는다.

여자 친구에게는 나처럼 장미꽃을 선물해야지, 엎으세 하면서 뒤엎어 분위기를 망치거나 당황하게 하면 안 되지.

690

group
[gru:p]

명 떼. 무리. 집단 동 불러 모으다

🔊 그룹 › ✿ 그룹 › 😀 그룹은 '무리'나 '집단'을 뜻한다. 그룹사운드(group sound)는 집단으로 결성한 음악 악대를 이르는 말이다. "요즘 인기 있는 그룹사운드는 남녀 혼성으로 이루어진 '건밴'이라고 하던데." "응, 내가 제일 좋아하는 그룹이야."

📝 Let's meet for **group** study at seven. 그룹 스터디를 위해서 7시에 만납시다.
Let's **group** together. 우리 함께 모여요.

691

offer
[ɔ́:fər]

동 제공하다. 제안하다

🔊 오퍼 › ✿ 오빠 › 😀 오빠를 좋게 본 하숙집 주인이 장학금은 물론 숙식까지 제공하겠다고 제안했다.

📝 I **offered** him the job. 나는 그에게 그 직업을 권하였다.
She **offered** an opinion at the meeting. 그녀는 회의에서 의견을 제시하였다.

DAY
29

692

garbage
[gɑ́:rbidʒ]

명 쓰레기

🔊 가비지 › ✿ 家(집안)+비지(두부 만들고 남은 찌꺼기) › 😀 "家(집안)의 비지는 쓰레기이다." "아니에요. 비지는 건강에 좋은 음식이니 버리지 마세요."

📝 Take out the **garbage** for me, will you? 나를 위해서 이 쓰레기 좀 치워 주겠니?
The **garbage** bag had a hole. 쓰레기 가방이 구멍이 났다.

비지를 버리는 사람도 있고, 영양이 풍부하다고 하여 비지찌개를 끓여 즐기는 사람도 있다.

183

693

order

[ɔ́:rdər]

🅝 **명령. 주문. 순서. 질서**

🔊 오더 > ⚙ 오더 > 💡 윗사람의 오더(명령) 없이는 아무 일도 못 한다. 안원진 과장은 대형 오더(주문)를 따냈다.

📝 I have to obey the new **order**. 나는 새로운 명령에 복종해야 한다. May I take your **order**? 주문하시겠습니까?

◀ 오더(명령) 없이는 아무것도 못하던 사람이 대형 오더(주문)를 따냈대요.

694

lovely

[lʌ́vli]

🅗 **아름다운. 사랑스러운**

🔊 러블리 > ⚙ 러블리 > 💡 love(사랑하다)에 ly가 붙어 '사랑스 러운'의 뜻이 되었다.

📝 He gave me a bunch of **lovely** daffodils. 그는 내게 한 묶음의 사랑스러운 수선화를 주었다.
The **lovely** eyes of Mona Lisa look somewhat sad. 모나리자 의 사랑스러운 눈은 어쩐지 좀 슬퍼 보인다.

695

bath

[bæθ]

🅝 **목욕**

🔊 배쓰 > ⚙ 뱄어 > 💡 온몸이 땀으로 뱄어. 그러면 무엇을 해야 하지? 목욕을 해야 하지요.

📝 Take a long hot **bath**, and you will feel much better. 뜨거운 물에 몸을 오래 담그고 나면, 기분이 한결 나아질 거야.
He didn't know anything about **bathing** a baby. 그는 아기를 목욕시키는 일에 대해서는 전혀 알지 못했다.

696

message

[mésidʒ]

🅝 **소식. 전갈**

🔊 메시지 > ⚙ 메시지 > 💡 "휴대폰 메시지로 무엇을 보내지?" "'소식'이나 '전갈'입니다."

📝 The text **message** went unread. 문자 메세지는 읽히지 않았다.
I left a **message** on her phone. 나는 그녀의 전화기에 메시지를 남겼다.

697

precious
[préʃəs]

형 귀중한 명 보물

🔊 프레셔스 > ✹ 뿌리셔어 > 🙂 아버지는 몇 년 동안 길러 온 귀중한 인삼을 동네 사람들에게 모두 뿌리셔어(나누어 주셨어). 인심도 좋으신 우리 아버지.

🔵 We made **precious** memories during this trip. 이 여행을 통해 우리는 귀중한 추억거리를 만들었다.
You are my **precious**. 너는 나의 보물이야.

698

ill
[ill]

형 병든. 나쁜

🔊 일 > ✹ 일 > 🙂 친구 아버지는 평생 일만 하다가 나쁜 병에 걸려 버렸다.

🔵 There were no lasting **ill** effects. 더 이상 지속되는 병의 증세는 없었다.
I am often **ill**. 나는 자주 아파요.

699

relative
[rélətiv]

명 친척 형 상대적인

🔊 렐러티브 > ✹ 일렀지 봐 > 🙂 네가 나 때렸다고 우리 친척에게 일렀지. 봐라 친척이 와서 너 혼내 줄 거야.

🔵 I do not have any **relatives**. 나는 친척들이 없다.
I think beauty is **relative**. 나는 '미'는 상대적인 것이라 생각해.

> 네가 때렸다고 우리 친척에게 일렀지.
> 봐라 너 큰일났다. 메롱.

700

empty
[émpti]

형 텅 빈 동 비우다

🔊 엠프티 > ✹ 암팠지 · 안팠지 > 🙂 집에 들어오니 마당이 푹 패어 있었고 땅속에 묻어 놓은 상자가 텅 비어 있었다. 주인이 하인에게 묻자 하인은 "내가 안 팠지요."라고 변명을 했다.

🔵 Is the cup half **empty** or half full? 이 컵이 반쯤 비었을까, 아니면 반쯤 찼을까?
The **empty** wallet sad me. 텅 비어버린 지갑이 나를 슬프게 하는구나.

701

similar
[símələr]

형 비슷한. 같은 모양의

🔊 시멀러 > ⚙ 시멀러 > ⏱ 시멀러와 쉬 마려(소변 마려)는 비슷하지만 같은 모양은 아니다.

📝 This looks pretty **similar** to the previous one. 이것은 전번 것과 매우 비슷해 보인다.
Westerners think Japanese and Korean people are **similar** in their looks. 서양인들은 일본과 한국 사람들이 외모가 비슷하다고 생각한다.

702

till
[till]

전 접 ~까지

🔊 틸 > ⚙ 틸 > ⏱ 쌀을 튀밥 기계에 넣었다. 튀밥을 틸 때까지는 한참 기다려야 한다.

📝 I will never rest **till** I arrest you. 너를 체포하기 전까지는 나는 절대 쉬지 않을 것이다.

| **Tip** | till과 untill은 모두 '~까지'의 뜻이지만 격식을 갖추어 쓸 때는 untill을 쓴다.

703

wall
[wɔːl]

명 벽. 담

🔊 월 > ⚙ 월담 > ⏱ 월담은 담을 넘는 것을 뜻하지. 그런데 벽도 넘을 수 있나? 천장이 막혀 있어서.

📝 Rose covered the **wall**. 장미가 벽을 뒤덮었다.
The game characters broke the fourth **wall** and started complaining about the game maker. 그 게임 캐릭터는 네 번째 벽(모니터 화면)을 뚫고 나와서는 게임 제작자에 대해 불평하기 시작했다.

◀ 월담은 담을 넘는 것을 말하지요.

704

instead
[instéd]

부 대신에

🔊 인스테드 > ⚙ 인수 테드 > ⏱ 인수를 들어오라고 하니 대신에 테드가 들어왔다.

📝 The boy chose the black rabbit **instead** of the white. 그 아이는 흰 토끼 대신 검은 토끼를 선택했다.
Let me buy this muffler **instead**. 그것 대신에 이 머플러를 살 거예요.

705

comfortable
[kʌ́mftəbl]

형 편안한. 쾌적한

◀) 컴포터블 > ✿ 컴퓨터불 > ☺ 어저씨는 밤에 컴퓨터를 하실 때면 반드시 불을 켜신다. 그래야만 편안한 상태로 작업할 수 있단다.

예 This mattress is **comfortable**. 침대 매트리스가 편안합니다.
The sofa is not very **comfortable**. 소파는 별로 편안하지는 않았다.

706

justice
[dʒʌ́stis]

명 정의. 공정. 정당

◀) 저스티스 > ✿ 졌어+튀슈 > ☺ 내기에서, 정의에 불타고 항상 공정한 자세를 갖고 있다고 자부하는 집단이 전문가의 해박한 지식에 압도당하자 부하들에게 소리쳤다. "내가 졌어. 어서들 빨리 튀슈."

예 There is **justice** in this world. 이 세상에는 정의가 있다.
If you want **justice**, you have to create it yourself. 정의를 원한다면, 너 자신이 스스로 그것을 만들어가야 한다.

707

curious
[kjúəriəs]

형 호기심이 강한. 이상스러운

◀) 큐어리어스 > ✿ 쿠리어서 > ☺ 옆 자리가 쿠리어서 호기심 어린 눈초리로 보았더니 생전 목욕을 안 한 거지가 앉아 있었다. 참 이상한 사람이다.

예 He wore a **curious** hat. 그는 신기해 보이는 모자를 썼다.
Curiosity killed the cat. 호기심이 고양이를 죽였다.

| Tip | 'curious'는 형용사, 'curiosity'는 '호기심'이란 뜻의 명사이다.

708

obey
[oubéi]

동 복종하다

◀) 오우베이 > ✿ 어버이 > ☺ 우리들은 어버이께 항상 복종해야 한다.

예 He always **obeys** his parents. 그는 항상 부모님께 복종한다.
If you do not want to go to jail, **obey** the law. 감옥에 가고 싶지 않다면, 법을 잘 지켜라.

여보. 어버이에게 항상 복종하는 우리 자식들이 대견하지 않소? ▶

709

delicious
[dilíʃəs]

형 맛있는

🔊 딜리셔스 > ✿ 젤리 셨어 > ☺ 젤리가 오래 되어서 시었어. 그래도 신 음식은 너무 맛있어.

예 There is nothing more **delicious** than chicken soup. 닭고기 수프만큼 맛있는 것은 없다.

710

deliver
[dilívər]

동 배달하다. 전하다. 넘겨주다. 말하다

🔊 딜리버 > ✿ 젤 이뻐 > 제일 예뻐 > ☺ 서진이는 반에서 제일 예뻐. 나는 서진이에게 은밀히 편지를 배달시켰지. 그 편지는 짝인 선옥이에게 전해졌고, 선옥이가 몰래 읽은 후 서진이에게 넘겨주고 내 사랑을 말했대. 어쩌면 좋지?

예 The postman **delivered** a letter. 우체부가 편지를 배달했다.
I had Chinese food **delivered**. 나는 중국 음식을 배달시켰다.

711

pair
[pɛər]

명 한 벌. 한 켤레

🔊 페어 > ✿ 빼어 > ☺ 사장님이 자기 가게에서 옷(신발) 한 벌(켤레)을 빼어 가난한 사람에게 주었다.

예 I bought a **pair** of sunglasses. 나는 선글라스 하나를 샀다.
I have a **pair** of warm socks. 나는 따스한 양말 한 켤레를 가지고 있다.

여기에 있는 신발 중에 어떤 것을 한 켤레 빼어 남에게 주었을까? ▶

712

independent
[ìndipéndənt]

형 독립한. 독립심이 강한

🔊 인디펜던트 > ✿ 인(인도)+디(간디) 펜+던(돈)+트(트럭) > ☺ 인도의 간디는 펜(글 익히기)과 돈(자본)과 트럭(근면)을 주장하여 결국 영국으로부터 독립할 수 있었대.

예 Orphans are often forced to be **independent**. 고아들은 독립적으로 살도록 강요당하는 일이 많다.

713
pond
[pɑnd]

명 연못

🔊 판드 > ⚙ 판다 > 💭 물고기를 기르기 위해 연못을 깊게 판다.

📝 I cast a pebble into a **pond**. 나는 연못에 조약돌을 던졌다.
There was a **pond** here 30 years ago. 30년 전 이곳은 연못이었다.

> 물고기를 기르려고
> 깊게 판 연못이에요.

714
reduce
[ridʒúːs]

동 감소하다. 줄이다

🔊 리듀스 > ⚙ (우)리+듀스(경기의 마지막에서 동점이 됨) > 💭 우리는 반 대항 탁구대회에서 결승전에 올랐는데 여러 번 듀스를 거듭하다 보니 체력이 감소하여 오가는 공의 횟수를 줄였다.

📝 My wage was **reduced**. 내 월급이 줄었다.
The latest government decided to **reduce** taxes. 이번 정부는 세금을 줄이기로 결정했다.

715
prize
[praiz]

명 상 동 소중하게 여기다

🔊 프라이즈 > ⚙ 프라이드 > 💭 경품 이벤트에 참가하여 기아자동차의 프라이드를 상으로 탔다.

📝 She got a **prize** for good conduct. 그녀는 선행상을 탔다.
I **prize** your love more than anything else. 나는 네 사랑을 다른 무엇보다도 더 소중히 여겨.

716
whole
[houl]

명 전부. 전체 형 전부의. 전체의

🔊 호울 > ⚙ 홀 > 💭 내 생일날 우리 가족 전체(전부)가 넓은 홀을 빌려 생일 잔치를 벌였다.

📝 Make us **whole**. 우리를 하나 되게 만들어 줘.(데드 스페이스에서, 주인공 아이작 클라크의 여자 친구가)
I ate a **whole** wheel of cheese by myself. 나는 치즈 한 덩어리 전체를 혼자 먹어 치웠다.

◀ 우리 가족 전체가 생일 잔치에 모인 자리입니다.

DAY 30

717
aloud
[əláud]

图 큰 소리로. 소리내어

🔊 얼라우드 > ✪ 얼라 운다 > ⓞ 얼라(어린아이)가 큰 소리로 운다. 그 옆에 있는 아이도 영문도 모르고 소리내어 운다.

🔲 I spoke **aloud** without meaning to. 나는 의도하지 않게 크게 말했다.
I read the bible **aloud**. 나는 소리내어 성경을 읽었다.

> 얼라(어린아이)가 큰 소리로 운다. 엄마가 달래 주고 있다.

718
probably
[prɑ́bəbli]

图 아마

🔊 프라버블리 > ✪ 풀어 봐 빨리 > ⓞ 선생님이 "풀어 봐 빨리" 하고 지시했는데 가만히 있다. 아마도 못 푸는 것 같다.

🔲 Ms. Pansan **probably** can't speak the foreign language. 빵상 아줌마는 아마 외국어를 하지 못할 것이다.
He **probably** married his childhood friend. 그는 아마 어린 시절 친구와 결혼했을 것이다.

719
content
[kɑ́ntent]

명 내용. 내용물 형 만족한[kəntént]

🔊 칸텐트 > ✪ 텐트의 칸 > ⓞ 텐트의 각 칸에 알맞은 내용(물)을 생각해 보자.

🔊 컨텐트 > ✪ 큰 텐트 > ⓞ 작은 텐트보다는 큰 텐트가 품질이 좋아 나를 만족시킨다.

🔲 The **content** of this book is more important than the cover. 책의 표지보다 내용이 더 중요하다.
I am always **content**. 나는 언제나 만족합니다.

◀ 큰 텐트가 내용물이 충실한 것 같다. 그것이 나를 만족하게 한다.

720
contrary
[kɑ́ntreri]

형 반대의. 적합지 않은

🔊 칸트레리 > ✪ 칸트와 레리 > ⓞ 호주 유학 시절 만난 친구 중에 칸트와 레리가 있었는데 그 둘은 서로 성격이 판이하게 달라 항상 반대의 의견으로 충돌했다. 한마디로 둘은 적합지 않은 관계였다.

🔲 He has a **contrary** opinion. 그에게는 반대 의견이 있다.
Contrary to all expectations, he passed the test. 주변의 예상과는 다르게도 그는 시험에 합격했다.

721
crazy
[kréizi]

형 미친

🔊 크레이지 > ✪ 그래 이지랄 > 😊 야. 너 그래 이 지랄을 하는 걸 보니 미쳤구나.

📝 There are many **crazy** people inside the hospital. 그 병원 안에는 제정신이 아닌 사람들이 많다.
I am **crazy** about you. 나는 네 생각에 온통 사로잡혀 있다.

722
flight
[flait]

명 비행. 비행기 여행. 항공편

🔊 플라이트 > ✪ 풀밭 라이트 형제 > 😊 자나깨나 풀밭에서 실험하던 라이트 형제가 꿈꾼 것은 무엇일까? 바로 비행, 비행기 여행이었다. 끊임없는 연구 끝에 소원은 이루어졌다.

📝 The **flight** of the eagle is a wonderful sight. 독수리의 비행은 멋진 모습이다.

◀ 실제로 꿈은 이루어집니다

723
grave
[greiv]

형 중대한. 위독한 명 무덤

🔊 그레이브 > ✪ 그래, (크리스마스) 이브 > 😊 그래 크리스마스 이브 날에 중대한 일이 일어났단다. 병이 위독하여 할머니가 돌아가셨어. 나는 무덤 앞에서 한없이 울었단다.

📝 He looked **grave** and concerned. 그는 매우 심각하고 걱정스러워 보인다.

724
if
[if]

접 만일 ~이라면. ~인지 아닌지

🔊 이프 > ✪ 이브 > 입으로만 > 😊 허풍선인지 아닌지 그 친구는 공부는 안하고 입으로만 '만일 내가 갑부라면 가난한 사람을 배불리 먹여 줄 텐데' 하는 상념에 빠져 있다.

📝 **If** you are lost, ask the nearest person to give you directions. 길을 잃었다면 가장 가까운 사람에게 길을 물어보세요.

725

mercy
[mə́ːrsi]

명 **자비, 행운**

🔊 머시 > ⚙ **무엇이** > 💡 학기말 시험을 앞둔 우리에게 무엇이 필요한가? 신의 자비와 행운입니다.

💬 Show no **mercy** to the wicked. 악한 자에게 자비를 보이지 말라.
The only thing wrong with them is that they make **mercy** even colder than justice. 그들의 유일한 단점은 그들이 자비를 정의보다 더 차갑게 만든다는 것이다.

726

monkey
[mʌ́ŋki]

명 **원숭이**

🔊 멍키 > ⚙ **뭔 키** > 💡 원숭이야 넌 뭔 키가 그리 작으냐?

💬 The **monkey** fell off the tree. 원숭이가 나무에서 떨어졌다.
A **monkey** has a long tail. 원숭이는 꼬리가 길다.

727

especially
[ispéʃəli]

부 **특별히**

🔊 이스페셜리 > ⚙ **이 숲에 서리** > 💡 나는 공부를 열심히 했으니 특별히 이 숲에 서리. 그리고 맑은 공기를 실컷 마시리.

💬 I am **especially** fond of you. 나는 특별히 네가 좋아.
She is **especially** good at math. 그녀는 특별히 수학에 강했다.

728

pleasure
[pléʒər]

명 **즐거움, 기쁨**

🔊 플레저 > ⚙ **플(레이)+레저** > 💡 플레이(play)는 놀이. 레저(leasure)는 오락. 오락과 놀이를 함께 하니 즐거움은 얼마나 크며 기쁨은 또 얼마나 크겠는가?

💬 He sought **pleasure** from other people's misfortune. 그는 다른 사람들의 불행에서 행복을 찾았다.

플레이와 레저를 다 함께 하시는지 싱글벙글하시네요. ▶

729

poem
[póuəm]

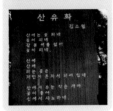

명 **시. 운문**

🔊 포우엄 > ✪ 포우 엄격 > ➡ 에드거 앨런 포우는 엄격하게 운율을 맞춘 시 〈갈가마귀〉를 운문으로 썼다.

예 I wrote a **poem** about your lovely eyes. 네 아름다운 눈에 관해 시를 지었어.
T. S. Eliot wrote a beautiful **poem** called 'The Waste Land'. 티에스 엘리엇은 '황무지' 라는 아름다운 시를 썼다.

◀ '산유화' 도 엄격하게 운율을 맞추었구나.

DAY
31

730

queen
[kwiːn]

명 **여왕**

🔊 퀸 > ✪ 핀 > ➡ 여기 있는 사람 중에서 방귀 제일 잘 핀, 다시 말해 방귀의 여왕이 누구냐?

예 Long live the **queen**! 여왕 폐하 만세!
I admire our **queen**, Elizabeth I. 나는 우리의 여왕님 엘리자베스 1세를 존경한다.

731

pleasant
[plézənt]

형 **유쾌한. 즐거운**

🔊 플래전트 > ✪ 볼 내 준다 > ➡ 선생님께서 볼을 내 준다. 그러면서 "즐거운 공놀이를 하거라" 하고 말씀하셨다.

예 It's a **pleasant** weather. 날씨 정말 좋다.
We had a **pleasant** conversation. 우리는 기분좋은 대화를 나누었다.

볼 내어 줄 테니 즐거운 시간 보내거라 ▶

732

real
[ríːəl]

형 **실제의. 진짜의**

🔊 리얼 > ✪ 리알 > (오)리알 > ➡ 달걀 같은 게 뭐지? 오리알이야. 이렇게 큰 오리알이 실제의(진짜의) 오리알일까?

예 Is this **real** gold? 이거 진짜 순금인가요?
A wonderful friend is a **real** treasure. 멋진 친구는 진실로 보물이라고 할 수 있다.

733
rise
[raiz]

동 뜨다. 일어나다. 오르다(rise-rose-risen)

🔊 라이즈 › ✪ 나 잊으(리) › 💬 헤어진 애인에게 하는 말. "해가 뜨면 잠자리에서 일어나 동산에 올라 자나깨나 당신 생각을 했지만 싫어졌어요. 이젠 나 잊으리."

예 The sun **rises** from the east. 태양은 동쪽에서 뜬다.
Smoke **rose** from the chimney. 굴뚝에서 연기가 피어올랐다.

734
stranger
[stréindʒər]

명 이상한 사람. 낯선 사람

🔊 스트레인저 › ✪ 숫돌에 앉아 › 💬 "정호야, 숫돌에 앉아 있는 낯선 사람 어떻게 생각하니?" "승재야, 아주 이상한 사람이지"

예 I am a **stranger** here; can you tell me how to get to the city hall? 저는 여기 처음 온 사람인데 시청으로 가는 길 좀 알려주시겠어요?
Americans are usually very kind to **strangers**. 미국인들은 보통 낯선 사람에게 매우 친절하다.

숫돌에 앉아 있는 사람이라면 이상한 사람이겠지.

735
classmate
[klǽsmèit]

명 급우. 동창생

🔊 클래스메이트 › ✪ 클래스+메이트 › 💬 클래스(class)는 '학급'의 뜻. 메이트(mate)는 '친구'의 뜻이다. 합쳐서 클래스메이트(classmate)는 '급우', '동창생'의 뜻이다.

예 He is my high school **classmate**. 그는 내 고등학교 동창생이다.
I copied my **classmate's** homework. 나는 같은 반 친구의 숙제를 베꼈다.

736
valuable
[vǽljuːəbəl]

형 귀중한

🔊 밸류어블 › ✪ 별 유업을 › 💬 할아버지가 돌아가시면서 별 유업을 다 남겨 놓으셨네. 도자기, 옛 그림, 서화 등 모두 귀중한 것이야.

예 Please leave **valuable** items at the counter. 귀중품은 카운터에 보관하세요.
This bar of gold is extremely **valuable**. 이 금괴는 매우 귀중하다.

◀ 할아버지가 별 유업을 다 남겨 놓았네. 모두가 귀중한 것들이야.

737

anxious

[ǽŋkʃəs]

형 걱정하는. 열망하는

🔊 앵크셔스 > ✪ 안기셨소 > ➲ 소설가 지망생인 누나의 글을 엿보았다. "사귀기를 열망하는 이성 친구에게 안기셨소? 공부는 안 하고 참. 걱정하는 바입니다."

➡ Students become **anxious** when they have a test tomorrow. 학생들은 내일 시험이 닥치면 불안해한다.

738

push

[puʃ]

동 밀다

🔊 푸시 > ✪ 푸(한숨) 쉬(다) > ➲ 2층이 넘는 높은 곳에서 누가 민다고 생각해 보자. 너무 아찔한 상상이라 푸 하고 한숨 쉬는 소리가 절로 들릴 것이다.

➡ Stop **pushing** me! 밀지 마!
Juniors **push** and Seniors pull. 후배는 밀어주고 선배는 당겨준다.

739

noble

[nóubəl]

형 고귀한. 고상한

🔊 노우벌 > ✪ 노벨 > ➲ 노벨상을 만든 노벨은 인류 모두에게 고귀한 사람이 되었다.

➡ What a **noble** prince! 이 얼마나 고귀한 왕자란 말인가!
His sacrifice was really **noble**. 그의 희생은 정말로 고귀한 것이었다.

노벨 선생님 당신은 인류에게
너무나 고귀한 사람입니다. ▶

740

tie

[tai]

동 묶다. 동점이 되다 명 넥타이. 동점. 유대관계

🔊 타이 > ✪ 넥타이 > ➲ 넥타이 알지? 넥(neck)은 '목'의 뜻. 타이(tie)는 '묶다'의 뜻이야. 넥타이는 목을 묶는 것이니까 이해가 쉽지. 또 '점수가 타이가 되었다'에서의 타이는 '동점'의 뜻이지.

➡ The dog was **tied** to the post. 그 개는 전신주에 묶여 있었다.
There is a close **tie** between us. 우리는 친분이 두터운 사이이다.

741

regular
[régjələr]

형 규칙적인. 정규의

🔊 레귤러 › ⚙ 레(몬) 귤 넣어 › 💬 믹서에 간 레몬과 귤을 우유에 넣어 규칙적인 식사를 하는 것이 나의 건강 비결이야.

예 It might be a rude question, but how much is your **regular** income? 무례한 질문일 수 있겠지만, 정기적인 수입이 얼마인가요? We have to hire more **regular** employees. 우리는 정규직을 좀 더 고용해야 한다.

742

social
[sóuʃəl]

형 사회의. 사회적인

🔊 소우셜 › ⚙ 소설 › 💬 소설은 그 당시의 사회적인 현상을 많이 담아 내고 있다.

예 There are many **social** problems. 여러 가지 사회 문제들이 있다. Some **social** issues are hard to solve. 어떤 사회 이슈들은 해결하기 어렵다.

소설은 당시 사회의 현상을 가장 잘 표현한 글이라고 할 수 있어요. ▶

743

cow
[kau]

명 암소. 젖소

🔊 카우 › ⚙ 카우 › 💬 "정수야 '카우보이(cowboy)'라는 말 들어보았지?" "미국 서부에서 말을 타고 소의 사육과 수송에 종사하는 사람이지요."

예 Milk comes from **cows**. 우유는 소에서 나온다. **Cows** also provide beef. 소는 쇠고기도 제공한다.

744

straight
[streit]

형 똑바른. 정직한

🔊 스트레이트 › ⚙ 스트레 있다 › 숫돌에 돈 있다 › 💬 정직한 사람은 숫돌 위에 돈이 있다 해도 기웃거리지 않고 똑바른 길을 간다.

예 Go **straight** and turn left. 곧장 걸어가다 왼쪽으로 도세요. Draw a **straight** line. 직선을 그리세요.

745

lonely
[lóunli]

형 쓸쓸한. 사람 왕래가 적은

🔊 로운리 > ✪ 외로운 이 > 😀 외로운 이는 항상 쓸쓸한 이일까?

📋 **Lonely** people are drawn together like magnets. 외로운 사람들은 마치 서로 자석처럼 이끌린다.
She is no longer **lonely**. 그녀는 이제 외롭지 않다.

외로운 이가 쓸쓸한 가을 거리를 걸어갑니다. ▶

746

tail
[teil]

명 꼬리

🔊 테일 > ✪ 떼일 (뻔하다) > 😀 쥐가 도망치다가 막다른 골목에 이르렀다. 하마터면 고양이에게 물려 꼬리를 떼일 뻔했으나 간신히 도망쳤다.

📋 Rabbits have **tails**. 토끼는 꼬리가 있다.
The fox's **tail** disappeared into the bushes. 여우의 꼬리는 풀숲 사이로 사라졌다.

747

bottle
[bátl]

명 병

🔊 바틀 > ✪ 바들 > 😀 영수가 감기에 걸려 바들바들 떨자 어머니가 약 한 병을 사다 주셨다.

📋 I purchased a **bottle** of wine. 나는 한 병의 와인을 샀다.

748

silly
[síli]

형 어리석은

🔊 실리 > ✪ 실리 > 😀 실리만 따지는 사람은 자기 자신은 약삭빠르다고 착각할 수 있으나 결국 남의 인정을 받지 못하는 어리석은 사람이다.

📋 Don't be **silly**. 바보같이 굴지 마.
You are so **silly** to go there by bus. 거기에 버스로 가다니 참 바보 같구나.

749

terrible
[térəbl]

형 끔찍한. 무서운

🔊 테러블 > ✪ 때려볼까 > 😀 나와 사이가 좋지 않은 친구가 나에게 끔찍하게도 '어디 한 번 때려볼까' 라고 말한다. 정말 무서운 놈이다.

📝 This is **terrible** news! 이것은 끔찍한 소식이에요!
The **terrible** child stamped on the floor. 그 무서운 아이는 바닥에 발길질을 했다.

750

stupid
[stjúːpid]

형 어리석은. 바보 같은(=foolish)

🔊 스튜피드 > ✪ 스튜(디어스) 피도 > 😀 비행기 안에서 스튜디어스가 의자에 걸려 넘어져 피도 나고 멍도 들었다. 의자를 탓하는 그녀의 행동은 얼마나 어리석은 행동인가.

📝 How could you make such a **stupid** mistake? 어쩜 그렇게 어리석은 실수를 할 수 있니?
That is the most **stupid** question I've ever heard. 내가 들은 것 중에 가장 어리석은 질문이군요.

751

certain
[sə́ːrtn]

형 어떤. 확실한. 확신하는

🔊 서튼 > ✪ 서툰 > 😀 어떤 일이고 서툰 일을 시도하지 말고 확실하고 가능성이 있다고 확신하는 일에 전념하라.

📝 I am **certain** that you would do well on the test. 나는 네가 시험에서 잘할 것을 확신한다.
You can never be **certain** whether you will pass the exam or not. 시험을 통과할 수 있을지 없을지에 대해서는 절대 확신할 수 없다.

◀ 서툰 것보다 확실한 것을 좋아합니다.

752

university
[jùːnəvə́ːrsəti]

명 종합대학

🔊 유너버서티 > ✪ 유니 버스 타 > 😀 유니는 종합대학에 다닌다. 아침에 버스를 타고 통학한다.

📝 Students of Yonsei **University** and Korea **University** both believe that their **university** is superior. 연세대학교와 고려대학교의 학생들은 서로 자기 대학교가 상대방 학교보다 더 좋다고 믿는다.

> 유니가 버스를 타고 대학교에 가고 있는 중입니다.

753

feeling
[fí:liŋ]

명 기분. 감정

🔊 필링 > ⚙ 훌렁 > ⊙ 더운 날 옷을 훌렁 벗고 물 속에 풍덩 뛰어드는 기분(감정)은 뭐라 말할 수가 없이 좋단다.

예 Aw, thank you for the gift, I'm **feeling** all excited! 아, 이 선물 줘서 고마워. 나 지금 정말 들떴어!
I'm **feeling** blue. 나는 우울한 기분을 느끼고 있어요.

754

list
[list]

명 표. 목록. 명단 동 목록을 만들다

🔊 리스트 > ⚙ 리스트 > ⊙ '우등생 리스트를 만들다' 에서 '리스트' 는 무슨 뜻일까? '목록' , '표' 의 뜻이야.

예 I forgot to bring my shopping **list**. 쇼핑 목록을 가져오는 것을 잊어버렸다.
Her husband's name was not on the passenger **list**. 그녀의 남편 이름은 탑승자 명단에 없었다.

755

horror
[hɔ́:rə]

명 공포. 전율

🔊 호러 > ⚙ 헐어 > ⊙ 꿈속에서 악마가 살을 뜯어 온몸이 헐어버렸으니 공포에 떨며 전율을 느낄 만하다.

예 I was filled with **horror** when I see an enormous spider. 나는 거대한 거미를 보고 공포로 가득찼다.

756

safely
[séifli]

부 안전하게. 무사히

🔊 세이플리 > ⚙ 새 이파리 > ⊙ 새가 연약한 이파리(잎)에 앉았다. 떨어져 다치지 않고 안전하게 다른 곳으로 날아가거라.

예 I **safely** finished my work. 나는 안전하게 일을 마쳤다.
The ship **safely** reached the harbor. 배는 안전하게 항구에 도착했다.

새가 연약한 이파리에 앉았다. 떨어져 다치지 말고 안전하게 날아가거라. ▶

757

fierce
[fiərs]

📖 사나운. 맹렬한

🔊 피어스 > ✪ 피 있어 > 😀 사나운 짐승들의 맹렬한 싸움이 있었던 자리여서 여기저기에 피가 있어.

📝 The tiger is a **fierce**. 호랑이는 사나운 동물이다.
She looked **fierce**. 그녀는 험상궂은 표정을 지었다.

758

private
[práivit]

📖 개인의. 사적인

🔊 프라이비트 > ✪ 프라이 비(틀어) > 😀 계란 프라이를 비틀어 먹든 펴서 먹든 그것은 개인의 사적인 일로 비판의 대상이 아니다.

📝 This is my **private** property. 이것은 내 사유재산이오.
Please do not interfere in my **private** work. 나의 사생활에 방해하지 말아 주세요.

759

various
[vέəriəs]

📖 여러 가지의

🔊 베어리어스 > ✪ 버리었어 > 버렸어 > 😀 아, 속이 상하구나. 미술 시간에 여러 가지 수채화를 그렸는데 물감을 흘려서 모두 버렸어.

📝 There are **various** ways to measure the height of a building with a thermometer. 온도계로 건물의 높이는 재는 방법에는 여러 가지가 있다.
Various industries are involved in producing this smartphone. 이 스마트폰을 만드는 일에는 다양한 종류의 산업들이 관계된다.

760

possible
[pásəbəl]

📖 가능한

🔊 파서벌 > ✪ 팠어 불 > 😀 불을 팠어. 뜨거운 불을 손으로 파다니 가능한 일인가?

📝 That's not **possible**. 저건 불가능해.
Is it **possible** to learn this power? 이 힘을 배우는 것이 가능할까요?

뜨거운 불을 손으로 팠어?
가능한 일인가? ▶

761
diligent
[dílədʒənt]

형 부지런한. 열심히 하는

🔊 딜러전트 > ⚙ 달라졌다 > ❓ 게으른 친구 혜민이가 완전히 달라졌다. 아침 일찍 일어나 공부하고 운동을 하는 등 매우 부지런한 사람이 되었다.

예 I am not a **diligent** student. 나는 부지런한 학생이 아니다.
Even though he dropped out of university, he is a **diligent** worker. 그는 대학을 중퇴했지만 성실한 일꾼이다.

◀ 혜민이가 부지런한 사람으로 완전히 달라졌다.

762
beach
[biːtʃ]

명 해변

🔊 비치 > ⚙ 비치 볼 > ❓ "텔레비전에서 미녀들이 비키니옷을 입고 배구 경기 하는 것 보았지? 그걸 뭐라 하지?" "비치 발리볼." "어디에서 하던가?" "그야 당연히 해변에서 하지요."

예 The girls are playing **beach** volleyball in the Haewoondae beach. 그 소녀들은 해운대 해변에서 비치 발리볼을 즐기고 있었다.
In this season, you can see many people swimming in this **beach**. 이 계절에는, 이 해변가에서 수영하는 많은 사람들을 볼 수 있다.

763
fox
[fɑks]

명 여우. 교활한 사람

🔊 팍스 > ⚙ 폭소 > ❓ 집에 여우가 나타나 물건을 훔쳐갔다고 말하는 교활한 사람이 있다니 폭소를 터트릴 일이군.

예 The **fox** died of consumption from eating too much sour grape. 그 여우는 신 포도를 너무 많이 먹는 바람에 죽었다.
The pelt of an albino **fox** costs a lot of money. 알비노 여우의 가죽은 매우 비싸다.

|Tip| 'pelt'는 '짐승의 생가죽'의 뜻으로 쓰인다.

764
clever
[klévər]

형 영리한. 솜씨 좋은

🔊 클레버 > ⚙ 끌러 봐 > ❓ 친구가 보자기에 묶인 물건을 아무리 끌러보려고 노력해도 안 되자 포기하면서 내게 하는 말. "향순아, 영리한(솜씨 좋은) 네가 끌러 봐."

예 The **clever** child built a tower out of building blocks. 그 영리한 꼬마는 벽돌로 탑을 쌓았다.
There is a difference between being **clever** and being wise. 영리한 것과 현명한 것에는 차이가 있다.

765

serious
[síəriəs]

형 **진지한. 심각한. 중대한**

🔊 시어리어스 > ⚙ 시월이 왔어 > ☺ 나는 대학 수학능력시험에 응시하는 재수생이야. 10월이 왔어. 이제 수능이 한 달 남았네. 지금부터 진지한 자세로 공부해야지. 그렇지 않으면 심각하고 중대한 결과가 나를 기다리고 있을 거야.

예 I am **serious** about the problem. 나는 이 문제에 대해 진지해.
Can you be more **serious**? 좀 더 진지해질 수 없겠니?

> 시월이 왔으니 우리 진지한 자세로 공부하자.
> 그래야 심각하고 중대한 결과가 안 나올 거야.

766

lead
[li:d]

동 **이끌다. 안내하다** 명 **선두**

🔊 리드 > ⚙ 리드 > ☺ 남에게 질질 끌려가지 않으려면 앞장서서 남을 이끌어야 하지. 이것을 '리드'라고 해. 그렇게 이끄는 사람을 리더(leader)라고 하고. 반장은 매사에 적극적인 리더가 되어야 하겠지.

예 The alley **led** to a dead end. 그 골목은 막다른 곳으로 끝났다.
You take the **lead**. 당신이 선두에 서세요.

767

shy
[ʃai]

형 **부끄러워하는. 수줍은**

🔊 샤이 > ⚙ 사이 > ☺ 그녀는 나와 처음 만난 사이로 수줍은 듯 며칠 동안 말이 없었다.

예 My brother is so **shy**. 나의 남동생은 너무 수줍음을 많이 탄다.
There is a stereotype that Asians are **shy**. 동양인이 소심하다는 고정관념이 있다.

| **Tip** | 'stereotype'은 '고정관념'의 뜻으로 쓰인다.

◀ 저도 남자 친구 만나면 부끄러워해요.

768

single
[síŋgl]

형 **단 하나의. 독신의**

🔊 싱글 > ⚙ 싱글벙글 > ☺ 단 하나밖에 없는 외아들이 싱글벙글 웃으며 반겨주어 살아가는 재미가 난다.

예 I don't have a **single** reason to help you. 나는 너를 도와주어야 할 이유를 하나도 찾지 못하겠어.
He did not speak a **single** word. 그는 한마디도 말하지 않았다.

769

turtle

[tə́ːrtl]

명 **바다거북**

🔊 터틀 > ✪ 터 틀(어막고) > 😊 갈매기들이 바다거북이가 알을 낳은 터를 틀어 막고 있다.

예 **Turtle, turtle**, poke out your head, if you don't, I will roast you and eat you. 거북아, 거북아, 머리를 내밀어라. 내밀지 않으면 구워 먹으리.

770

smart

[smɑːrt]

형 **영리한. 똑똑한. 산뜻한**

🔊 스마트 > ✪ 숨었다 > 😊 숨바꼭질 놀이를 하였다. 영리한 고은이가 술래를 하고 산뜻한 옷을 입은 상옥이가 숨었다.

예 You are a very **smart** student and I'm sure you can go to Harvard. 너는 정말 똑똑한 학생이라 하버드 대학에 갈 수 있을 거라 믿어. Even though you are not **smart**, if you try hard, you can succeed. 똑똑하지 않더라도 노력을 많이 하면 성공할 수 있다.

771

beg

[beg]

동 **구걸하다. 간청하다**

🔊 벡 > ✪ 백(수건달) > 😊 공부는 안 하고 신나게 놀며 학창시절을 보낸 아저씨는 백수건달이 되어 남의 도움이나 간청하는 (구걸하는) 한심한 인간이 되었다.

예 It is you who should **beg** for mercy! 자비를 구해야 할 것은 바로 너다!

772

amazing

[əméiziŋ]

형 **놀랄 만한. 굉장한**

🔊 어메이징 > ✪ 어! 매진 > 😊 내가 응원하는 야구팀의 순위는 꼴찌이다. 그런데 이 팀이 화끈한 공격 야구를 하다 보니 어! 오늘 경기의 표가 매진되었다. 참으로 놀랄 만하다.

예 This cream soup is **amazing**! 이 크림 수프가 매우 맛있어요! I saw this **amazing** movie the other day… 지난번에 이 놀라운 영화를 봤는데…

773
deep
[diːp]

형 깊은. 짙은 부 깊이. 깊게

🔊 디프 > ⚙ 깊어 > 💡 '깊어 가는'을 두 글자로 줄이면 '깊은' 이다.

📝 The **deep** sea calls me. 깊은 바다가 나를 부른다.
The swimming pool was too **deep**. 그 수영장은 너무 깊었다.

깊은 바다 속에는 무엇이 있을까? ▶

774
boring
[bɔ́ːriŋ]

형 지겨운. 따분한

🔊 보링 > ⚙ 볼링 > 💡 친구들과 볼링장에 갔다. 친구들은 볼링 을 잘하는데 나는 전혀 할 줄을 모른다. 끝날 때까지 기다리느 라 지겹고 따분한 시간을 보냈다.

📝 Let's finish this **boring** work tonight! 이 지루한 일을 오늘밤에 끝 내 버리자!
I am not interested in reading a **boring** book. 나는 따분한 책 을 읽는 것에는 관심이 없다.

775
draw
[drɔː]

동 끌다. 당기다. 그리다. 꺼내다(draw-drew-drawn)

🔊 드로 > ⚙ 드륵 > 💡 물건을 끌어 당기니 드륵 소리가 난다. 그 물건은 할아버지께서 그리신 그림이다.

📝 He **drew** a portrait of me. 그는 나의 초상화를 그려 주었다.
Draw your gun, let us fight for the hand of the beautiful girl! 총을 꺼내시지, 저 아름다운 숙녀와의 결혼을 위해서 결투하자!

776
charming
[tʃɑ́ːrmiŋ]

형 매력적인. 매우 재미있는

🔊 차밍 > ⚙ 차+밍크 코트 > 💡 이모의 남자 친구가 새 차를 밍 크코트에 감싸서 선물로 주었대. 얼마나 매력적인 남자인지 몰라.

📝 She was **charming**, but not very intelligent. 그녀는 매력적이 지만, 지적이지는 않았다.
I am waiting for my prince **charming**. 나는 나의 백마 탄 왕자님 을 기다리는 중이야.

777
receive
[risíːv]

동 받다. 맞아들이다. 환영하다

🔊 리시브 > ✪ 리시브 > ⓘ 배구에서 스파이크, 리시브 이런 말을 들어보았지. 스파이크는 강하게 때리는 것이지. 리시브는 상대의 볼을 받는 것이야. 여기에 더하여 '맞아들이다', '환영하다' 의 뜻도 있어.

예 Have you **received** my present? 내 선물 잘 받았니?

778
fresh
[freʃ]

형 신선한. 상쾌한. 맑은

🔊 프레시 > ✪ 프레시 아이스크림 > ⓘ 상쾌하고 맑은 날 신선한 프레쉬 아이스크림을 실컷 먹으니 더할 나위 없이 기분이 좋구나.

예 **Fresh** eggs for sale! 신선한 계란 팝니다!

779
cruel
[krúːəl]

형 잔인한. 참혹한

🔊 크루얼 > ✪ 칼을 > ⓘ 칼을 물고기에 대고 찌르려는 잔인한 장면을 보았다.

예 T. S. Eliot said that April was the **cruelest** month. T. S. 엘리엇은, 4월은 가장 잔인한 달이라 말했다.

DAY
33

780
dig
[dig]

동 파다. 알아내다(dig-dug-dug)

🔊 딕 > ✪ 딕딕 > ⓘ 삽으로 땅을 파 내려가니 '딕딕' 거리는 소리가 났다. 그 밑을 계속 파니 구석기 유물이 나타났지. 유물을 통해 그 당시의 사회 생활 모습을 알아낼 수 있었단다.

예 Tell me how to **dig** a hole. 구멍을 어떻게 파는지 말해 보게.

포크레인으로 땅을 파도 딕딕 소리가 납니다. ▶

781
imagine
[imǽdʒin]

동 상상하다. 생각하다. 추측하다

🔊 이매진 > ✪ 이미 매진 > ➲ 형이 주연한 연극 예매표가 이미 매진되었을 거라고 상상하니 생각만 해도 가슴이 뿌듯하다.

📝 She **imagined** a great red dragon. 그녀는 거대한 붉은색의 용을 상상해 보았다.
I **imagine** that you are likely to pass this exam. 내 생각에 너는 이 시험을 통과할 수 있을 것 같아.

782
fill
[fil]

동 채우다

🔊 필 > ✪ 리필 > ➲ 너 '무한리필(refill)' 이라는 말 들어 봤지? 무한정 다시 채워 준다는 말이야. 여기서 refill은 re(다시)와 fill이 합쳐져 이루어진 말이야. 그러니 fill은 '채우다' 의 뜻임을 알 수 있지.

📝 The waiter **filled** his glass with wine. 웨이터가 그의 잔에 와인을 채웠다.
Water **filled** the swimming pool. 수영장이 물로 채워졌다.

우리 족발집에 오신 손님에게는 무한리필해 드립니다. 접시는 끝없이 고기로 채워집니다.

783
mild
[maild]

형 부드러운. 상냥한. 온화한. 따뜻한

🔊 마일드 > ✪ 스마일도(圖) > ➲ 부드럽고 상냥한 모습으로 웃는 그림을 스마일도라고 하지.

📝 I drink a **mild** cup of coffee before retiring for the night. 밤에 잠들기 전에 나는 약한 커피 한잔을 마신다.
She is **mild**-mannered. 그녀는 온화한 성격이다.

784
huge
[hju:dʒ]

▲ 거대한 바위입니다.

형 거대한. 매우 큰

🔊 휴즈 > ✪ 휴즈 > ➲ 전기 합선으로 휴즈가 나가면서 거대한 폭발음이 났다.

📝 Marie Antoinette had a **huge** emerald. 마리 앙투아네트는 커다란 에메랄드를 갖고 있었다.
The **huge** man was proud of his muscles. 그 (몸집이) 큰 사람은 근육을 자랑스러워했다.

785

pet
[pet]

명 애완동물. 귀염둥이

🔊 페트 > ✿ 페트 > ➊ 오늘 상설 공연 센터에 갔지. 마술사가 페트병에 애완동물을 넣는 묘기를 보여 주고 있어. 그 귀염둥이 애완동물이 안 들어가려고 하자 모두들 폭소를 터뜨렸어.

예 I own a **pet** shop. 나는 애완동물 가게를 운영한다.
I have a **pet** rabbit. 나는 애완용 토끼를 가지고 있다.

786

patient
[péiʃənt]

형 참을성 있는 명 환자

🔊 페이션트 > ✿ 빼셨다 > ➊ 아버지가 이를 빼셨다. 그러고도 눈 하나 깜짝하지 않으신다. 정말 참을성이 대단한 분이시다. 전혀 환자 같지가 않다.

예 Be **patient** when you study. 공부할 때는 인내심을 가져라.
Take care of him. He is a **patient** now. 그를 잘 돌봐 줘라. 그는 지금 환자잖니.

787

witness
[wítnis]

DAY
33

명 목격자. 증거

🔊 위트니스 > ✿ 위(로) 틀은 이 세! > ➊ 교차로에서 교통사고가 발생했다. 사고를 일으킨 운전자는 방향을 틀어 뺑소니쳤다. 경찰은 운전자를 따라가며 소리쳤다. "방금 위로 틀은 이(운전자) 즉시 서요. 목격자가 증거를 갖고 있어요."

예 The **witness** refused to say anything. 그 목격자는 아무 말도 하기를 거부했다.

위로 틀은 이 즉시 서세요. 목격자가 중앙선 위반 증거를 알려 주었어요.

788

success
[səksés]

명 성공. 성공자

🔊 석세스 > ✿ 썩(매우) 세었어 > ➊ 그 씨름 선수 힘이 썩 세었어. 네가 그를 이기면 큰 성공이야.

예 I envy your **success**. 나는 네 성공이 부럽다.
You cannot buy **success** with money.
성공을 돈으로 살 수는 없다.

그 친구 힘이 썩 세었어요. ▶

789
beside
[bisáid]

전 ~의 곁에. ~의 옆에

🔊 비사이드 > ☼ 비와 사이도 > ➊ 가수 '비' 와 '사이' 도 곁에는 늘 친구가 있었다.

㉠ The chair was **beside** the bed. 의자는 침대 옆에 있었다.
On the table **beside** the bed, hot pancake was served. 침대 옆의 탁자 위에 따끈한 팬케이크가 차려져 있었다.

친구를 늘 곁에 두고
살아가는 우리지요. ▶

790
palace
[pǽlis]

명 성. 궁궐. 궁전

🔊 팰리스 > ☼ 팰리스 > ➊ 덴마크의 팰리스 공주가 사는 곳이 어디지? 그야 당연히 궁전이지.

㉠ He is so rich that he lives in a **palace**. 그는 궁전에 살 정도로 부자이다.
We have to pay 2$ to visit this **palace**. 이 궁전을 방문하기 위해서는 2달러를 지급해야 한다.

791
tiny
[táini]

형 매우 작은. 조그마한

🔊 타이니 > ☼ 타이니 > ➊ 타이니 나에게 주는 것은 어떤 것이라도 매우 작고 하찮은 것처럼 느껴지는 이유가 무엇인지 모르겠어. 남의 떡이 더 커 보인다는 말과 일맥상통하지.

㉠ The **tiny** dancer danced in my palm. 그 자그마한 댄서는 내 손바닥 안에서 춤추었다.

792
crowded
[kráudid]

형 붐비는. 혼잡한

🔊 크라우디드 > ☼ 걸어오지도 > ➊ 야구 경기가 끝나고 나오는 길은 걸어오지도 못할 정도로 붐비게 됩니다.

㉠ The bus was **crowded**. 버스에는 사람들이 가득했다.
People **crowded** into the football stadium. 사람들이 축구 경기장으로 몰려들었다.

DAY
34
STORY가 있는 영단어

793
tough
[tʌf]

형 거친. 난폭한. 강인한. 질긴

🔊 터프 > ✪ 터프 > ☺ "만화 영화에서 '터프가이(tough guy)'
를 보았지?" "주인공은 매우 난폭하고 거칠더구면." "터프
(tough)는 '거친' 의 뜻이고 가이(guy)는 '녀석' 의 뜻이야."

예 He tried to act **tough**, but everyone could see that he
scared. 그는 강한 척하려 했지만 모든 사람들은 그가 무서워하고 있다
는 사실을 알 수 있었다.
The meat is **tough**. 이 고기가 질기네요.

794
deer
[diər]

명 사슴

🔊 디어 > ✪ 되어 > ☺ 사슴이 되어 넓은 초원을 맘껏 뛰어놀고
싶구나.

예 Venison is **deer** meat. Venison은 사슴 고기이다.
Deer hunt involves hounds as well as guns. 사슴 사냥에는 총
뿐 아니라 사냥개가 동원된다.

◁ 사슴이 되어 초원을 뛰어노는 느낌이 들어요.

795
salt
[sɔːlt]

명 소금

🔊 솔트 > ✪ 싫다 > ☺ 음식에 소금을 이렇게 많이 넣으면 너무
짜서 싫다.

예 Add a little bit of **salt**. 약간의 소금을 첨가하세요.
I think you scattered too much **salt** on the pizza. 내 생각엔
피자에 소금을 너무 많이 뿌린 것 같아.

796
calm
[kɑːm]

형 평온한. 조용한. 침착한

🔊 캄 > ✪ 캄캄 > ☺ 시끌벅적한 대낮보다 캄캄한 밤이 평온한
느낌이 든다. 그래서 나그네는 밤의 산길을 침착하게 걸었다.

예 Korea is a land of the morning **calm**. 한국은 고요한 아침의 나
라이다.

797
expensive
[ikspénsiv]

형 비싼(반cheap)

🔊 익스펜시브 > ⚙ 있어 펜 10원 > 😀 "10원짜리 펜이 있어. 그런데 너무 비싼 것 아닌가?" "에이, 이 사람아! 그렇지 않아. 세상 물정 모르는구먼."

예 Ferraro Roche is quite **expensive** for a chocolate. 페레로 로쉐는 초콜릿치고는 꽤 비싸다.
This bag is **expensive**. 이 가방은 비싸다.

798
reach
[riːtʃ]

동 도착하다. 연락하다. 뻗치다

🔊 리치 > ⚙ (소)리치(다) > 😀 행방불명된 아이가 도착한다는 연락을 받고 모두들 소리치며 기뻐했다.

예 I finally **reached** my goal! 나는 마침내 목표에 도달했어!
We **reached** an agreement owing to his ability. 그의 능력으로 우리는 합의에 도달할 수 있었다.

배를 타고 도착하는 형님의 모습을 보고 기뻐서 소리쳤다. ▶

799
modern
[mádərn]

형 현대의. 근대의. 최신식의

🔊 마던 > ⚙ 몰던 > 😀 내가 몰던 자동차는 현대 자동차의 최신식 소나타였어.

예 **Modern** computers are very fast. 현대적인 컴퓨터는 매우 빠르다.
'**Modern** Times' is a film by Charlie Chaplin. '모던 타임즈(현 시대)'는 찰리 채플린이 만든 영화이다.

내가 몰던 현대 자동차의 소나타 와 똑같은 차네요.

800
sentence
[séntəns]

명 문장

🔊 센턴스 > ⚙ 샌댔어 > 😀 문장은 가급적 짧게 써야 해. 문장이 길면 내용이 머리 밖으로 샌댔어. 그래서 이해하기 어려워.

예 Can you write a long **sentence** in Chinese? 중국어로 긴 문장을 쓸 수 있니?
I can't understand the **sentence**. 나는 그 문장을 이해할 수 없다.

801
recent
[ríːsnt]

형 최근의. 근래의

◀) 리슨트 > ✪ 2센트 > ⌚ 지금 갖고 있는 2센트짜리 돈은 최근의 돈이야.

예 It was a **recent** event. 그것은 최근의 사건이었다.
I **recently** met someone famous. 나는 최근에 유명인을 만났다.

802
shape
[ʃeip]

명 외형. 모양. 형태

◀) 셰입 > ✪ 새 입 > ⌚ 새의 입으로 짐작되는 화석이 발견되었다. 모양은 요즘의 새 입과 비슷한 형태였다.

예 Describe its **shape** and color. 그것의 모양과 색깔을 묘사해 봐요.
There are many fun **shapes** in his artwork. 그의 미술 작품에는 재미있는 모양들이 많이 나온다.

> 산에서 새 입 모양의 화석이 발견될 것 같다.

803
art
[aːrt]

명 예술. 미술

◀) 아트 > ✪ 호암아트홀 > ⌚ 호암아트홀에 가 본 적이 있는가요? 거기서 무엇을 하던가요? 예술 작품, 미술 작품을 전시한다고요? 예. 맞아요. 아트는 바로 '예술', '미술'의 뜻입니다.

예 Not all **art** is beautiful. 모든 예술이 아름다운 것은 아니다.
Oscar Wilde praised **art** for **art**'s sake. 오스카 와일드는 예술을 그 예술 자체로서 칭찬했다.

DAY
34

804
bee
[biː]

명 꿀벌

◀) 비 > ✪ 비 > ⌚ 비 오는 날을 가장 싫어하는 동물이 꿀벌이래. 벌집이 비에 젖고 날개가 비에 젖고. 꽃도 비에 시들어 꿀을 딸 수가 없으니 당연하겠지.

예 **Bees** make honey. 벌은 꿀을 만든다.
It hurts when **bees** sting you. 벌에게 쏘이면 아프다.

| Tip | 'sting'는 '쏘다'의 뜻으로 쓰인다.

◀ 오늘은 비 오지 않고 화창한 날이라 벌이 신나게 꿀을 따고 있어요.

ancient
[éinʃənt]

형 고대의. 오래된

🔊 애인션트 > ⚙ 8센트 > 💡 아주 오랜 옛날, 고대에는 8센트만 있으면 갖고 싶은 것 모두를 가질 수 있었다. 그게 정말이야?

📝 The pyramids are **ancient** monuments. 피라미드는 고대의 기념비이다.
My grandfather is very **ancient**. 나의 할아버지는 연세가 매우 많으시다.

brave
[breiv]

형 용감한. 대담한

🔊 브레이브 > ⚙ 불에 이블 > 💡 야! 대단하다. 불에 입을 맞추는 사람이니 얼마나 용감한 사람이냐.

📝 The **bravest** soldier is always the quickest to die in battle. 가장 용감한 병사는 전장에서 항상 가장 먼저 죽는다.
People who are not **brave** run away instead of fighting. 용감하지 않은 사람은 맞서 싸우는 대신 도망친다.

burn
[bəːrn]

동 타다. 화상을 입히다

🔊 번 > ⚙ 버+ㄴ > 버너 > 💡 버너에 가까이 갔다가 옷이 타고 몸에 화상을 입었다.

📝 Emperor Nero was singing while Rome **burned**. 네로 황제는 로마가 불타는 동안 노래를 불렀다.

야외에서 고기를 구워 먹을 때 쓰는 버너(burner)는 burn에 er이 붙어서 된 말입니다. ▶

conversation
[kànvərséiʃən]

명 대화. 회화

🔊 칸버세이션 > ⚙ 큰 벗 셋이서 > 💡 키가 큰 벗 셋이서 진지하게 대화를 나누고 있다.

📝 I am scared when I engage in **conversation** with beautiful girls. 나는 아름다운 여자들과 이야기할 때는 항상 두려워한다.
Shy people are afraid of starting **conversation**. 수줍음 타는 사람들은 대화를 시작하는 것을 두려워한다.

809

downstairs
[dàunstéərz]

부 아래층에. 아래층으로

◁) 다운스테어즈 > ✪ 다운스테어즈 > ⊙ 다운(down)은 '아래'의 뜻. 스테어즈(stairs)는 '층계. 계단'의 뜻. 합쳐서 '아래층에'의 뜻이다.

예 The dining room is **downstairs**. 식당은 아래층에 있습니다.
He fell **downstairs** and broke his leg. 그는 계단 아래로 굴러떨어져 다리가 부러졌다.

◁ 지하철 역이 있는 아래층으로 내려가고 있습니다.

810

enter
[éntər]

동 들어가다. 입학하다. 등장하다

◁) 엔터 > ✪ 애는 타 > ⊙ 형은 중학교 3학년이다. 외고에 들어가기(입학하기) 위해 열심히 공부하지만 성적이 오르지 않아 애는 타고 있다.

예 Say friend and **enter**. '친구'라고 말하고 들어오라(모리아 정문에 새겨져 있는 글귀).
You can **enter** if you want, but it is not easy to leave. 들어오는 것은 마음대로지만 나갈 때는 아니란다.

811

familiar
[fəmíljər]

형 익숙한. 친숙한. 잘 아는

◁) 퍼밀려 > ✪ 파 말려 > ⊙ 어머니는 파를 말려 두었다가 요리하는 데 익숙하시다. 그리고 친숙한(잘 아는) 손님이 오면 푸짐하게 대접하신다.

예 I was in **familiar** area. 나는 익숙한 지역에 있었다.
Familiar faces greeted me. 친숙한 얼굴들이 나를 환영한다.

DAY
34

812

nervous
[nə́:rvəs]

형 초조한. 신경 과민한

◁) 너버스 > ✪ 너 봤어! > ⊙ 내가 아무 말도 하지 않았는데 친구가 갑자기 "너 다시 봤어 임마." 하고 신경질적인 반응을 보인다. 참 이상한 녀석이다.

예 Tomorrow is the day we take KSAT. I'm so **nervous**. 내일이 수능시험일이야. 정말 긴장된다.
She **nervously** paced outside the surgery room. 그녀는 수술실 앞에서 긴장하여 서성거렸다.

813
clerk
[kləːrk]

명 점원. 사무원

🔊 클럭 > ✪ 콜록 > ☺ 점원(사무원)들은 특히 몸가짐에 주의해야 한다. 감기에 걸려 콜록거리지 않도록 유의하자.

📢 The store **clerk** looked up when a customer entered. 가게의 점원은 손님이 들어오자 올려다보았다.
The **clerk** wrote down the address of the caller. 그 사무원은 전화를 건 사람의 주소를 적었다.

814
except
[iksépt]

전 ~을 제외하고. ~이외에는

🔊 익셉트 > ✪ 이그셉트 > 이크! 샜다 > ☺ 이크! 한 친구가 청소 안 하고 샜다. 이 녀석은 선물 대상자에서 제외하고 이외에는 모두 주겠다.

📢 I am nice to everyone **except** for my brother. 나는 동생만 빼고 모두에게 친절하다.
I eat everything **except** banana. 나는 바나나만 빼고 다 먹을 수 있다.

815
hardly
[háːrdili]

부 거의 ~ 아니다

🔊 하딜리 > ✪ 하(수)들이 > ☺ 이 일은 하수들이 모여 의논하지만 지역 안전을 위해 거의 공헌을 하지 못할 것이다.

📢 She **hardly** went out of her room. 그녀는 방 밖으로 거의 나가지 않았다.
I **hardly** saw her all winter. 나는 겨울 내내 그녀를 거의 보지 못했다.

하수들이 못 지켜서 우리 고수들이 지역을 지키겠습니다. ▶

816
date
[deit]

명 날짜. 데이트 동 적다. 사귀다. 데이트하다

🔊 데이트 > ✪ 데이트 > ☺ 누나는 새로 사귄 남자 친구와 데이트할 날짜를 손꼽아 기다리고 있다.

📢 The boy has not asked me out on a **date**. 그 남자 아이는 나에게 데이트 신청을 하지 않았다.
I **dated** my classmate for a while. 나는 반 친구와 잠깐 사귀었다.

817

explain
[ikspléin]

동 설명하다

🔊 익스플레인 › ✿ 이 스프레이는 › ❓ 이 스프레이는 어떻게 사용하여 모기를 잡는 것인지 설명해 주세요.

📝 **Explain** your intentions. 당신의 의도를 설명하세요.
How can I **explain**? 내가 어떻게 설명할 수 있겠어요?

이 스프레이의 사용법을
설명해 주세요. ▶

818

otherwise
[ʌ́ðərwàiz]

부 달리. 그렇지 않으면

🔊 어더와이즈 › ✿ 얻어 와야지 › ❓ 거지들의 집에서 온 가족이 며칠을 굶었다. 거지왕이 하는 말. "동냥을 얻어 와야지. 그렇지 않으면 달리 살아갈 방법이 없구나."

📝 Do as I told you, **otherwise** you'll lose her. 내가 시킨 대로 해. 그렇지 않으면 너는 그녀를 잃게 되겠지.
Otherwise you might have won. 조건이 달랐다면 너는 이길 수 있었을 거야.

819

consist
[kənsíst]

동 구성하다

🔊 컨시스트 › ✿ (에어)컨+씻었다 › ❓ '에어컨 씻었다'는 '에어컨'과 '씻었다'로 구성되어 있다.

📝 My breakfast **consisted** of a glass of milk and a slice of bread. 아침은 우유 한 잔과 빵 한 쪽이었다.

820

simple
[símpl]

형 간단한. 간소한

🔊 심플 › ✿ 신발 › ❓ 등산할 때는 간편하고 간단한 신발을 신고 오너라.

📝 This is such a **simple** question! 이것은 정말 간단한 질문이야!
It might be **simple** for you, but for me, it is very hard. 너한테는 간단할지 모르겠지만, 나한테는 아주 어려워.

◀ 저기 가시는 분들도 간편하고 간단한 신발을 신고 산을 올라가십니다.

821
impossible
[impásəbl]

형 **불가능한**

🔊 임파서블 > ✿ 임파선 붉(고) > ⓣ 임파선이 붉고 부어서 힘들다. 그래서 일하는 것이 불가능하다.

📝 Finishing this homework is **impossible**! 이 숙제를 끝내는 것은 불가능해요!
Growing strawberries in winter is no longer **impossible**. 겨울에 딸기를 재배하는 것은 더 이상 불가능한 일은 아니다.

822
promise
[prámis]

명 **약속** 동 **약속하다**

🔊 프라미스 > ✿ 보라 미스 > ⓣ 삼촌이 상기된 얼굴을 하며 말했다. "보아라, 내가 미스 김과 데이트하기로 당당히 약속했다."

📝 She **promised** to stop lying. 그녀는 거짓말을 끊겠다고 약속했다.
He kept his **promise**. 그는 약속을 지켰다.

보라! 내 능력을. 미스 김이 데이트를 약속했다.

823
step
[step]

명 **단계. 걸음. 한 걸음**

🔊 스텝 > ✿ 스텝 > ⓣ "한 스텝 한 스텝 차근히 노력하면 성공할 수 있어." "스텝은 '걸음'의 뜻이군요."

📝 Asking a person's name is the first **step** to making a friend. 사람의 이름을 물어보는 것은 친구를 사귀는 첫 번째 단계이다.
We heard **steps** outside. 우리는 밖에서 발걸음 소리를 들었다.

824
whether
[wéðər]

접 **~인지 아닌지**

🔊 웨더 > ✿ 왜 더 > 왜 더 먹지 > ⓣ 초대받은 친구가 서너 번 먹더니 수저를 놓자 주인이 물었다. "왜 더 먹지 그래. 너는 이 음식을 좋아하는 것인지 아닌지 모르겠다." 그러자 친구가 말했다. "어제 먹은 음식이 체했나 봐."

📝 Do you know **whether** the professor will be back by this evening or not? 교수가 오늘 저녁까지 돌아올지 않을지 알고 있니?
I don't know **whether** to laugh or cry. 웃어야 할지 울어야 할지 모르겠네.

◀ 이 음식을 좋아하는 것인지 아닌지 모르겠네요.

825

drop
[drɑp]

동 떨어지다. 떨어뜨리다 명 (액체의) 방울. 떨어짐

🔊 드랍 > ⚙ 드럽 > 더럽다 > 😀 옆 친구의 콧구멍에서 한 방울의 콧물이 떨어지는 것을 보고 참 더럽다고 느꼈다.

📋 The cookie **dropped** to the floor. 쿠키가 바닥에 떨어졌다.
She **dropped** her briefcase. 그녀는 서류 가방을 떨어뜨렸다.

826

headache
[hédèik]

명 두통

🔊 헤드에이크 > ⚙ 헤드+에이쿠 > 😀 헤드(머리)가 아프구나 어이쿠. 그게 바로 두통이야.

📋 I have a severe **headache**. 나는 지금 심하게 머리가 아파요.
I take medicine for my **headache**. 두통을 가라앉히려고 약을 먹었어요.

어이쿠 아프구나. 공부를 너무 열심히 했더니 두통이 심해. ▶

827

expect
[ikspékt]

동 기대하다. 예상하다

🔊 익스펙트 > ⚙ 익하고 (힘내어) 스퍼트하다 > 😀 부천 세계육상대회에 참가한 김우승 선수가 200미터 달리기에서 '익!' 하고 힘내 스퍼트한 결과 기대한 대로(예상한 대로) 우승하였다.

📋 I **expect** you to return by seven. 나는 네가 7시까지 돌아올 것으로 기대한다.
He **expected** a visitor. 그는 방문객이 올 것으로 기대하고 있었다.

828

goal
[goul]

명 골. 목표

🔊 고울 > ⚙ 골대 > 😀 골대에다 골을 최대한 많이 넣는 것이 나의 목표이다.

📋 Do you have a **goal**? 너는 목표가 있니?
The marathoner reached the **goal**. 그 마라톤 선수는 결승점에 도착했다.

DAY
35

217

829
hide
[haid]

[동] 감추다. 숨다(hide-hid-hidden)

🔊 하이드 > ⚙ 하이 드러워 > 하이 더러워 > 💬 "더러운 것은 어떻게 해야지?" "그야 당연히 감추어야지.

📝 The little girl **hid** in a closet. 그 조그마한 여자아이는 옷장 안에 숨었다.
Let's play **hide** and seek. 술래잡기를 하자꾸나.

더럽다고 감추지 말고 어서 씻어라.

830
pour
[pɔːr]

[동] 붓다. 쏟다. 따르다

🔊 포 > ⚙ 퍼 > 퍼부어 > 💬 비가 양동이로 쏟아 붓듯이 마구 퍼부어 내리고 있다.

📝 The rain **poured**. 비가 억수로 쏟아졌다.
Would you please **pour** coffee? 커피 좀 따라주시겠어요?

하늘이 뚫어진 듯 비가 퍼붓고 있어요. ▶

831
necessary
[nésəsèri]

[형] 필요한. 필수적인

🔊 네서세리 > ⚙ 넷이서 서리 > 💬 너희 넷이서 수박서리를 했다는데 너희들은 부자들이잖아. 그렇게도 꼭 필요한(필수적인) 일이었니? 그렇게 하지 않아도 되잖아.

📝 Cheese is a **necessary** element when we make risotto. 치즈는 리조또를 만들 때 꼭 필요한 요소이다.
White lies are **necessary** evil. 선의의 거짓말은 필요악이다.

832
unless
[ənlés]

[접] ~하지 않으면

🔊 언네스 > ⚙ 안 냈어 > 💬 '태극기를 휘날리며' 영화를 보려고 하는데, 비가 오지 않으면 공짜 관람이라네. 운좋게도 비가 오지 않아서 표를 안 냈어. 공짜로 들어갔지.

📝 The doctors will not do the surgery **unless** they are paid. 진료비가 지급되지 않는 한 그 의사는 수술에 들어가지 않을 것이다.

833

international
[ìntərnǽʃənəl]

형 **국제적인**

🔊 인터내셔널 > ✪ 인터넷을 > ☺ 인터넷을 널리 보급한 관계로 우리는 해외를 직접 가 보지 않고도 다양한 정보를 획득하여 국제적인 감각을 익힐 수가 있다.

例 The **international** school did not accept the new student. 그 국제학교는 신입생을 받지 않았다.
He presented a paper at an **international** conference. 그는 국제학회에 논문을 한 편 발표했다.

◀ 인터넷을 잘하면 국제적인 감각을 높일 수 있어요.

834

master
[mǽstər]

동 **숙달하다. 정복하다** 명 **지배자. 정복자. 주인**

🔊 매스터 > ✪ 매섭다 > ☺ 책 한 권을 일주일 만에 숙달한 형의 눈매가 아주 매섭다. 머지않아 교육생을 모두 정복하고 지배자가 될 것 같다.

例 He **mastered** Spanish when he was seven. 그는 일곱 살 때 스페인어를 마스터했다.
As you command, **master**. 주인님의 명을 따르겠습니다.

835

smell
[smel]

동 **냄새를 맡다. 냄새가 나다**

🔊 스멜 > ✪ 숨을 > ☺ 문제 하나 내 볼게. 숨을 안 쉬고 냄새를 맡을 수 있을까 없을까?

例 This fish **smells** bad. 이 생선은 이상한 냄새가 난다.
Flowers **smell** good. 꽃에서는 좋은 냄새가 난다.

숨을 안 쉬고 이 들국화꽃 냄새를 맡을 수 있을까? ▶

836

while
[hwail]

전 **~하는 동안에. ~하는 사이에**

🔊 화일 > ✪ 화일 > ☺ 화일이가 잠을 자는 동안에 강아지가 도망갔다.

例 He slept **while** she studied. 그녀가 공부하는 동안 그는 잠들었다.
Please wait **while** I finish this homework. 내 숙제를 끝마칠 때까지 기다려 주세요.

DAY
35

837
vegetable
[védʒətəbl]

명 야채

🔊 베저터블 › ✪ 배지(배) 터(지게) 불(러온다) › 💬 "다이어트 한 답시고 야채를 많이 먹었더니 배지가 터지게 불러온다." "얘 야. '배지' 가 뭐야. '배' 라고 해야지."

예 I hate **vegetable**. 나는 야채가 싫어요.
I have to work in my parents' **vegetable** garden in this weekend. 나는 이번 주말에 부모님의 야채 농장에서 일해야 해.

◀ 아무리 야채라고 해도 배가 터지게 먹으면 다이어트에 도움이 안 돼요.

838
below
[bilóu]

전 부 ~의 아래에

🔊 빌로우 › ✪ 빌러 와 › 💬 어른에게 무례한 행동을 했으니 어서 빌러 와라. 발 아래에 와서 무릎을 꿇고 빌어.

예 The dog is **below** the sink. 개가 싱크대 밑에 있다.
The pen is **below** the table. 펜이 탁자 밑에 있다.

839
beyond
[bijánd]

전 ~을 넘어서. ~이 미치지 않는

🔊 비얀드 › ✪ 비 온다 › 💬 비가 온다. 억수같이 쏟아진다. 저 고개를 넘어서 비가 미치지 않는 동굴이 있다. 그곳으로 빨리 가 보자.

예 The missile can target enemy aircrafts **beyond** visible range. 그 미사일은 시야 밖에 있는 적기를 조준할 수 있다.
Always dream something **beyond** your capability. 너의 능력 밖의 일을 꿈꾸어라.

| Tip | 'aircraft' 는 '항공기' 의 뜻으로 쓰인다.

840
beggar
[bégər]

명 거지

🔊 베거 › ✪ 햄버거 › 💬 햄버거를 달라고 여기저기 돌아다니는 사람은 신사인가요? 거지인가요?

예 The **beggar** extended his claw-like hand. 그 거지는 자신의 손 톱과도 같은 손을 내뻗었다.
He threw a coin into the **beggar's** bowl. 그는 동전 한 닢을 거지의 밥그릇에 던져 넣었다.

◀ 저처럼 구걸하는 거지에게는 햄버거는 행복한 밥상이지요.

841

impress

[imprés]

⑧ 감명을 주다

🔊 임프레스 › ✪ 임(에게) **뿌렸어** › ➓ 정태는 1년간 헤어졌다 만난 임에게 준비한 꽃을 뿌렸어. 그래서 진한 감동을 주었어.

예 The boy tried hard to **impress** the girl. 그 소년은 소녀를 감동시키려고 매우 애썼다.
His hard work **impressed** the president of the company. 그가 열심히 일하여 회사 사장의 마음을 움직였다.

◀ 임에게 코스모스를 뿌려 감동을 주었대요.

842

bark

[bɑːrk]

⑧ 짖다

🔊 박 › ✪ **박박** › ➓ 수세미로 그릇을 박박 씻는 소리가 마치 개 짖는 소리와 같다.

예 Stop **barking** at your master, you foolish dog! 주인을 향해 짖는 것을 멈춰, 바보같은 개야!

수세미로 따다 그릇을 박박 씻으니 개 짖는 소리 같아요.

843

period

[píəriəd]

⑲ 기간. 시기. 시대. 마침표

🔊 피어리어드 › ✪ 피! 어리어도 › ➓ 그 어린이를 무시하는데요. 피! 그는 나이가 어리어도 주어진 일은 정해진 기간(시기) 안에 해내는 어린이여요. 이 시대에 꼭 맞는 사람이죠.

예 I stayed in Daejon for a short **period**. 나는 짧은 기간 대전에 머물렀다.
The child forgot to end his sentences with a **period**. 그 아이는 자신의 문장을 마침표를 찍음으로써 끝내야 한다는 사실을 잊어버렸다.

844

level

[lévəl]

⑲ 수평. 수준 ⑱ 수평의. 평평한

🔊 레벌 › ✪ 오래 벌(罰) › ➓ 아버지의 지시로 오래 벌을 서니 수평 자세를 유지하지 못하고 자꾸 쓰러진다. 생각하는 수준이 낮다고 혼나는 중이다.

예 What is the **level** of this course. 이 강좌의 수준은 어떠한가요?

845
fence
[fens]

몡 울타리. 담장

◀) 펜스 > ✿ 변소 > ➲ 옛날 우리 할아버지들의 어린 시절에는 울타리로 둘러쳐진 변소가 흔했다고 한다.

예 The wooden **fence** is rotting. 그 나무 울타리는 썩어 가고 있다.
Iron **fences** divide South Korea and North Korea. 철 담장이 남한과 북한을 나눈다.

846
professor
[prəfésər]

몡 교수

◀) 프러페서 > ✿ 프로 페서 > ➲ 장 교수에 의하면 올해 일조량이 부족했지만, 벼 이삭이 90프로(%)는 패서 평년작은 될 것이라 한다.

예 I want to be a **professor** someday. 나는 언젠가 교수가 되고 싶다.
I beg you, **professor**, please give me a good grade. 부탁드립니다, 교수님, 제발 좋은 학점을 주세요.

◀ 교수님은 벼가 90%는 팼다고 한다.

847
balloon
[bəlúːn]

몡 풍선. 기구

◀) 벌룬 > ✿ 벌 누운 > ➲ 벌판에서 누운 상태로 위를 보니 기구가 떠 있다. 바로 대형 풍선이었다.

예 The red **balloon** is flying over our heads. 그 빨간 기구는 우리의 머리 위를 날고 있다.
We will decorate this room with many colorful **balloons**! 우리는 이 방을 많은 알록달록한 풍선으로 장식할 거예요!

848
rod
[rɑd]

몡 막대기. 회초리

◀) 라드 > ✿ 놔 둬 > ➲ 학교 가는 길에 동생 영주가 싸우고 있다. 나는 급히 달려가서 소리쳤다. "영주를 가만히 놔 둬. 그렇지 않으면 막대기로 팰 거야."

예 Spare the **rod** and spoil the child. 매를 아끼면 아이를 망친다.
Many people are against using the **rod** in school. 많은 사람은 학교 체벌에 반대한다.

849
twice
[twais]

* 2회. 두 번. 2배
* 트와이스 > ✿ 투와 있어 > ☺ 정연이는 매일 저녁에 초등학교 운동장을 몇 바퀴 돌며 운동을 한다. 그녀는 특이한 신호를 한다. 운동장을 한 바퀴 돌고 나서 "원(one)와 있어."라고 말한다. 두 번(바퀴) 돌고 나서는 "투(two)와 있어."라고 말한다.
* He didn't even look at her **twice**. 그는 그녀를 다시 쳐다보기조차 않았다.
  I called him **twice**, but he didn't return my calls. 나는 그를 연거푸 불렀지만, 그는 내가 불러도 돌아오지 않았다.

DAY 36

850
clear
[kliər]

* 맑은. 뚜렷한. 명백한 ⑧ 제거하다. 명확하게 하다
* 클리어 > ✿ 끌려 > ☺ 저분한테 마음이 끌려. 맑은 눈동자와 명확한 의사 표현이 너무 좋아. 그건 그렇고 컴퓨터 용어에서 'clear'는 '제거하다'의 뜻이 있어.
* The water was **clear** and fresh. 물이 맑고 신선했다.
  Clear out of this place! 이 장소를 깨끗이 비우도록!

◀ 저 여인의 맑은 눈동자와 명확한 의사 표현에 마음이 끌려.
저 여인을 보면 복잡한 생각이 다 제거되는 느낌이야.

851
lazy
[léizi]

* 게으른. 태만한
* 레이지 > ✿ 애 있지? > ☺ "옆에 애 있지?" "응." "그럴 때는 게으른 모습을 보여 주면 안 돼. 왜냐하면 그대로 배우는 것이 아이들이니까."
* I was too **lazy** to finish my homework. 숙제를 다 마치기엔 나는 너무 게을렀다.
  The cat **lazily** stretched. 그 고양이는 느긋이 몸을 쭉 뻗었다.

852
plate
[pleit]

* 접시. 그릇. 음식
* 플레이트 > ✿ 풀라테(철자 기준) > 불났데 > ☺ 불났데 그런데 다른 것은 다 탔는데 접시는 안 타네.
* Fork will be placed to the left of the **plate**. 포크는 접시의 왼쪽에 놓일 것이다.
  I broke a **plate** in my anger. 나는 실수로 접시를 깨트렸다.

◀ 불났데. 화재 현장에 가 보니 다른 것은 다 탔는데 접시는 안 탔네.

853

suppose
[səpóuz]

동 상상하다. 생각하다. 가정하다

🔊 서포우즈 > ⚙ 서(서) 포즈 > 💬 용상이는 여자 친구와 나란히 서서 포즈를 취하고 사진 찍는 모습을 상상하니 생각만 해도 좋았다.

📝 I **suppose** that's right. 그것은 맞는 것 같아.
Do you **suppose** I need another pair of shoes? 내가 신발이 한 켤레 더 필요할 것이라고 생각하니?

◀ 나란히 서서 멋진 포즈를 취해 봐.
나중에 이 모습을 상상하면 생각만 해도 너무 좋을걸.

854

bow
[bau]

동 절하다. 인사하다

🔊 바우 > ⚙ 바위 > 💬 어느 지역에서는 토착 신앙의 하나로서 바위를 섬기고 절하며 오고가면서 바위에게 인사하는 풍습이 있다고 한다.

📝 He **bowed** to his mother. 그는 어머니께 절했다.

이 바위도 절을 한 흔적이 남아 있네. ▶

855

shine
[ʃain]

동 반짝이다. 빛나다. 비치다

🔊 샤인 > ⚙ 샤인 > 💬 여성 그룹사운드의 리더인 가수 샤인을 우연히 보게 되었어. 눈은 반짝이고 얼굴은 환히 빛나고 거울에 비친 몸매는 요정처럼 보였어.

📝 The sun is **shining** brightly over the sky. 태양이 하늘 위에 밝게 빛나고 있다.
What is the name of that star which **shines** brightly? 밝게 빛나는 저 별의 이름이 뭐지?

856

bury
[béri]

동 묻다

🔊 베리 > ⚙ 버려 > 💬 안 좋은 추억일랑 과거 속에 묻어 버려. 그리고 희망을 갖고 열심히 노력해 봐.

📝 The spade is **buried** in the snow. 그 삽은 눈 밑에 묻혀 있다.
I **buried** my doll in the sand. 나는 인형을 모래속에 묻었다.

857
wake
[wéik]

동 깨다. 깨우다(wake-woke-woken)
- 🔊 웨이크 > ✪ 왜 이(리) 크(게) > 💬 왜 이리 크게 소리 지르며 깨우고 난리야. 아침 잠 다 달아났잖아.
- 📝 My mother **wakes** me every morning. 어머니는 나를 매일 아침 깨워 주신다.

858
courage
[kə́:ridʒ]

명 용기
- 🔊 커리지 > ✪ 칼이지 > 💬 건달이 칼을 들고 위협했다. "돈 있으면 내놔. 이게 뭐지?" 그러나 나는 용기를 내어 "그게 칼이지 뭐야." 하고 잽싸게 건달을 제압했다.
- 📝 Do you have the **courage** to admit that you lost? 너의 패배를 인정할 만한 용기가 있는가?
  True **courage** comes from the heart, not the brains. 진정한 용기는 머리가 아닌 가슴에서 온다.

859
engage
[ingéidʒ]

동 고용하다. 약속하다. 약혼하다
- 🔊 인게이지 > ✪ '인계' 이지 > 💬 단어 시험만 통과하면 사장이 고용하기로 약속했어. 그런데 '물품을 넘겨주거나 넘겨받음'의 뜻을 '인도' 라고 답해 탈락했어. 맞아 그 단어는 '인계' 이지. 인도는 아냐.
- 📝 I will **engage** to be there. 나는 그곳에 가기로 약속했다.
  They were **engaged** this summer. 그들은 이번 여름에 약혼했다.

860
couple
[kʌ́pl]

명 둘. 한 쌍. 부부
- 🔊 커플 > ✪ 커플 > 💬 저 두 사람은 매우 잘 어울리는 커플이군. 이런 말을 많이 들어 보았지? 남녀 한 쌍, 부부 등을 가리키는 말이야.
- 📝 It is nice to see old **couples** stroll by holding hands. 나이 든 연인들이 손을 잡고 걷는 것을 보고 있노라면 기분이 좋다.

우리 부모님도 서로를
닮은 커플이래요.

225

861
lift
[lift]

동 들어올리다

🔊 리프트 > ⚙ 리프트 > ➡ "스키장에 가 보았니? 눈밭 위로 사람을 실어 들어올리는 것을 뭐라고 하지?" "그야 리프트지."

📝 He exercises by **lifting** weights. 그는 무게를 들어올리는 운동을 한다.
The construction worker **lifted** a load of bricks. 그 건설 현장 인부는 벽돌 묶음을 들어올렸다.

862
merry
[méri]

형 즐거운. 유쾌한

🔊 메리 > ⚙ 메리 > ➡ '메리'의 뜻을 잘 모른다고? 그러면 메리 크리스마스(merry christmas)를 떠올려 봐. '즐거운 크리스마스'란 뜻이지. 옳거니. 그럼 메리(merry)는 '즐거운'의 뜻임을 바로 알 수 있겠다.

📝 **Merry** Christmas to everyone! 모두들 메리 크리스마스!
She laughed **merrily**. 그녀는 쾌활하게 웃었다.

863
fit
[fit]

동 꼭 맞다. 맞추다 형 적당한. 알맞은

🔊 핏 > ⚙ 빛 > ➡ 종이를 태우는 실험을 할 때 렌즈의 초점이 빛에 꼭 맞아야 적당한(알맞은) 실험을 할 수 있다.

📝 You are **fit** for the job. 네가 그 일에 적임자다.
Nine guinea pigs **fit** into a single cage. 기니피그 아홉 마리는 한 우리에 들어갈 수 있다.

864
power
[páuər]

명 힘. 권력

🔊 파워 > ⚙ 파워 핸들 > ➡ 아빠 자동차의 파워 핸들(power handle) 만져 보았나? 운전하면서 핸들을 살짝만 돌려도 힘 있게 돌아가는 핸들을 파워 핸들이라고 해. 파워 있는 사람이라는 말은 '권력 있는 사람'이라는 뜻이지.

📝 I desire **power**. 나는 권력을 갈망한다.
AK-47 is **powerful**. AK-47은 강력하다.

◀ 파워 핸들은 힘이 전혀 들지 않고 돌릴 수 있는 핸들이네.

865
frog
[frɔːg]

명 개구리
🔊 프로그 > 😀 푸려고 > 🐸 우물에서 바가지로 물을 푸려고 담갔더니 개구리가 담겨져 나오네.
📝 Green **frogs** are cute. 청개구리는 귀엽다.

물을 푸려고 바가지를 넣었는데
개구리가 나왔단 말이지? ▶

866
prefer
[prifə́ːr]

동 ~를 더 좋아하다
🔊 프리퍼 > 😀 풀이뻐 > 🐸 풀이 이뻐(예뻐) > 🐸 아버지는 자식들 중에서 풀이를 송이보다 더 예뻐하시며 더 좋아하신다.
📝 I **prefer** mathematics to language arts. 나는 언어학보다 수학을 선호한다.
My father **preferred** my brother over me. 나의 아버지는 나보다 형을 더 아꼈다.

◀ 제가 풀이예요. 아버지는 송이보다 저를 더 좋아하세요.

867
sow
[sou]

동 뿌리다. 심다
🔊 소우 > 😀 소우(小雨) > 🐸 "진양이 형. 채소 씨를 뿌릴 때는 비가 조금 올 때(小雨)가 좋아, 아니면 비가 많이 올 때(大雨)가 좋아?" "그야 소우 때 뿌리는 것이 낫지. 왜냐하면 대우 때는 심은 씨가 비에 쓸려 내려갈 염려가 있단다."
📝 You gain what you **sow**. 뿌린 대로 거둔다.
Every year we **sow** rice. 매년 우리는 벼를 심는다.

868
turkey
[tə́ːrki]

명 칠면조
🔊 터키 > 😀 터키 > 🐸 칠면조는 원래 터키에서 왔는데 잘못 전해지면서 터키를 '칠면조' 라 하게 되었단다.
📝 There is roasted **turkey** in the oven. 오븐 안에 구운 칠면조가 들어 있다.
Thanksgiving dinner often includes roasted **turkey**. 추수감사절 저녁 식사에는 보통 구운 칠면조가 올라온다.

227

869

allow
[əláu]

동 **허락하다. 인정하다**

🔊 얼라우 > ☼ 올라오(시오) > ◑ 딸이 남자 친구를 데리고 집으로 들어왔다. "아버지, 마음에 들면 사위로 허락한다는 뜻에서 마루로 올라오라고 말씀해 주세요." 아버지는 아래위를 한참 훑어보다가 "올라오시오. 내 자네를 사위로 인정하겠네."

예 Cheating is not **allowed**. 속임수는 허락되지 않습니다.
My parents do not **allow** me to stay out late. 내 부모님은 내가 늦은 시간까지 밖에서 보내는 것을 허락하지 않으신다.

◀ 이 계단을 올라오시오.

870

bite
[bait]

동 **물다. 물어뜯다**(bite-bit-bitten) 명 **무는 행위**

🔊 바이트 > ☼ 오버이트 > ◑ 토하는 것을 오버이트라고 하지. 형이 삼촌 옷을 입고 모임에 갔다가 과음으로 옷에 오버이트를 했다. 삼촌이 이를 알고 형을 물어뜯을 듯이 인상을 썼다.

예 Dogs **bite** when they feel threatened. 개는 위협을 받을 때 문다.
Mosquito **bites** are itchy. 모기에게 물리면 가렵다.

871

badly
[bǽdli]

부 **서투르게. 나쁘게. 몹시**

🔊 배들리 > ☼ 배가 들리다 > ◑ 바람이 불어 배가 한쪽으로 들리려고 한다. 게다가 초보 선장은 뱃길을 서투르게 항해한다. 마치 뒤집어질 것만 같다. 이것은 배에 탄 사람들의 운명이 나쁘게, 몹시 나쁘게 되어 간다는 징조다.

예 Father drive **badly**. 아버지는 서투르게 운전하신다.
His car was **badly** damaged by the accident. 그의 차는 사고에 의해 심하게 파손되었다.

872

rub
[rʌb]

동 **문지르다. 바르다**

🔊 러브 > ☼ 루비 > ◑ 보석 루비는 문지르면 더욱 빛이 난다.

예 **Rub** your body with the soap. 비누를 가지고 몸을 문질러라.
She has a habit of **rubbing** her face. 그녀는 얼굴을 문지르는 버릇이 있다.

rub는 루비를 연상하세요.
보석 루비는 문지르면 더욱 빛을 발하지요. ▶

873

itself
[itsélf]

대 **그것 자체. 그 자신**

🔊 잇셀프 > ⚙ 잇셀프 > 💡 it은 '그것', self는 '자체'의 뜻이야. 그러므로 itself는 '그것 자체'의 뜻이지.

📝 Your appearance **itself** is not a problem, it's the way you dress. 너의 외모 그 자체는 나쁘지 않아. 네가 옷 입는 방식이 문제일 뿐이지.

874

boil
[bɔil]

동 **끓다. 끓이다**

🔊 보일 > ⚙ 보일러 > 💡 보일러(boiler)는 보일(boil)에 'er'이 붙어서 된 말이지. 보일러는 끓는 물로 열을 발생시키는 장치야. 미루어서 보일은 '끓다', '끓이다'의 뜻임을 알 수 있어.

📝 Be careful, this water is **boiling** hot. 조심해, 이 물은 끓을 정도로 뜨거워.
Why does a cup of ramen take so long to **boil** when you are hungry? 배고플 때는 왜 이리 라면이 끓는 데 오래 걸릴까?

◀ 보일러에서 뽀글뽀글 물이 끓는 소리가 나는구나.

 DAY **37**

875

death
[deθ]

명 **죽음**

🔊 데쓰 > ⚙ 됐어 > 💡 고령의 할아버지는 "최근 들어 모든 것이 다 됐어."라는 말을 되풀이하신다. 혹시 죽음을 암시하는 말이 아닐까 불안한 마음이 든다.

📝 He does believe in life after **death**. 그는 정말로 사후 세계를 믿는다.
Even in **death**, the general could scare away his enemy. 죽어서도 그 장군은 그의 적들을 겁을 주어 쫓아 보낼 수 있었다.

삶이 다 됐다는 뜻인가요?

876

chicken
[tʃíkin]

명 **닭. 닭고기**

🔊 치킨 > ⚙ 치킨 > 💡 우리 어린이들이 좋아하는 것이 치킨이잖아. 치킨은 닭으로 만드는 게 일반적이지.

📝 I eat **chicken** for breakfast. 나는 아침으로 닭고기를 먹었다.
Chickens lay eggs. 암탉이 달걀을 낳는다.

877
height
[hait]

명 키, 높이, 고도

◀ 하이트 > ⚙ 하이트맥주 > 🗣 삼촌이 그러시는데 하이트맥주
인기의 높이가 하늘을 찌른다더구먼. 맛이 좋아서 그렇대.

📒 Tell me your **height**. 당신의 키를 말해 주세요.
It would be the **height** of fooolishness to stop studying
English. 영어를 공부하는 것을 멈추는 것보다 더 어리석은 일은 없을 것
이다.

| **Tip** | 'height of'는 '최고의, 극단적인'의 뜻으로 쓰인다.

878
ghost
[goust]

명 유령

◀ 고우스트 > ⚙ 고사타 > 🗣 '古(옛날)死(죽다)打(때리다)'라.
옛날에 때려서 죽은 사람이 뭐가 되었을까? 그야 유령이지.

📒 Caspar is a lovable **ghost**. 캐스퍼는 사랑스러운 유령이다.
Macbeth saw the **ghost** of his friend. 맥베스는 친구의 유령을
보았다.

879
kindness
[káindnis]

명 친절

◀ 카인드니스 > ⚙ 카인도 니스 > 🗣 카인도 빼어난 몸매를 자랑
하는 니스에게만은 언제나 친절함을 갖고 대했다.

📒 **Kindness** is often repaid. 친절함은 보통 되돌아온다.
Kindness to animals is important.
동물에 대한 친절은 중요한 일이다.

카인이 니스에게만 친절
했고 다른 사람에게는
냉정하게 대했어요.

880
price
[prais]

명 값, 가격

◀ 프라이스 > ⚙ 프라이 있어(요) > 🗣 음식점에 계란 프라이가
있어요. 그것 가격이 얼마인데. 한번 맛 좀 볼까.

📒 I bought this clock at a reduced **price**. 나 이 시계 할인 가격으
로 샀어.
I want to buy your love at any **price**. 어떤 가격으로라도 괜찮으
니까 당신의 사랑을 사고 싶어.

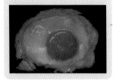
◀ 프라이 가격이 얼마예요?

881
polite
[pəláit]

형 공손한. 예의 바른

🔊 펄라이트 > 😊 뻘뻘+나 있다 > 😀 예절 시간에 공손한 자세로 절하는 방법을 배우느라 힘이 드는지 학생들은 땀을 뻘뻘 흘리더니 온몸에 땀띠가 나 있다.

📝 Be **polite** to elderly people. 나이 많으신 분들에게는 예의 바르게 행동하렴.
My girlfriend is **polite**. 내 여자 친구는 예의 바르다.

882
smoke
[smouk]

동 담배를 피우다 명 연기

🔊 스모우크 > 😊 수모(를) 크(게) > 😀 옆집 아저씨에게 수모를 크게 당한 아버지가 연거푸 담배를 피우신다. 나는 연기가 너무 싫었다.

📝 Do you mind if I **smoke**? 담배 피워도 괜찮겠습니까?
Smoking is not allowed in this area. 이 구역에서 흡연은 금지되어 있습니다.

883
blow
[blou]

동 입으로 불다. 바람이 불다(blow-blew-blown)

🔊 불로우 > 😊 불로 > 😀 숲속에 바람이 심하게 불어서 불로 번졌다.

📝 I **blew** soap bubbles. 나는 비누 거품을 불었다.
Fallen leaves scatter when wind **blows**. 떨어진 잎사귀들이 바람이 불 때 흩날린다.

884
flow
[flou]

동 흐르다. 넘쳐 흐르다

🔊 플로우 > 😊 흘러 > 😀 홍수가 나서 물이 흘러 넘친다. 이재민도 많이 생겨 걱정이다.

📝 Water **flowed** from the tap. 물이 수도꼭지에서 흘러나왔다.
Blood **flows** in my veins. 피가 내 핏줄에 흐른다.

| Tip | 'tap'은 '수도꼭지', 'vein'은 '정맥, 핏줄'의 뜻으로 쓰인다.

물이 흘러 넘치고 있습니다. ▶

885

honour
[ánər]

명 명예. 영광

🔊 아너 > ✪ 안아 > 안았다 > 😀 김연아 선수는 세계 피겨 선수권 대회 우승의 명예를 안았다.

🗨 On my **honor**, I swear that I will make your daughter happy! 저의 명예를 걸고, 따님을 행복하게 해 드릴 것을 맹세합니다!

| Tip | 'honour' 의 'h' 는 묵음으로 발음하지 않는다.

886

lie
[lai]

동 눕다. 누워 있다. 거짓말하다 명 거짓말

🔊 라이 > ✪ 나이 > 😀 나이 많은 녀석이 공부는 안 하고 자주 누워 있을 뿐만 아니라 거짓말을 밥 먹듯 한다고 어머니께 크게 혼났다.

🗨 **Lie** on the sofa and take a rest. 소파에 누워 휴식을 취하세요.
Everybody **lies**. 모두들 거짓말을 한다.

나이 많은 녀석이 누워 있기만 하고 거짓말도 잘 하고. 쓸모가 없군요.

887

medicine
[médəsn]

명 약. 내복약

🔊 메더슨 > ✪ 마디슨 > 맛이 쓴 > 😀 맛이 쓴 것이 약이야. '양약은 입에 쓰다' 라는 말이 있듯이, 우리 몸에 좋은 음식이 먹기가 거북한 것이 많아. 또 먹기 좋은 햄버거, 치킨 등은 즐기지 않도록 하자. 알겠지?

🗨 Sleep is the best **medicine**. 잠이 최고의 약입니다.
There is no **medicine** for a broken heart. (사랑 때문에) 상처받은 마음에는 치료약이 없어요.

◀ 몸에 좋은 약은 맛이 쓴 법이야.

888

reply
[riplái]

동 대답하다

🔊 리플라이 > ✪ 이쁠(예쁠) 아이 > 😀 어른의 질문에 대답을 잘 하는 어린이가 이쁠(예쁠) 아이이다.

🗨 **Reply** as soon as possible. 가능한 한 빨리 답하시오.
They **replied** to the advertisement negatively. 그들은 광고에 부정적으로 대답했다.

889

tear
[tiər], [tɛər]

명 눈물 동 눈물짓다[tiər]
🔊 티어 > ⚙ 튀어 > 😊 너무 슬퍼서 울었더니 눈물이 튀어 옷에 묻는구나.
📝 The princess shed a **tear**. 공주가 눈물을 한 방울 흘렸다.
동 찢다(tear-tore-torn)[tɛər]
🔊 테어 > ⚙ 찢어 > 😊 옷이 찢어지다.
📝 He showed off his **torn** jean. 그는 자신의 찢어진 청바지를 자랑하듯 내보였다.

890

check
[tʃek]

명 점검. 저지. 수표 동 점검하다. 저지하다
🔊 체크 > ⚙ 체크 > 😊 담임 선생님이 출석을 체크하시면서 지각생을 점검하신다. 지각생에게는 교육 영화 관람을 저지했다.
📝 The teacher **checked** student's homework. 선생님은 학생의 숙제를 점검했다.
The wedding planner was given a **check**. 그 결혼 설계자는 수표를 받았다.

891

appear
[əpíər]

동 나타나다. ~인 듯하다
🔊 어피어 > ⚙ 어서 피해 > 😊 야간 산행을 갔다. 저 멀리서 움직이는 검은 물체가 나타났다. 불곰인 듯하다. 어서 피해라.
📝 Why do you not **appear** before me, my future girlfriend? 나의 미래의(가상의) 여자 친구여, 왜 내 앞에 나타나지 않는가?

◀ 어서 피해요. 저기 숲속에서 곰이 나타났어요.

892

report
[ripɔ́ːrt]

동 보고하다. 보도하다 명 보고(서)
🔊 리포트 > ⚙ 리포트 > 😊 대학교 다니는 누나가 자주 하는 말을 떠올려 봐. 자기는 항상 놀고 게으름을 피우면서도 리포트 작성하느라 정신없이 바쁘다고 둘러대잖아. 이때의 '리포트'는 '보고서', '보고서를 작성하다'의 뜻이야.
📝 If there is any problem, **report** immediately. 문제가 생기면 즉시 보고하라.

893
breathe
[briːð]

⑤ 호흡하다

🔊 브리드 > ⚙ 보래도 > 💬 "할아버지 호흡하는 상태를 보래도 안 보고 어디 갔다 왔니?" 하고 아버지가 병원에 와서 말씀하셨다.

🗨 I cannot **breathe** underwater. 나는 물속에서는 숨을 쉴 수 없다.

할아버지 간호하면서 호흡하시는 상태를 보래도 안 보고 어디 갔다 왔니?

894
murder
[mə́ːrdər]

⑨ 살인

🔊 머더 > ⚙ 묻어 > 💬 살인을 저질러 놓고 땅에 묻어? 악마 같은 인간이야.

🗨 He was involved in a **murder** trial. 그는 살인 사건에 대한 재판에 관계하게 되었다.

895
pilot
[páilət]

⑨ 조종사

🔊 파일럿 > ⚙ 파일럿 > 💬 나는 커서 비행기를 조종하는 파일럿이 되고 싶다.

🗨 He is a brave **pilot**. 그는 용감한 파일럿이다.
Pilots must have good eyesight. 파일럿들은 좋은 시력을 가지고 있어야 한다.

896
subject
[sʌ́bdʒikt]

⑨ 주제. 학과. 피지배자. 신하

🔊 서브직트 > ⚙ 서브 제트 > 💬 체육과(배구) 교수가 '서브를 마치 제트기처럼 빠르게 넣는 방법' 이란 주제의 학과 강의를 하고 있다.

🗨 What is the **subject** of the discussion? 토의의 주제가 무엇입니까?
I am his **subject**. 나는 그의 신하이다.

◀ 교수님이 배구에서 서브를 제트기처럼 빠르게 넣는 방법이란 주제의 강의를 하신다.

897

whistle

[hwísl]

통 휘파람 불다 명 휘파람. 호각

🔊 휘슬 > ⚙ 휘슬 > ❓ 100미터 달리기 때 선생님께서 출발을 알리는 휘슬(호각)을 부셨다.

📝 The dog responded to the **whistle** and went back. 그 개는 휘파람 소리를 듣고는 재빨리 되돌아갔다.

898

serve

[səːrv]

통 ~에 봉사하다. (음식물을) 차리다. 제공하다

🔊 서브 > ⚙ 서빙(serving) > ❓ 식당에서 손님들에게 봉사하고 음식물을 차리는 일을 서빙한다고 하지?

📝 Thank you for **serving** me such a wonderful dinner. 이렇게 멋진 저녁 대접해 주셔서 감사합니다.
Breakfast is **served** from 7 a.m to 10 a.m. 아침 식사는 오전 7시부터 10시까지 제공됩니다.

899

trace

[treis]

명 자취. 발자국 통 추적하다

🔊 트레이스 > ⚙ 틀에 있어 > ❓ 아침에 일어나 보니 장롱이 활짝 열려 있네. 어라, 여기 창문 틀에 자취(발자국)가 있어. 그래, 틀림없이 도둑이 든 거야.

📝 There was no **trace** of the thief. 그 도둑의 흔적이 남아 있지 않았다.
Can you **trace** the call? 그 통화를 추적할 수 있나?

◀ 창문 틀에 자취가 있네.

900

blood

[blʌd]

명 피

🔊 블러드 > ⚙ 불러도 > ❓ 불러도 대답하지 않고 달려가는 길원이. 알고 보니 넘어져 피가 흘러 병원으로 가고 있는 중이다.

📝 **Blood** is life. 피는 생명이다.
Blood is thicker than water. 피는 물보다 진하다.

> 불러도 대답 없이 서둘러 간다.
> 알고 보니 넘어져 피가 났더군.

901
bank
[bæŋk]

명 은행. 둑. 제방

◁)) 뱅크 > ✿ 방이 크다 > ⓞ 새로 이사 온 집의 방이 크구나. 은행에서 돈을 찾아와 방을 가득 채우고 싶다. 돈이 가득하면 남들이 군침을 흘리게 되므로 비밀 유지를 위해 둑을 쌓아야 되겠지?

예 He is going to the **bank** to make an account. 그는 통장 계좌를 개설하기 위해 은행에 가는 중이다.
The boys stood on the river **bank** to see the sunset. 그 아이들은 일몰을 보기 위해 강둑에 서 있었다.

◀ 은행에서 돈을 찾아와 큰 방을 가득 채우고 싶다고?

902
cheap
[tʃiːp]

형 값싼

◁)) 칩 > ✿ 칩거 > ⓞ 그는 전 재산을 날리고 값싼 사글셋방에서 칩거하고 있다.

예 This car is very **cheap**. 이 차는 매우 쌉니다.
This **cheap** hat looks old and worn.
이 가격이 싼 모자는 매우 오래 되어 닳아 보인다.

값싼 사글셋 방에서 칩거하고 있어요.

903
hang
[hæŋ]

동 걸다. 걸리다. 매달다(hang-hung-hung)

◁)) 행 > ✿ 행낭 > ⓞ 그 우체부 아저씨는 배달이 끝난 후 행낭을 나뭇가지에 매달아 놓는 습관이 있다

예 The portrait **hung** in an abandoned room. 그 초상화는 버려진 방에 걸려 있었다.

904
sail
[seil]

명 돛 동 항해하다

◁)) 세일 > ✿ 새 일(자리) > ⓞ 국내 경기가 좋지 않아 배를 타고 해외에 새 일자리를 찾으러 간다. 배에 돛을 달았다. 그리고 항해를 시작했다.

예 They **sail** for Busan next week. 그들은 다음 주에 부산으로 항해한다.
The boat is **sailing** across the lake. 보트는 호수를 미끄러지듯 나아간다.

905

musician
[mjuːzíʃən]

명 **음악가**

🔊 뮤지션 > ✪ 무지(매우) 시원 > 💡 그 음악가의 곡은 음정 폭이 크고 넓어서 무지 시원하게 느껴진다.

📝 She is a famous **musician**. 그녀는 유명한 음악가이다.
I want to be a **musician**. 나는 음악가가 되고 싶다.

음악가 브람스의 곡이 무지 시원해요. ▶

906

honest
[ánist]

형 **정직한**

🔊 아니스트 > ✪ 아니 섰다 > 💡 운전하며 사거리를 지났을 때, 빨간 불이 들어왔다. 이를 보고 경찰이 쫓아와서 하는 말 "당신 빨간 불 들어왔을 때, 섰어 안 섰어?" 하고 다그치자 "아니 섰다, 왜 그래" 하고 정직하게 말하는 것이었다.

📝 **Honesty** is an important habit. 정직은 중요한 습관이다.
Be **honest**, what are you hiding? 솔직히 말해라. 네가 지금 뭘 숨기고 있니?

| **Tip** | 'honest'의 'h'는 묵음으로 발음하지 않는다.

907

endure
[indʒúər]

동 **참다. 인내하다**

🔊 인듀어 > ✪ 인두 > 💡 바느질할 때 뜨거운 불에 달구어 구김살을 펴는 기구를 인두라고 하지. 납땜할 때 쓰는 기구는 납땜 인두라고 하고. 인두를 살갗에 댔을 때의 고통처럼 어떤 힘든 일이라도 참고 견뎌서 훌륭한 사람이 되겠다고 다짐한다.

📝 I **endured** the heat of the midday sun. 나는 정오의 햇살의 열기를 견뎠다.
I **endured** her crying in silence. 나는 그녀가 우는 것을 말없이 견뎠다.

DAY
38

908

neck
[nek]

명 **목**

🔊 넥 > ✪ 넥 > 💡 넥타이(necktie)는 넥(neck)과 타이(tie;묶다)가 합쳐져서 된 말로 '넥을 묶다'라는 뜻이다. 그럼 넥(neck)은 '목'의 뜻임을 알겠구나.

📝 He tied a scarf around my **neck**. 그는 내 목에 스카프를 둘러 주었다.

◀ neck(넥)의 뜻이 생각나지 않을 때는 necktie(넥타이)를 떠올리면 되겠네.

237

909
favor
[féivər]

閏 호의. 친절. 찬성 통 호의를 가지다

◍ 페이버 > ✿ 피해 입어 > ⏱ 홍수로 큰 피해를 입어서, 도움을 부탁하자 여러 사람들의 '호의'와 '친절'이 이어졌다.

◍ Please **favor** me. 나를 좋아해 줘요.
The knight tied a handkerchief to his lance, which was a **favor** given to him by his lady. 그 기사는, 호의의 상징으로서 자신의 숙녀로부터 받은 손수건을 자신의 창에 묶었다.

|Tip| 'lance'는 '무사들이 쓰는 창'의 뜻으로 쓰인다.

910
freedom
[fri:dəm]

閏 자유

◍ 프리덤 > ✿ 풀렸담 > ⏱ 죄인이 쇠사슬에서 풀렸담. 그러면 어떻게 될까? 자유의 몸이 되는 거지요.

◍ **Freedom**! The final exam is over! 자유다! 기말고사가 끝났다!
Freedom is the **freedom** to say 'two plus two is four'. 2+2=4라고 자유롭게 말할 수 있는 것이 바로 자유다. (1984, 조지 오웰)

911
officer
[ɔ́:fisər]

閏 공무원. 관리. 장교

◍ 오피서 > ✿ 오! 피서 > ⏱ 그 공무원은 바빠서 휴가도 못 갔단다. 틈만 나면 말한다. "오! 피서 한번 갔으면…"

◍ Forgive me, police **officer**. 용서해 주세요, 경찰관님.
He is the Chief Executive **Officer** of his company. 그는 회사의 최고 경영자이다.

|Tip| 최고 경영자를 'CEO'라고 하는데 이는 'Chief Executive Officer'의 약자이다.

912
sweet
[swi:t]

閏 단. 달콤한. 아름다운

◍ 스위트 > ✿ 스웨터 > ⏱ 형의 스웨터 주머니 속에 달콤한 사탕이 들어 있다. 나는 그것이 새로 들어온 아름다운 형수 몫인 것을 알고 있다.

◍ American bread is too **sweet** for Koreans. 미국 빵은 한국인들이 먹기에 너무 달다.
This is very **sweet** and delicious. 이것은 정말 달콤하고 맛있네요.

◀ 스웨터 속의 달콤한 사탕은 형수를 위한 것이구나.

DAY
39
STORY가 있는 영단어

913

natural

[nǽtʃərəl]

형 자연의. 천연의. 당연한

🔊 내처럴 > ⊕ 내 주를 > ⊙ 내 주 예수를 섬기는 것은 당연한 일이며 자연의 진리라고 생각합니다. (교회 신도의 의견)

예 Korea has few **natural** resources. 한국은 천연자원이 부족하다.
He is a **natural** poet. 그는 타고난 시인이야.

914

shut

[ʃʌt]

동 닫다

🔊 셧 > ⊕ 샷다 > ⊙ 흔히 '샷다' 문을 '닫는다' 라고 말하지. 그런데 올바른 표기는 '셔터(shutter)' 야.

예 Make sure you **shut** the door. 문을 잠갔는지 확인해.
Do you mind **shutting** the window? 창문을 닫아도 괜찮을까요?

915

wink

[wiŋk]

동 윙크(눈짓)하다 명 윙크

🔊 윙크 > ⊕ 윙크 > ⊙ 수업 시간에 얼굴이 예쁜 옆의 짝 영순이에게 윙크 즉 눈짓하다가 선생님께 들켜 혼난 적이 있지.

예 The girl **winked** at her boyfriend.
그 소녀는 남자 친구에게 한쪽 눈을 찡긋였다.

언니에게 윙크하는 모습입니다. ▶

916

sunshine

[sʌ́nʃàin]

명 햇빛. 일광

🔊 션샤인 > ⊕ 선(글라스 쓴) 샤인 > ⊙ 샤인이 선글라스 쓴 이유는 무엇을 가리려고 그랬는가? 정답 햇빛.

예 I adore warm spring **sunshine**. 나는 봄의 따스한 햇살을 정말 좋아한다.
It is like a ray of **sunshine** in my life. 그것은 제 삶에 한 줄기 빛과도 같은 존재랍니다.

917
although
[ɔ:lðóu]

접 비록 ~일지라도

🔊 얼도우 > ✪ 얼도우 > 올해 더워 > ⓟ 올해는 비록 더워질지라도 공부를 더 열심히 하여 좋은 학교에 진학하렴.

예 **Although** I do not love you, we can still be friends. 비록 내가 너를 사랑하지 않을지라도, 우리는 좋은 친구가 될 수 있어요.
Although you are still young, you should always try to make the right choices. 네가 비록 어릴지라도, 너는 항상 올바른 결정을 내리기 위해 애써야 한다.

918
abroad
[əbrɔ́:d]

부 외국에서. 해외로

🔊 어브로드 > ✪ 어 불러도 > ⓟ 어? 불러도 없네 어디갔나? 외국으로.

예 Have you ever lived **abroad**? 해외에서 살아 본 적 있니?
Many people travel **abroad** in order to study English. 많은 사람들이 영어를 배우기 위해서 해외로 여행을 간다.

◀ 어? 불러도 없더니 벌써 까마득하게 날아갔네.

919
cheer
[tʃiər]

명 환호성. 갈채. 격려. 생기

🔊 치어 > ✪ 치어 > 치여 > ⓟ 일본에서 위태로운 어린아이를 구하고 전철에 치여 순직한 한국인 이야기를 들었어. 이 이야기를 듣고 일본인들은 환호성을 지르고 아낌없는 갈채와 격려를 보냈다고 해.

예 They stand and **cheer** loudly. 그들은 일어서서 환호성을 지른다.
I brought **cheer** to him. 나는 그를 위로하였다.
Be of good **cheer**! 인상 좀 펴.

920
discover
[diskʌ́vər]

동 발견하다. 알게 되다

🔊 디스커버 > ✪ 디스(이것) 커버(덮개) > ⓟ 수학여행을 가서 보물찾기를 하고 있다. 디스(이것)는 커버(덮개)에 덮여 있다. 발견하는 사람에게 그것을 주겠다.

예 I **discovered** that there were bugs inside the rose. 나는 벌레가 장미꽃 안에 들어있는 것을 발견했다.

이것은 커버에 덮여 있는데 발견하는 사람에게 상으로 주겠습니다. ▶

921

express

[iksprés]

동 표현하다 명 급행 열차. 속달편

🔊 익스프레스 > ✿ 악 써 풀에서 > 악을 써 풀밭에서 > ⊙ 김아차씨는 떠난다는 의사를 표현하지 않고 급행열차로 달아나는 여자 친구를 보고 풀밭에서 악을 쓸 뿐 다른 도리가 없었다. 그런데 1년 후 그녀에게서 속달편으로 결혼한다는 소식이 왔다.

예 He **expressed** his feeling by frowning. 그는 눈썹을 찡그림으로써 자신의 기분을 드러냈다.
The **express** train leaves by seven. 고속 열차는 7시에 떠난다.

922

engineer

[èndʒiníər]

명 기사. 공학자

🔊 엔지니어 > ✿ 엔진 이어 > ⊙ 고장난 엔진을 잘 이어 나가는 사람이니까 기사나 공학자이지.

예 How many **engineers** does it take to change a lightbulb? 전구를 하나 교체하는 데 공학자가 몇 명이 필요할까?

| Tip | 'lightbulb'는 '전구'의 뜻으로 쓰인다.

923

market

[má:rkit]

명 시장. 마켓

🔊 마킷 > ✿ 슈퍼마켓 > ⊙ 물건을 사려고 슈퍼마켓(supermarket)에 가 보았지? 슈퍼(super)는 '최고의'의 뜻이고. 마켓(market)은 '시장'의 뜻이야.

예 I went to the **market** with a shopping basket. 나는 시장바구니를 들고 시장에 갔다.

924

belong

[bilɔ́:ŋ]

동 속하다. ~에 있다

🔊 빌롱 > ✿ 비룡(飛龍) > ⊙ 비룡(날아오르는 용)은 용에 속한다 (용의 한 종류다).

예 My friend **belongs** to me. 내 친구는 나에게 속해 있어.
Books **belong** in the bookcase. 책들은 책장에 들어 있다.

용의 종류도 여러 가지이군요. ▶

925
nurse
[nəːrs]

명 간호사. 유모

🔊 너스 > ✪ 너스(레) > ➡ 내가 입원해 있을 때, 예쁜 간호사의 걸쭉한 너스레에 자주 웃음꽃을 피웠다.

🗨 A male **nurse** is not that strange. 남자 간호사도 그렇게 이상하지는 않다.
I am thankful to my **nurse**. 나는 간호사에게 고마움을 느낀다.

◀ 그 간호사의 너스레는 정말 못 말려요.
우리 해바라기들도 옆에서 듣고 웃음을 참지 못하는걸요.

926
railroad
[réilròud]

명 철도

🔊 레일로우드 ✪ 레일로드 > ➡ 레일(rail)은 '철도', 로드(road)는 '길'이니 레일로드(railroad)는 '철도, 철도 선로'를 뜻한다.

🗨 He works in a **railroad** company. 그는 철도 회사에서 근무한다.
Because of severe cold, **railroad** tracks froze. 혹한 때문에 철도가 얼었다.

927
roll
[roul]

동 구르다. 굴리다

🔊 로울 > ✪ 노을 > ➡ 노을이 지는 언덕에서 나도 몸을 구르고 친구의 몸도 강제로 굴리던 시절이 생각난다

🗨 A ball is **rolling** down a hill. 공이 언덕 아래로 굴러가고 있다.
Rolling stones gather no moss. 구르는 돌에는 이끼가 끼지 않는다.

노을 지는 언덕에서 친구들끼리 몸을 굴리고
구르던 시절이 생각납니다. ▶

928
forgive
[fərgív]

동 용서하다(forgive-forgave-forgiven)

🔊 퍼기브 > ✪ 포기부(터) > ➡ 네가 구상하는 것을 포기부터 한다면 나는 너의 모든 잘못을 용서해 주마.

🗨 **Forgive** me for my fault. 나의 잘못을 용서하소서.
I can **forgive**, but I cannot forget. 나는 너를 용서할 수 있지만, 잊어버릴 수는 없다.

929
grand
[grænd]

〔형〕 **웅장한. 화려한**

◀) 그랜드 > ✪ 그랜드 캐니언 > ❂ 미국에 있는 거대한 골짜기를 영화로 본 경험이 있을 거야. 그 골짜기가 '그랜드 캐니언' 인데 영화에서 본 그 장면이 너무나 웅장하고 화려해서 감탄사가 절로 나오더라.

㉠ The **grand** piano was sold cheaply. 그 웅장한 피아노는 싸게 팔렸다.

◀ 인천 장수동에 있는 은행나무로 나이는 약 800년 정도로 추정된다. grand(웅장한)란 표현이 딱 어울리는 거대한 나무이다.

930
anywhere
[éniwɛ̀ər]

〔부〕 **어딘가에. 어디든지. 아무데도**

◀) 에니웨어 > ✪ 애니 외어 > ❂ 자, 아가야 주소를 외우자. 너는 애니 외어 볼 수 있을 거야. 그러면 어디든지, 어딘가에 가더라도 집을 잃어버리지 않을 거야.

㉠ I cannot find my cat **anywhere**. 내 고양이를 어디에서도 찾을 수 없네요.
My mother has never been **anywhere** outside Korea. 어머니는 한국 외의 다른 나라에 가 보신 적이 없다.

931
gun
[gʌn]

〔명〕 **총. 대포**

◀) 건 > ✪ 권총 > ❂ 권총과 대포는 다르다.

㉠ Lower your **gun** or I'll set off this bomb! 그 총 치우지 않으면 이 폭탄을 터뜨리겠어!
There were only blanks in the **gun**. 그 총의 탄창은 비어 있었다.

DAY
39

932
fear
[fiər]

〔동〕 **두려워하다** 〔명〕 **두려움. 공포**

◀) 페어 > ✪ 피해 > ❂ 그는 나를 피해 다닌다. 왜? 나를 속여서 나를 두려워하기 때문에.

㉠ I shall not **fear** the darkness, for you are with me. 네가 나와 함께 있기 때문에, 나는 이제 어둠을 두려워하지 않을 것이다.
Fear is a natural emotion. 공포는 자연스러운 감정이다.

피해 다닐 만큼 내가 그렇게 두려운 존재란 말인가?

933
sometimes
[sʌ́mtàimz]

🔤 때때로. 가끔

🔊 섬타임즈 > ✪ 섬(뜩한) 타임 줘 > ☺ 학생들이 말을 듣지 않자 선생님은 때때로 섬뜩한 이야기하는 타임(시간)을 줘서 놀라게 하셨다.

📝 I **sometimes** go to library to study. 나는 가끔씩 도서관에 공부하러 간다.
Sometimes, it's difficult to choose what to eat. 가끔씩은 뭘 먹어야 할지 고르는 게 어렵다.

934
bit
[bit]

🔤 작은 조각. 조금. 비트(컴퓨터 정보 전달 단위)

🔊 비트 > ✪ 빛도 > ☺ 창문 틈으로 들어오는 작은 조각의 빛도 10년을 감방에서 지낸 죄수에게는 조금(큰 위안은 석방되는 것이니까)의 위안이 되었다.

📝 This horse is a little **bit** expensive. 이 말은 약간 비싼 편이로군요.
That data file is 35,000 **bits**. 그 정보 저장 파일은 35,000 비트다.

935
pride
[praid]

🔤 자랑. 긍지. 자존심. 자만

🔊 프라이드 > ✪ 프라이드 > ☺ 그는 비록 소형차인 프라이드를 타고 다니지만 이 차가 좋다고 자랑하며 자긍심을 갖는다.

📝 My older brother is a **pride** of our family. 형은 우리 가족의 자랑이다.
Pride goes before destruction. 자만은 파멸에 선행한다.

소형차인 프라이드를 타고 다니면서 긍지와 자긍심이 대단하다. ▶

936
roof
[ru:f]

🔤 지붕

🔊 루프 > ✪ 로프 > ☺ 아! 이렇게 높은 지붕에서 내리려면 로프가 필요하겠구나.

📝 The **roof** is covered with snow. 지붕이 눈으로 덮여 있다.
My house has a **roof** with red chimney. 나의 집은 붉은색 굴뚝이 달린 지붕으로 덮여 있다.

937
lend
[lend]

동 빌려 주다. 제공하다(lend-lent-lent)

🔊 렌드 > ⚙ 랜드로바 > 😊 어머니가 사 주신 랜드로바 신발을 동생에게 빌려 주었다.

📝 He **lent** her a thousand dollar. 그는 그녀에게 1,000달러를 빌려 주었다.
Lending money to friends is usually not a good idea. 친구에게 돈을 빌려 준다는 것은 보통의 경우 좋은 생각은 아니다.

938
service
[sə́ːrvis]

명 봉사. 공공사업

🔊 서비스 > ⚙ 서비스 > 😊 남에게 봉사하는 서비스 정신을 길러라. 공공사업도 서비스 사업이야.

📝 Americans tip for good **service**. 미국인들은 훌륭한 서비스에 팁을 준다.
The government aims to invest more on public **service**. 정부는 공공 서비스 분야에 많이 투자하고자 한다.

939
umbrella
[ʌmbrélə]

명 우산

🔊 엄브렐러 > ⚙ 암버릴러 > 안 버리려 > 😊 비 오는 날 옷을 안 버리려면 무엇을 써야 하지. 그야 당연히 우산이지.

📝 The torn **umbrella** was thrown away. 그 찢어진 우산은 버려졌다.
This **umbrella** is rainbow-colored. 이 우산은 무지개색을 띠고 있다.

◀ 비 오는 날 옷을 안 버리려면 우산을 쓰세요.

940
dive
[daiv]

동 잠수하다. (물속으로) 뛰어들다 명 잠수

🔊 다이브 > ⚙ 다 입으면 > 😊 자, 학생들이 잠수복을 다 입으면 그때 물속으로 뛰어들어 잠수하는 방법을 배우도록 하자.

📝 He **dived** underwater. 그는 물 밑으로 잠수했다.
She **dived** into the ocean. 그녀는 바다 속으로 잠수해 들어갔다.

애, 먼저 들어가지 말고 다들 입으면 들어가!

245

941

wet
[wet]

형 **젖은. 축축한**

🔊 웨트 > ✪ 외투 > 😀 젖은 외투 입고 외출하는 기분이란? 너무 침울한 분위기이다.

📝 Her face was **wet** with tears. 그녀의 얼굴은 눈물로 젖었다.
The baby **wet** his clothes. 그 아기는 옷을 적셨다.

젖은 외투 입으면 감기에
걸리기 쉬우니 조심하세요. ▶

942

appreciate
[əprí:ʃièit]

동 **감사하다. 인정하다. 감상하다**

🔊 어프리시에이트 > ✪ 어! 풀이 스웨터 > 😀 "어! 풀이 스웨터에 많이 붙었네." 영수가 풀을 하나하나 떼어 주자 영희는 감사하다며 오빠로 인정했다. 그 모습을 멀리서 감상하는 엄마가 흐뭇해하셨다.

📝 I **appreciate** you more than I can say. 당신에게는 말로 할 수 없을 만큼 감사하고 있어요.

943

wide
[waid]

형 **넓은** 부 **활짝**

🔊 와이드 > ✪ 와 이들 > 😀 와! 이 들이 바로 호남평야이구나. 정말 넓고도 드넓은 벌판이네.

📝 The Hudson is a **wide** river. 허드슨 강은 넓은 강이다.
His eyes opened **wide** when he walked into a surprise party. 깜짝파티의 현장으로 걸어 들어가자 그의 눈은 활짝 열렸다.

944

tent
[tent]

명 **천막**

🔊 텐트 > ✪ 텐트 > 😀 우리는 백담사 근처에 있는 복숭아탕 밑에서 텐트를 치고 야영을 했다.

📝 Do you know how to spread this **tent**? 이 텐트 펼 줄 아니?
The man in the **tent** was quite amazed at the news. 텐트 안의 남자는 그 소식을 듣고 매우 놀랐다.

945

gather
[gǽðər]

◀ 두 개만 더 모으면 돼.

[통] **모으다. 모이다**

🔊 개더 > ⊙ (두) 개 더 > ☺ 인형을 두 개 더 모으면 드디어 100개가 된다.

📝 Ants **gathered** when he dropped a peanut butter sandwich. 그가 땅콩 버터 샌드위치를 떨어뜨렸을 때 개미들이 모여들었다.
I **gathered** an armful of daisies. 나는 한 아름의 데이지꽃을 모았다.

946

perfect
[pə́:rfikt]

[형] **완전한. 완벽한**

🔊 퍼픽트 > ⊙ 퍼펙트 > ☺ 야구에서 퍼펙트 게임이라는 것이 있어. 타자에게 안타를 맞지 않고 4볼 등으로 1루에도 내보내지 않는, 그야말로 '완전한 게임' 이지. 즉 퍼펙트(perfect)는 '완전한' 의 뜻이야.

📝 She is a **perfect** woman! 그녀는 완벽한 여성이야!
I made a **perfect** copy. 나는 완벽한 복사본을 만들었다.

947

common
[kámən]

[형] **공통의. 일반의. 흔한**

🔊 카먼 > ⊙ 코멘 소리 > ☺ 그 지방 사람들이 코멘 소리를 하는 것은 공통적인 현상이다. 우리가 그곳을 여행하면서 코멘 소리를 듣는 것은 아주 일반적이고 흔한 일이었다.

📝 There is nothing more **common**, and more strange, than love. 사랑만큼 흔하며, 또한 사랑만큼 낯선 것도 없다.

코멘 소리를 듣는 것은 아주 공통적인 현상이라네.

948

quarrel
[kwɔ́:rəl]

[명] **싸움** [통] **싸우다**

🔊 쿼럴 > ⊙ 골을 > ☺ 서로 의견이 맞지 않아 골을 내며 싸우는 모습 좀 보게.

📝 Although we always **quarrel**, we love each other. 우리는 자주 다투지만, 서로를 사랑한다.
My brother and I used to **quarrel** when we were young. 우리가 어렸을 적에 동생과 나는 자주 싸웠다.

DAY
40

949

shoulder
[ʃóuldər]

명 어깨

🔊 쇼울더 › 솔더 › ✪ 솔로 더러운 › ☺ 솔로 때가 끼어 더러워진 어깨를 문질렀다.

예 Maybe I wanted a **shoulder** to cry on. 나는 어쩌면 기대어 울 수 있는 어깨를 원했는지도 모르죠.
I am strong when I am on your **shoulders**. 당신의 어깨 위에 설 때면 나는 강해져요.('you raise me up' 팝송)

◀ 어깨에 때가 얼마나 많기에 솔로 닦을까? 상처 나겠네.

950

grace
[greis]

명 우아. 세련미. 은혜 동 우아하게 하다

🔊 그레이스 › ✪ 그+레이스(코바늘로 뜬 수예품) › ☺ 그녀가 뜬 레이스는 정말 우아했다.

예 She was **graceful**. 그녀는 우아한 사람이었다.
Amazing **grace**, how sweet the sound, that saved a wretch like me. 놀라운 은혜여, 나 같은 죄인도 구하신 그 소리가 얼마나 달콤한지요.(찬송가 '나 같은 죄인 살리신' 중)

| Tip | 'wretch'는 '가난한 사람, 비참한 사람'의 뜻으로 쓰인다.

951

raise
[reiz]

동 올리다. 세우다. 키우다

🔊 레이즈 › ✪ 레이스(달리기) › ☺ 미연이는 레이스에서 피치를 올렸다. 그 결과 신기록을 세웠다. 나라에서 그를 유망주로 키운 보람이 있었다.

예 You **raise** me up. 당신이 나를 일으켜 줍니다.

신기록을 세우고, 유망주로 키우게 되고 좋겠습니다.

952

pitch
[pitʃ]

명 소리의 높이. 가락 동 던지다

🔊 피치 › ✪ 삐쳐 › ☺ 내가 농담을 하자 친구가 갑자기 삐쳐서 소리의 높이를 올리고 연필을 던졌다.

예 He has a high-**pitched** voice. 그의 목소리 톤은 높다.
He **pitched** a ball. 그는 공을 던졌다.

953

pop
[pɑp]

형 대중의 동 터지다

🔊 팝 > ⚙ 팝송 > ❓ 팝송(popsong)이란 말 들어 보았지? 팝(pop)은 '대중의'란 뜻이고, 송(song)은 '가요'의 뜻이야. 팝송은 '대중가요'의 뜻이지.

📝 I prefer **pop** music to classic. 나는 유행가요가 클래식보다 좋다.
The baby cried because her balloon **popped**. 아이는 풍선이 터져서 울었다.

954

challenge
[tʃǽlindʒ]

명 도전 동 도전하다

🔊 챌린지 > ⚙ 제1인지 > 제1인자 > ❓ 우리 학교에서 나의 탁구 실력은 항상 2등이다. 열심히 연습해서 꼭 제1인자에 도전하겠다.

📝 The **challenge** was refused. 그 도전은 거절당했다.

저는 탁구로 제1인자에 도전합니다. ▶

955

cost
[kɔːst]

명 비용 동 비용이 들다

🔊 코스트 > ⚙ 고스톱 > ❓ 고스톱을 하려면 비용이 들어가지.

📝 This sweater **costs** too much. 이 스웨터는 너무 비싸다.
It does not **cost** much to make this item. 이 물건을 만드는 데는 많은 비용이 들지 않는다.

956

count
[kaunt]

동 세다. 계산하다 명 셈. 계산. 백작

🔊 카운트 > ⚙ 카운트 > ❓ "권투 선수가 맞아서 링에 누워 있을 때 심판이 하는 것은?" "카운트" "그래 맞았어. 일어날 때까지 하나 둘… 수를 세지."

📝 I can **count** to ten, mama! 나 열까지 셀 수 있어요, 엄마!
The **Count** of Monte Cristo is a famous novel. 몬테 크리스토 백작은 유명한 소설이다.

candle
[kǽndl]

뗑 **양초. 촛불. 등불**

🔊 캔들 › ⚙ 컨들 › 🔑 수학 여행 때, 오락을 하는데 정전이 되었다. 한 친구가 양초를 사 왔다. 옆의 친구 왈 "이 넓은 광장에 촛불을 컨들 환해지겠니?"

🅰 The **candle** went out. 촛불이 꺼졌다.
He lit red **candles** on New Year's Eve. 그는 섣달 그믐날 밤에 그 빨간 양초를 켰다.

◀ 촛불을 100개를 컨들 전구보다는 못합니다.

hunt
[hʌnt]

뗑 **사냥** 뗑 **사냥하다. 추적하다**

🔊 헌트 › ⚙ 훤트 › 훤히 트인 › 🔑 동이 훤히 트인 아침에, 우리는 잠에서 깨어 꿩 사냥을 나갔다.

🅰 The **hunt** ended in failure. 그 사냥은 실패로 끝났다.
The wolf **hunted** the rabbit. 그 늑대는 토끼를 사냥했다.

form
[fɔːrm]

뗑 **형태. 양식. 형식. 서식**

🔊 폼 › ⚙ 폼 › 🔑 그런 자세(형태, 형식)로 폼 잡지 마라. 성실해 보이지 않는구나.

🅰 Please sign this **form**. 이 양식에 서명해 주세요.
The **form** should be handed in by Monday. 이 문서는 월요일까지 제출하셔야 합니다.

dish
[diʃ]

뗑 **접시. 요리**

🔊 디시 › ⚙ 드시 › 드시죠 › 🔑 접시에 맛있는 요리가 있으니 맘껏 드시죠.

🅰 A wonderful **dish**! 매우 훌륭한 음식이다!
This is the seventh **dish** that my father broke. 이것이 아버지가 깨신 일곱째 접시이다.

접시에 있는 맛있는 동태부침을 드시지요. ▶

DAY
41
STORY가 있는 영단어

961

wave

[weiv]

명 **파도. 물결** 동 **흔들다**

🔊 웨이브 › ❂ 왜 입어 › ➡ 친구가 파도 치는 곳에 윗옷 벗고 들어가려 해서 내가 말렸다. 그는 "왜 입어" 하고 뛰어들었다가 물결이 일자 생쥐가 되어 떨고 있다.

예 The **waves** became low. 파도가 낮아졌다.
She **waved** her friend goodbye. 그녀는 친구에게 손을 흔들어 작별 인사를 했다.

> 그러니까 남의 말을 잘 들어야지요.

962

cart

[kɑːrt]

명 **수레. 손수레. 우마차**

🔊 카트 › ❂ car(카)+t(티) › ➡ '카' 는 '차' 의 뜻. '티' 는 '티끌' 의 뜻. 티끌처럼 작은 차이니 '수레', '손수레' 의 뜻.

예 The cow pulled the **cart**. 소가 수레를 끌었다.
The shopping **cart** was empty. 쇼핑 카트는 비어 있었다.

963

recently

[ríːsntli]

부 **요즘. 최근**

🔊 리슨틀리 › ❂ 이순(耳順;사람의 나이 60) 틀니 › ➡ 아버지 말씀. "요즘 들어 이순이 되도록 써 온 틀니가 자꾸 빠지곤 하는구나".

예 He **recently** married a friend of mine. 그는 최근에 내 친구와 결혼했다.
I **recently** gained weight. 나는 최근에 몸무게가 늘었다.

◀ 이순이 되도록 써 온 틀니가 최근에 자꾸 빠져.

964

gift

[gift]

명 **선물. 타고난 재능**

🔊 기프트 › ❂ 기쁘다 › ➡ 재능이 뛰어나 학교에서 공부를 잘하는 아들을 둔 부모가 하는 말 "아! 기쁘다. 아들이 이렇게 타고난 재능을 가졌으니 신이 주신 크나큰 선물이 아니겠는가?"

예 My brother gave me a birthday **gift**. 내 형이 나에게 생일 선물을 주었다.
He is a **gifted** child. 그는 재능 있는 아이다.

251

965
communicate
[kəmjúːnəkèit]

동 **통신하다, 전달하다**

🔊 커뮤너케이트 > ✪ 캐무니 케이트 > ☺ 어제 공부했냐고 동생 케이트에게 꼬치꼬치 캐무니 케이트는 들은 척도 안하고 컴퓨터 통신하고 있다. 이를 바로 아버지께 전달해야겠다.

例 Bees **communicate** by dancing patterns. 벌들은 춤추는 패턴으로 서로와 의사소통한다.

966
calendar
[kǽləndər]

명 **달력**

🔊 캘런더 > ✪ 캘란다 > ☺ 서리가 내리기 전에 텃밭에 심은 고구마를 캘란다(캐려고 한다). 달력을 보니 곧 서리가 내릴 것 같다.

例 The lunar **calendar** is not often used these days. 음력 달력은 요즘에는 많이 쓰이지 않는다.
Their wedding anniversary is marked on the **calendar**. 그들의 결혼 기념일은 달력에 표시되어 있다.

◀ 달력에서 절기 보고
고구마 캘란다(캐런다).

967
crowd
[kraud]

명 **군중, 인파** 동 **모여들다**

🔊 크라우드 > ✪ 클라우드 > ☺ 한 사람이 인파 속에서 보따리를 클로도 클로도 계속 돈이 나오는 요술을 부리고 있다. 군중이 신기한 구경을 하려고 모여든다.

例 The **crowd** threw rotten eggs. 군중들은 썩은 달걀을 던졌다.

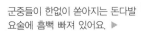
군중들이 한없이 쏟아지는 돈다발
요술에 흠뻑 빠져 있어요. ▶

968
silent
[sáilənt]

형 **침묵의, 조용한**

🔊 사일런트 > ✪ 쌀일란다(쌀이런다) > ☺ 올해는 유난히도 눈이 많이 내린다. 나는 눈길에 미끄러지는 노인들을 보며 "눈아 너는 왜 이렇게 많이 내리니?" 하고 말했다. 그러자 눈이 답했다. "그래 정말 미안해. 원망을 듣지 않기 위해 밤에 조용하게 내려 쌀일란다."

例 Students kept **silent** during the exam. 학생들은 시험 중에 침묵을 지켰다.
It is so calm and **silent** here. 이곳은 정말 고요하고 조용하군요.

969

realize
[ríːəlàiz]

동 깨닫다. 실현하다

🔊 리얼라이즈 > 💬 니(너) 얼라(아이) 있어 > 💡 둘 사이에 아이가 없는 부부가 있었다. 어느 날 아내는 배 속에서 아이가 놀고 있음을 깨달았다. 그리고는 남편에게 전화를 했다. "자기야 기뻐해라. 내 배 속에 니 얼라 있어." 남편은 자기도 이젠 아버지라는 큰 업적을 실현한 것을 기뻐하였다.

📝 **Realize** your dream. 너의 꿈을 실현해라.

DAY
41

970

relax
[riláeks]

동 긴장을 풀다. 늦추다

🔊 릴렉스 > 💬 일 냈어 > 💡 "정희야. 내가 국제중학교 합격이라는 엄청난 일을 해 냈어." "그래 참 잘했구나. 고생했으니 이제 푹 쉬면서 긴장을 풀어라."

📝 **Relax** your muscles when you do stretching. 스트레칭을 할 때에는 근육을 좀 풀어라.
The moment he **relaxed**, he fell asleep. 그가 긴장의 끈을 놓은 순간 그는 잠들었다.

971

fair
[fɛər]

형 공평한. 공명정대한. 아름다운

🔊 패어 > 💬 패어 > 💡 장마로 도로마다 심하게 패어 있다. 서로 먼저 보수해 달라고 아우성이지만 이럴수록 공평한 일 처리가 아름다운 것이다.

📝 It's not **fair** to discriminate between men and women. 남녀를 차별하는 것은 공정하지 않다.

| **Tip** | 'discriminate'는 '구별하다, 차별하다'의 뜻으로 쓰인다.

972

remain
[riméin]

동 남다. (여전히) ~이다

🔊 리메인 > 💬 리만 > 우리만 > 💡 청소하라고 하니 약삭빠른 놈들은 다 도망가고 우리만 남았다.

📝 I decided to **remain** in this internet cafe forever. 나는 이 PC방에 영영 남기로 결심했어.
She **remains** unmarried. 그녀는 독신 생활을 계속하고 있다.

우리만 남았지만 꾀 부리지 말고 열심히 하자. ▶

against
[əgéinst]

젠 ~에 반대하여. ~에 기대어서

◀ 어게인스트 > ⊕ 어깨 안 썼다 > ⊖ 축구 선수 손흥민이 상대 선수를 어깨로 밀어서 반칙했다는 심판의 판정에 수긍하지 않고 반대하면서 하는 말. "나는 정말 어깨 안 썼다니까요."

예 I am **against** all forms of violence. 나는 모든 형태의 폭력에 반대한다.
My back was pressed **against** the wall. 나의 등은 벽에 눌렸다.

◀ 어깨 정말 안 썼습니다.

974

servant
[sə́:rvənt]

명 하인. 피고용인

◀ 서번트 > ⊕ 서서 번잡한 트집 > ⊖ 항상 서서 번잡한 일을 하고 주인에게 트집을 잘 잡히는 사람은? 그야 물론 하인이나 피고용인이지.

예 **Servants** are not as common as they used to be in the past. 하인이라는 직업은 과거처럼 흔하지 않다.
Mother treated Cinderella like a **servant**. 어머니는 신데렐라를 마치 하인처럼 취급했다.

975

scene
[si:n]

명 장면. 경치

◀ 신 > ⊕ 누드 신 > ⊖ 누드 신은 누드의 모습을 나타낸 장면이지. 누드 신을 벌이면 볼 만한 경치를 만난 듯 이목이 집중되지.

예 What a beautiful **scene**! 정말 아름다운 장면이다!
That is an uncomfortable **scene** about the unfairness in the world we live. 그것은 우리가 사는 세상의 부정의를 보여 주는 불유쾌한 장면이다.

976

human
[hjú:mən]

형 인간의 명 인간. 사람

◀ 휴먼 > ⊕ 휴(식이) 뭔(가를) > ⊖ 동물 중에서 오직 인간만이 휴식이 뭔가를 알 수 있다.

예 **Humans** are at the top of the food chain. 인간은 먹이 사슬의 정점에 서 있다.

977
bean
[biːn]

명 **콩**

빈 > **빈** > 콩은 없어지고 빈 깍지만 남았네.

예 You should eat the **beans**. 너는 콩 다 먹어야 해.
The color of roasted coffee **bean** is dark brown. 볶은 커피 콩의 색은 어두운 갈색이다.

이 콩도 빈 깍지만 남겠네요. ▶

978
rob
[rɑb]

동 **강탈하다**

랍 > **피랍** > 큰아버지는 납치범에 의해 피랍당하였다. 납치범은 큰아버지가 소지한 물건을 다 강탈하였다.

예 He was arrested for **robbing** a bank. 그는 은행을 털다가 체포되었다.
Robbing a person of his or her right is a serious crime. 누군가의 권리를 강탈하는 것은 심각한 범죄이다.

979
brain
[brein]

명 **두뇌, 뇌**

브레인 > **쁘레인** > **빠른** > 빠른 두뇌를 가진 친구.

예 Human **brain** consists of three main parts. 인간의 두뇌는 세 주요 부분으로 구성된다.
Einstein's **brain** was studied by many scientists. 아인슈타인의 뇌는 많은 과학자들에 의해 연구되었다.

두뇌 회전이 빠른
친구라 계산을 잘합니다.

980
canal
[kənǽl]

명 **운하, 수로**

커낼 > **꺼낼** > 배가 운하에 빠졌다면 쉽게 꺼낼 수 있을까. 쉽지 않을 겁니다.

예 The network of narrow **canals** is covering the surface of this city. 좁은 수로들의 그물망이 이 도시의 표면을 덮고 있다.

981
sugar
[ʃúgər]

명 설탕

🔊 슈거 > ✿ 수거 > ⓟ 어제 산 설탕이 불량품이라 모두 수거해 갔다.

📝 I cannot have coffee without **sugar**. 나는 설탕 없이는 커피를 못 마셔.
I think you should add some more **sugar**. 내 생각엔 설탕을 조금 더 넣어야 할 것 같아.

982
crop
[krɑp]

명 농작물. 수확물 동 경작하다. 머리 깎다

🔊 크랍 > ✿ (이)크! 랍(성분) > ⓟ 이크~ 이 곳은 납성분이 많아 농작물을 심을 수 없는 땅입니다.

📝 They sprayed pesticide on the apple **crop**. 그들은 사과 농작물에 살충제를 살포했다.
He **cropped** his hair short. 그는 머리를 짧게 잘랐다.

| Tip | 'pesticide'는 '살충제'의 뜻으로 쓰인다.

983
joy
[dʒɔi]

명 기쁨. 즐거움

🔊 조이 > ✿ 조이고 > ⓟ 정비사들은 닦고 조이고 기름칠하는 것을 큰 기쁨으로 삼는다

📝 **Joy** to the world, the savior has come. 구세주가 오셨으니, 세상에 기쁨이 있으라.(크리스마스 캐럴)
My puppy is my **joy**. 내 강아지는 나의 즐거움이다.

> 닦고 조이고 기름칠 하고. 형은 자동차 정비에 푹 빠져 있습니다.

984
position
[pəzíʃən]

명 위치. 직책

🔊 퍼지션 > ✿ 포지션 > ⓟ 축구, 야구, 농구 따위에서 선수의 위치를 포지션이라 해. 야구 이승엽의 포지션은 1루수, 축구 박지성의 위치는 미드필더이고, 축구 정성용의 포지션은 골키퍼야. 이와 같이 각자가 맡은 위치나 직책을 포지션이라고 해.

📝 What is your **position** in this team? 이 팀에서 너의 포지션은 뭐니?
In my **position**, I can't do you a favor. 내 입장으로서는 당신을 도울 수 없어요.

985
praise
[preiz]

명 칭찬 동 칭찬하다

🔊 프레이즈 > ⚙ 풀(었다)+에이즈 > 😊 인류 최악의 질병인 에이즈가 퍼져서 골치를 앓고 있는 요즈음, 영국의 한 의학 박사가 에이즈 문제를 풀었다고 해서 전 세계의 칭찬과 찬사를 한몸에 받고 있단다.

📝 He studies harder when I **praise** him. 내가 그를 칭찬하면 그는 더 열심히 공부한다.

986
shade
[ʃeid]

명 그늘

🔊 셰이드 > ⚙ 씌우다 > 😊 산 그늘이 외딴 마을을 검게 씌웠다.

📝 I love trees for providing **shade** in summer. 나는 나무들이 여름이면 그늘을 제공해 주기 때문에 나무들을 사랑한다.
She stopped in the **shade**. 그녀는 그늘 아래에 멈추었다.

그늘이 마을을 씌웠어요.

987
advise
[ədváiz]

동 충고하다. 조언하다. 권하다

🔊 어드바이즈 > ⚙ 얻어 봐 있어 > 😊 누나가 옆집 친구에게 가방을 빌려 오라고 해서 물어 보았더니 없다고 말했다. 누나는 "다시 한 번 가서 얻어 봐. 있어." 하고 충고했다.

📝 I **advise** you to find work. 나는 네가 할 일을 찾는 것이 좋을 거라고 충고하는 바이다.
My father **advised** me to get married. 나의 아버지는 내게 결혼하라고 충고하셨다.

988
bottom
[bátəm]

명 밑. 아랫부분

🔊 바텀 > ⚙ 바탐 > 바탕 > 😊 가구의 밑바탕이 오래되어 빛이 바랬다.

📝 There is a trace of wine at the **bottom** of the cup. 잔의 밑바닥에는 와인 자국이 남아 있다.
The stock price just touched the **bottom**. 주가는 방금 바닥을 쳤다.

989
citizen
[sítəzn]

명 시민. 주민

🔊 시터즌 > ⚙ (도)시티 준 > 💬 도시티가 나게 해 준 사람은 시민이다.

📝 I am a proud **citizen** of the Roman Empire. 나는 로마 제국의 자랑스러운 시민이다.
Citizen Kane is a famous movie. '시민 케인' 은 유명한 영화이다.

◀ 도시 티가 나게 해 준 사람이 시민입니다.

990
bowl
[boul]

명 사발. 접시. 그릇

🔊 보울 > ⚙ 볼 > 💬 우리 고향에서는 사발이나 접시와 같은 그릇 위에 볼을 올려놓고 들고 가면서 빨리달리기 경기를 한다.

📝 This **bowl** of soup is steaming hot. 이 한 그릇의 수프는 김 나올 정도로 뜨겁네요.
Is this **bowl** half full or half empty? 이 그릇이 반쯤 차 있나요, 반쯤 비어 있나요?

991
lip
[lip]

명 입술

🔊 립 > ⚙ 립 > 💬 립스틱(lipstick)이란 말이 있어. 막대 모양의 입술 연지이지. 립(lip)은 '입술', 스틱(stick)은 '막대기' 의 뜻이야.

📝 Her **lip** was bright red. 그녀의 입술은 밝은 빨간색이었다.
He bit his **lip**. 그는 입술을 깨물었다.

lipstick(립스틱)은 lip+stick의 구조로 lip은 입술, stick은 막대기의 뜻. ▶

992
magic
[mǽdʒik]

명 요술. 매력

🔊 매직 > ⚙ 매직 필기구 > 💬 그 요술가는 매직 필기구를 연필로 바뀌게 하는 요술을 부리는 참 매력적인 사람이다.

📝 The fundamental laws of physics seem almost **magical** to those who study it. 물리학의 기본 법칙들은, 그것들을 공부하는 사람들에게는 마치 마법처럼 보인다.

993
suitcase
[súːtkèis]

명 여행 가방

🔊 수트케이스 > ⚙ 수트+케이스 > 💡 수트(suit)는 '정장, 옷'을, 케이스(case)는 '가방'을 뜻한다. 이 말들이 합쳐진 수트케이스(suitcase)는 '여행용 옷가방'의 뜻이다.

📋 What's in that **suitcase**? 그 여행 가방 안에 뭐가 들었죠?
You can open the **suitcase** and see what's inside, if you want. 원하신다면 여행 가방을 열고 뭐가 들었는지 보셔도 됩니다.

994
breath
[breθ]

명 호흡. 숨결

🔊 브레쓰 > ⚙ 보랬어 > 💡 "형, 지금 할아버지가 편찮아 입원하셨어. 아버지가 할아버지 호흡 상태를 세심히 보랬어."

📋 There was alcohol on my father's **breath**. 아버지의 숨결에서 알코올이 느껴졌다.
The **breath** of my puppy is warm. 나의 강아지의 숨결은 따뜻하다.

할아버지 호흡 상태를 세심히 보랬어.

DAY
42

995
wagon
[wǽgən]

명 짐마차. 화물용 4륜차

🔊 웨건 > ⚙ 왜 건(드리면) > 💡 "짐마차 속 사자를 왜 건드리면 안 돼요?" "사자가 배가 고파 해칠 수 있기 때문이야."

📋 He jumped on the **wagon**. 그는 마차 위로 뛰어올랐다.
He fell off the **wagon**. 그는 마차에서 떨어졌다.

996
crown
[kraun]

명 왕관

🔊 크라운 > ⚙ 크라운 > 💡 "왕관 모양의 그림 많이 보았죠. 그 밑에 무어라고 써 있던가요." "crown이라고 되어 있어요. 그럼 crown제과는 왕관제과라고 하면 되나요?"

📋 The wise king was wearing the **crown**. 그 현명한 왕은 왕관을 쓰고 있었다.
Arthas took the **crown** and became the next king. 아서스는 그 왕관을 자신이 취하고 다음 왕이 되었다.

997

weight
[weit]

명 무게. 중량 동 싣다. 무겁게 하다

🔊 웨이트 > ⚙ 왜 이 트(럭) > 💡 왜 짐을 많이 실은 이 트럭에다 또 물건을 올려놓는 거야. 무게를 견디지 못하고 펑크 나겠다.

📝 I want to lose **weight**. 나는 몸무게를 줄이고 싶다.
He lifts **weights** daily. 그는 매일 무거운 무게들을 들어올린다.

너무 무거워서 펑크나겠네. ▶

998

hut
[hʌt]

명 오두막집

🔊 헛 > ⚙ 헛 > 💡 오두막집에서 발을 헛디뎌 아래로 떨어졌다.

📝 The wooden **hut** had a grass roof. 그 나무로 만든 오두막의 천장은 풀잎으로 되어 있었다.
Pizza Hut is not really a **hut**. '피자 헛' 은 정말 오두막은 아니다.

오두막에서 헛디뎌 떨어졌는데
높지 않아서 별로 안 아프네요. ▶

999

downtown
[dáuntáun]

명 상업 지구. 도심지 부 도심지로. 시내로

🔊 다운타운 > ⚙ 다운타운 > 💡 down은 '아래' 의 뜻, town은 '도시' 의 뜻. 도시 아래를 죽 따라가면 어디가 나올까? '상업 지구, 시내' 가 나오겠네.

📝 Let's go **downtown** and party! 시내에 가서 파티를 벌입시다!
The bookstore **downtown** stocks a lot of new books. 시내의 서점에는 수많은 새 책이 있다.

1000

press
[pres]

동 누르다. 밀다

🔊 프레스 > ⚙ 푸르렀어 > 💡 목욕탕에 가서 동생 등을 밀어 주려고 누르고 밀었더니 멍들어서 등 색깔이 푸르렀어.

📝 He **pressed** a button. 그는 버튼을 눌렀다.
When the book gets wet, then **press** it as strong as you can. 책이 젖으면 네가 할 수 있는 만큼 가장 강하게 짓눌러라.

1001
log
[lɔg]

명 통나무. 항해 일지

◀ 로그 › ✪ 로그송 › ⊙ 우리 집 근처의 통나무로 만든 집에서 로그송이 들려왔다.

예 He lives in a **log** cabin. 그는 통나무 오두막에 산다.
The captain's **log** detailed yesterday's weather. 선장의 항해 일지가 어제의 날씨를 상세히 기록하고 있다.

1002
cookie
[kúki]

명 쿠키. 작고 납작한 과자

◀ 쿠키 › ✪ 쿡쿡키키 › ⊙ 여동생이 만들어 준 과자가 너무 작고 납작하게 못난이처럼 되어 쿡쿡키키하고 웃었다.

예 My friend bakes delicious walnut **cookies**. 내 친구는 맛있는 호두 쿠키를 굽는다.
Eating too many **cookies** can hurt your stomach. 쿠키를 너무 많이 먹으면 위가 상한다.

DAY 42

1003
mail
[meil]

명 우편. 우편물. 전자우편 동 (우편으로) 보내다

◀ 메일 › ✪ 매일 › ⊙ 나는 우편물을 매일 보낸다.

예 The mailman brought no **mail** today, either. 오늘도 집배원은 편지를 가져오지 않았다.
Mail me your report. 당신의 보고서를 우편으로 보내 주세요.

전자우편을 매일 보냅니다. ▶

1004
chain
[tʃein]

명 체인. 사슬 동 묶다

◀ 체인 › ✪ 체인 › ⊙ 눈 올 때 차 바퀴에 달아매는 것이 뭐야. 바로 체인이잖아. 체인은 쇠사슬로 만들었지.

예 The bicycle **chain** is rusty. 자전거 체인이 녹슬었다.
The prisoner is **chained** to the wall. 그 죄수는 벽에 쇠사슬로 묶여 있었다.

1005
chest
[tʃest]

명 가슴. 상자

🔊 체스트 > ⚙ 체(하)셨다 > 💡 어머니께서 체하셨다. 가슴이 답답하다고 하셔서 상자에서 약을 꺼내 드렸다.

📖 His muscled **chest** is so manly! 그의 근육질의 가슴이 남자다워요!
The treasure **chest** is beneath the sea. 보물 상자는 바다 밑바닥에 있다.

가슴이 답답하다고 하셔서 알아 보니 체하셨다.

1006
coast
[koust]

명 해안. 연안

🔊 코우스트 > ⚙ 코스+타 > 💡 이번 여름방학에는 포항부터 속초까지 해안 코스를 타고 여행하려고 해.

📖 The **coast** guards help drowning people. 해안 경비대는 물에 빠진 사람들을 돕는다.
The **coast** is littered with broken bottles and empty beer cans. 해안에는 깨진 병과 빈 맥주 캔들이 버려져 있다.

◀ 해안 도로 코스를 타고 바다를 구경하였다.

1007
hunter
[hʌntər]

명 사냥꾼

🔊 헌터 > ⚙ 헌터 > 💡 새터(최근에 새로 마을이 들어선 곳)에는 사냥할 동물이 없어요. 사냥꾼은 헌터로 가야 사냥할 수 있어요.

📖 The **hunter** tracked down the rabbit. 그 사냥꾼은 토끼를 추적했다.
The **hunter** fed his dogs. 그 사냥꾼은 그의 개들을 먹였다.

1008
dozen
[dʌzn]

명 12개. 다스. 여러 개

🔊 더즌 > ⚙ 더준다 > 💡 연필을 500자루를 샀더니 12개 즉 한 다스를 덤으로 더준다.

📖 Give me a **dozen** donuts, please. 도넛 12개만 주세요.
People who have **dozens** of friends are very popular. 많은 수의 친구를 가진 사람들은 매우 인기가 많다.

1009
copy
[kápi]

명 복사. 사본. 책의 부. 권 동 복사하다

🔊 카피 > ✿ 카피 > ➡ 너 숙제한 것 카피(복사) 좀 해 줘. 시험 공부 하려고 그래.

📋 I handed out **copies** of my paper. 나는 내 논문의 복사본을 나눠 주었다.
Here, have a **copy** of yesterday's newspaper. 여기, 어제 신문 한 부 받으라고.

1010
everyday
[évridèi]

형 매일의. 평상시의

🔊 에브리데이 > ✿ 에브리데이 > ➡ 에브리(every)는 '모든' 의 뜻. 데이(day)는 '날' 의 뜻. 합쳐서 '매일의' 의 뜻.

📋 My sister often borrows my **everyday** clothes. 내 여동생은 종종 내 일상복을 빌려 입는다.

1011
flame
[fleim]

명 불꽃. 불길. 화염

🔊 플레임 > ✿ 불 내음 > ➡ 불 내음(냄새)이 나더니 갑자기 불꽃이 일고 불길이 온 건물에 퍼졌다

📋 The **flame** of our love burned out too quickly. 우리의 사랑의 불길은 너무 빨리 타 버렸다.

> 불 내음이 나고 곧바로 불꽃이 튀었어요. 그리고 소방차가 왔어요.

1012
main
[mein]

형 주요한. 가장 큰

🔊 메인 > ✿ 매인 > ➡ 일에 매인 사람은 항상 그 조직의 주요한 인물이다.

📋 The **main** hall was full of busy with students. 대강당은 바쁜 학생으로 가득 찼다.

1013
from
[frʌm]

전 ~에서. ~부터. ~때문에

🔊 프럼 > ✪ 부럼 > ⊙ 부럼은 부스럼에서(부터) 온 방언이다. 부스럼 때문에 아파 죽을 지경이다.

📖 Where are you **from**? 어디에서 오셨습니까?
I come **from** Italy. 이탈리아에서 왔습니다.
He was tired **from** the trip. 그는 여행으로(때문에) 지쳐 있었다.

1014
pain
[pein]

명 통증. 아픔. 노력

🔊 페인 > ✪ 페인 > ⊙ 아저씨는 오래 앓고 있다. 통증이 심하고 아픔을 견디기 어려워 거의 페인이 되다시피 했다.

📖 It's too **painful**. I can't bear it. 너무 아파. 못 참겠어.
No **pains**, no gains. 노력 없이는 얻는 것도 없다.

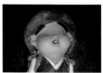

폐인이 될 정도로
통증이 심했습니까? ▶

1015
prison
[prízn]

명 교도소. 감옥

🔊 프리즌 > ✪ 풀어 준 > ⊙ 죄인이 교도소에서 나올 때 수갑 채운 손을 풀어 준 사람은 교도관이었다.

📖 If you do not obey the law, you will go to **prison**. 법을 지키지 않는다면, 너는 감옥에 가게 될 거야.
Let's escape from this **prison**. 이 감옥에서 탈출하자.

1016
taste
[teist]

명 미각. 맛. 취미 동 맛이 나다

🔊 테이스트 > ✪ 퉤, 이스트 > ⊙ 빵을 구우려고 사 온 이스트(효모)를 맛보다가 퉤! 하고 뱉었다. 미각이 이상했다. 맛이 내 취미는 아니었다.

📖 The **taste** of caramel pudding is wonderful. 이 캐러멜 푸딩의 맛은 훌륭하다.
This jellybean **tastes** like sugar. 이 젤리빈(과자의 일종)은 설탕 맛이 난다.

1017

trust

[trʌst]

동 믿다. 맡기다 명 신뢰. 위탁

🔊 트러스트 › ⚙ 들어섰다 › 😀 몸이 아파 내가 하던 일을 대신
해 줄 사람을 찾고 있었는데 인상이 좋은 한 사람이 들어섰다.
나는 그에게 모든 것을 믿고 맡겼다. 과연 그는 일을 잘했다.

📖 I do not **trust** you. 나는 당신을 믿지 않아요.
The funds were held in **trust**. 그 유산은 위탁 관리되었다.

◀ 나를 대신해 들어선 사람을 믿고 일을 맡겼다.

1018

enemy

[énəmi]

명 적. 원수(반friend)

🔊 에너미 › ⚙ 이놈이 › 😀 삼촌! 이놈이 적을 대하듯 마구 때렸
어요.

📖 If you are not my friend, you are my **enemy**. 네가 만일 나의 친
구가 아니라면, 너는 나의 적이다.

사소한 일마다 너는
삼촌에게 이르느냐?

1019

joke

[dʒouk]

DAY
43

명 농담

🔊 조우크 › ⚙ 조(쌀,보리와 같은 곡식)+크다 › 😀 조는 매우 작
잖아. 그런데 '조가 크다' 라고 한다면 그것은 농담이지.

📖 It was just a **joke**. 그것은 그냥 농담이었어.
Ha, the **joke** is on you. 아, 그래? 그 농담 너에게 그대로 돌려주지.

1020

loaf

[louf]

명 (빵) 한 덩어리

🔊 로우프 › ⚙ 로프 › 😀 여우가 뛰어올라 로프에 걸린 빵 한 덩
어리를 먹으려 하고 있다.

📖 Jean Val Jean was arrested for stealing a **loaf** of bread. 장
발장은 한 덩이의 빵을 훔친 죄로 체포되었다.
Loaves of freshly baked bread are on sale. 신선한 갓 구운 빵
들이 팔리고 있다.

1021
ability
[əbíləti]

명 능력. 재능

🔊 어빌러티 > ⚙ 어! 빌려 타 > 💬 남의 차를 빌려 타고 집에 가겠다고 큰소리치던 아저씨가 진짜로 차를 빌려 타고 간다. 그러자 한 친구가 하는 말. "어! 빌려 타고 진짜 집에 가네. 쟤는 참으로 능력이 뛰어나."

📝 I have the **ability** to fly. 내게는 하늘을 날 수 있는 능력이 있어요. Oh, yeah? I have the **ability** to fall! 아 그래? 내게는 떨어지는 능력이 있는데.

1022
absent
[ǽbsənt]

형 결석한. 불참의

🔊 앱선트 > ⚙ 없앤다 > 💬 잘못을 저질러서 책상을 없앤다 하니까 화가 나서 결석했다.

📝 Why are you **absent** from class? 왜 너는 수업에 들어오지 않니? My roommate is always **absent** on cleaning day. 내 룸메이트는 청소하는 날에는 항상 사라진다.

수업 시간에 딴짓을 하니 책상이 없어졌대요 ▶

1023
associate
[əsóuʃièit]

동 연상하다. 교제하다

🔊 어소우시에이트 > ⚙ 어서오시에 있다 > 💬 음식점에 들어서자 "어서오시에"라고 친절하게 말하는 처녀가 있다. 나는 그녀와 교제하게 되었지만 얼마 후 헤어지고 나서 빛 바랜 사진을 보며 떠나가 버린 사랑을 연상하고 있다.

📝 I **associate** my parents with happiness. 나는 내 부모님에게서 행복을 연상한다. It is wise to **associate** with rich and powerful people. 부유하고 강한 권력을 가진 사람들과 어울리는 것이 현명한 일이다.

1024
develop
[divéləp]

동 개발하다. 발달하다. 발달시키다

🔊 디벨러프 > ⚙ 제발 로프 > 💬 이 기계에 물건을 올릴 때 무거운 물건은 손으로 올리지 말고 제발 로프를 이용하세요. 그러면 짧은 시간에 많은 물건을 올릴 수 있습니다. 이것은 제가 개발하였고 하루가 다르게 기술이 발달하고 있습니다.

📝 He **developed** his ability. 그는 그의 능력을 개발했다. Thinking **develops** one's knowledge. 사고는 지식을 발달시킨다.

1025
curtain
[kə́:rtn]

몡 커튼. (무대의) 막

🔊 커튼 › ⚙ 커튼 › 😊 빛을 가리기 위해 치는 천은 '커튼'이다. 이 외에 연극에서 무대에 늘어뜨려 치는 '막'의 뜻으로도 쓰인다.

📝 He drew the **curtain** because the sunshine was too strong. 그는 햇살이 너무 강했기 때문에 커튼을 쳤다.
The velvet **curtain** was thick and soft. 그 벨벳 커튼은 두껍고 부드러웠다.

1026
fail
[feil]

몡 실패하다. 낙방하다

🔊 페일 › ⚙ 패일 › 😊 시험에 늦어 실패한 경험이 있는 영수는 오늘 강한 폭우로 도로가 움푹 패일 때, 시험 실패가 되풀이되지 않을까 걱정하며 시험장으로 향했다.

📝 I **failed** my exam. 나는 시험을 망쳤다.
He **failed** to carry out the task. 그는 과업을 수행하는 데 실패했다.

1027
stomach
[stʌ́mək]

몡 위. 복부. 아랫배

🔊 스터머크 › ⚙ 쌌다 먹고 › 먹고 쌌다 › 😊 맛있는 음식을 먹고 위로 소화를 시켜 배설물로 쌌다.

📝 I think there's something wrong with my **stomach**. 배에 무슨 문제가 있는 것 같아.
Ants have three body parts: head, chest, and **stomach**. 개미의 몸은 머리, 가슴, 배의 세 부분으로 되어 있다.

1028
hunger
[hʌ́ŋgər]

몡 굶주림 몡 굶주리다

🔊 헝거 › ⚙ 헌거 › 헌것 › 😊 새것을 입지 못하고 헌것만 입고 다니면서 굶주림에 지친 시절이 떠오른다.

📝 I am dying of **hunger**, please give me something to eat! 나 배고파 죽겠으니, 제발 먹을 것 좀 주세요!
The baby **hungered** for love. 그 아이는 사랑에 굶주려 있었다.

입고 먹을 것이 없었어요.
이런 보리밥도 먹기 어려웠지요. ▶

1029

double
[dʌbl]

명 2배 형 2배의

🔊 더블 > ✱ 더부룩 > ➡ 잔칫날 뷔페에 가서 음식을 평소의 2배나 먹어댔더니 속이 더부룩하구나.

📝 He had to pay **double** the standard taxi fare because he was a foreigner. 그는 외국인이었기 때문에 표준에 비해 2배의 택시 요금을 내야 했다.

1030

sight
[sait]

명 시력. 광경. 시야

🔊 사이트 > ✱ 사이가 트였다 > ➡ 우리집과 옆집 사이가 훤히 트였다. 그래서 웬만한 시력을 가진 사람이라면 멀리 들판에서 농부가 일하는 광경을 쉽게 볼 수 있다

📝 Out of **sight**, out of mind. 눈에 보이지 않으면 마음도 멀어진다.
I fell in love with him at first **sight**. 나는 첫눈에 그와 사랑에 빠졌다.

1031

stair
[stɛər]

명 계단

🔊 스테어 > ✱ 섰대요 > ➡ 할머니는 계단을 오르다가 힘이 부쳐서 섰대요.

📝 He is climbed the **stairs**. 그는 층계를 올라가고 있다.
He climbed a flight of **stairs**. 그는 한 줄로 이어진 계단을 걸어 올라갔다.

계단에서 섰대요.

1032

jacket
[dʒǽkit]

명 재킷. 웃옷. 책의 커버

🔊 재킷 > ✱ 재킷 > ➡ 신문 광고, 인터넷 광고를 보면 유명 배우가 웃옷을 입고 있는 것을 흔히 볼 수 있지. 그 웃옷이 바로 재킷이야. 책의 커버를 뜻하기도 하지. '쟈켓'으로 많이 쓰는데 '재킷'이 올바른 표현이야.

📝 The child almost drowned because there were not enough life **jackets**. 그 아이는 구명 조끼가 충분치 않아서 익사할 뻔했다.
Do not judge a book by its book **jacket**. 책의 겉표지로 내용을 판단하지 말라.

1033

post
[poust]

명 우편(물). 우체통 동 붙이다. 부치다

◀)) 포우스트 › ✪ 퍽 우습다 › ➋ 우편물(우체통)에 그려진 그림을 보니 퍽 우습다.

예 I sent you a **post**. 나는 당신에게 우편물을 보냈습니다.
He **posted** a bill on this wall. 그는 이 벽에 전단지를 붙였다.

1034

army
[ɑ́ːrmi]

명 육군. 군대

◀)) 아미 › ✪ 아미 › ➋ 군복을 입고 모자 밑으로 보이는 여군의 아미(눈썹)는 그렇게 아름다울 수 없다. 한국 육군의 가장 아름다운 군대다.

예 My older brother looks cool in his **army** uniform. 내 형이 군복을 입은 모습은 멋지게 보인다.
The French **army** invaded Toledo. 프랑스군은 톨레도를 침공했다.

1035

tomb
[tuːm]

명 무덤. 묘석

◀)) 툼 › ✪ (어)둠 › ➋ 무덤에 어둠이 깔릴 때 그곳을 지나간다고 생각하고 느낌을 말해 봐. 어째 으스스하지?

예 The young woman rises from her **tomb** each night. 그 젊은 여자는 매일 밤마다 무덤에서 일어난다.

|Tip| 'tomb'의 'b'는 묵음으로 발음하지 않는다.

1036

company
[kʌ́mpəni]

명 회사. 친구. 손님

◀)) 컴퍼니 › ✪ 껌 파니 › ➋ 그 여자는 이 회사 저 회사를 다니며 껌을 파니 불쌍하고, 마음씨가 착해서 친구가 되기로 했다.

예 The **company** was involved in a copyright issues. 그 회사는 저작권 문제에 휘말렸다.
You have **company**, master. 손님이 오셨습니다. 주인님.

◀ 회사를 돌아다니며 껌 파니
불쌍해서 친구가 되어 주었어요.

1037

brush
[brʌʃ]

몡 솔. 빗 동 솔질(빗질)하다. 당할 뻔하다

◀ 브러시 > ✿ 부러지 > 부러지다 > ☺ 솔로 빗질하다 솔이 부러졌다.

예 I **brush** my hair each morning. 나는 매일 아침 머리를 빗질한다.
I recently had a **brush** with death. 나는 최근에 죽을 뻔했다.

빗으로 머리를 빗다가
부러졌어요.

1038

businessman
[bíznismæn]

몡 사업가. 실업가

◀ 비즈니스맨 > ✿ 비잔 있어+맨(날) > ☺ 비자가 있어서 맨날 밖에서 일하는 사람이 바로 사업가지.

예 Steve Jobs was a very talented **businessman**. 스티브 잡스는 매우 재능 있는 사업가였다.

1039

by
[bai]

전 ~에 의해. ~곁에. ~까지

◀ 바이 > ✿ 바위 > ☺ 산의 바위가 홍수에 의해 강가 마을 곁에까지 떠내려왔다. 비가 더 내리면 바다까지 떠내려갈 것이다.

예 I was saved **by** a young man. 나는 젊은 남자에 의해 구조되었다.
The book is **by** the window. 책은 창가에 있다.

1040

chief
[tʃi:f]

형 주요한 몡 장. 우두머리

◀ 칩 > ✿ 콘칩 > ☺ 그 지역은 콘칩이 주요한 먹거리라고 하는데 지역 우두머리(족장)가 하루 한 개씩 나누어 준다고 한다.

예 He is my commander-in-**chief**. 그는 나의 명령에서의 상관입니다.
The **chief** slept on a pile of gold. 그 두목은 금 더미 위에서 잠었다.

그 지역은 콘칩이
주요한 먹거리래요. ▶

콘칩

270

1041
storm
[stɔːrm]

명 폭풍우

◀ 스톰 > ✪ 스톱 > ⊙ 한 달간 계속되었던 폭풍우가 이제 스톱 되었다

예 There was huge damage due to the storm. 폭풍 때문에 극심한 피해가 있었다.
I think we should be ready for the storm. 내 생각엔 폭풍우를 대비해야 할 것 같아.

드디어 폭풍우가 그쳤어요.

1042
foolish
[fúːliʃ]

형 어리석은. 바보같은

◀ 플리시 > ✪ 풀이 쉬어 > ⊙ "풀[草]이 쉬었어 하면서 돌아다니는 사람은 어떤 사람일까?" "그야 풀이 쉬지 않는데 쉰다고 하니 바보같은(어리석은) 사람이지."

예 The foolish woman who pretends to communicate with strangers is called Pangsang Woman. 외부인과 교신할 수 있다고 주장하는 그 바보 여자는 빵상 아줌마이다.
Many people think he is foolish. 많은 사람들은 그가 바보라고 생각한다.

1043
correct
[kərékt]

형 정확한. 옳은 동 고치다

◀ 커렉트 > ✪ 컬럭대(다) > ⊙ 그는 감기가 들어 계속 컬럭대면서 기침을 한다. 추운 날씨에 내복을 안 입은 것은 옳은 태도가 아니다. 고쳐야 한다.

예 This question has no correct answer. 이 질문에는 적절한 답이 없다.
Write the correct words. 알맞은 단어를 쓰시오.

DAY
44

1044
direct
[dirékt, dai-]

동 지시하다. 알려 주다 형 똑바른. 직접적인. 직통의

◀ 다이렉트 > ✪ 다 이랬다 > ⊙ 회사 간부가 부하에게 지시하며 알려 주는 말. "여러분 하는 일이 이제까지 다 이랬다. 너무 형편없이 해 왔어요. 앞으론 똑바른 자세로 해요."

예 The beggar directed me the way to the Cabaret of Val d'Amour. 그 거지는 나에게 발다무르 카바레에 가는 길을 일러 주었다.
Let me know the direct passage to the secret cave. 그 비밀 동굴로 가는 직통 경로를 알려 주세요.

1045

drown
[draun]

동 물에 빠져 죽다. 익사하다

🔊 드라운 > ⚙ 더러운 > ➡ 만일 더러운 물에 빠져 익사한다고 가정해 봅시다. 매우 난처하게 느껴지겠지요.

예 The rat **drowned** in a bowl of milk. 그 쥐는 우유가 담긴 그릇에 빠져 죽었다.

> 깨끗한 물에서도 절대 안 되는데 더러운 물이 라고요?

1046

trumpet
[trʌ́mpit]

명 트럼펫

🔊 트럼핏 > ⚙ 트럼펫 > ➡ "번쩍번쩍 빛나는 금관악기 보았지? 형이 호수공원에서 정기적으로 무료로 연주하는 악기 말이야." "응. 트럼펫이구나."

예 The **trumpet** is a musical instrument. 트럼펫은 악기이다.

1047

bathroom
[bǽθrùːm]

명 목욕실. 화장실

🔊 배쓰룸 > ⚙ 뱄어+룸(room) > ➡ "땀이 뱄어. 그러면 목욕해야지. 목욕을 하는 룸(room)은?" "목욕실이지. 그런데 목욕실은 화장실도 겸하네."

예 Make sure not to slip on the **bathroom** floor. 욕실 바닥에서는 미끄러지지 않도록 조심하거라.
My aunt's **bathroom** was filled with hot air. 이모의 욕실은 뜨거운 수증기로 가득 차 있었다.

◀ 땀이 뱄을 때 목욕을 하는 룸은?

1048

towel
[táuəl]

명 타월. 수건

🔊 타우얼 > ⚙ 타월 > ➡ 수건을 타월이라 하지.

예 He dried his hair with a **towel**. 그는 수건으로 머리를 말렸다.
The **towel** smelled nice. 그 수건에서 좋은 향기가 났다.

272

1049
basket
[bǽskit]

명 바구니

🔊 배스킷 > ✪ 배 수(박) 키(위) > ➡ 할머니는 배와 수박과 키위를 바구니에 담으셨다.

예 Take this **basket** when you go to the market. 시장에 갈 때는 이 바구니를 가져가거라.
That **basket** was full of big watermelons. 그 바구니는 큰 수박들로 가득 차 있었다.

1050
wool
[wul]

명 양털. 양모

🔊 울 > ✪ 울(지 않으려면) > ➡ 겨울의 매서운 추위를 맞아 울지 않으려면 면직으로 지은 얇은 옷을 입어야 할까? 아니면 두꺼운 '양모'로 지은 옷을 입어야 할까?

예 Sheep produce **wool**. 양들은 양털을 만들어 준다.
My sweater is made out of **wool**. 내 스웨터는 양모로 만들어져 있다.

추워서 울지 않기 위해
두꺼운 울로 만든 옷을 입었어요. ▶

1051
blanket
[blǽŋkit]

명 담요

🔊 블랭킷 > ✪ 불량기 > ➡ 불량기 있는 사람이 역 광장에서 담요를 덮고 자고 있다.

예 The child drags around an old **blanket**. 아이들이 오래된 담요를 잡아당기고 있다.
Silk **blankets** are cool to the touch. 비단 담요는 만지면 시원한 느낌이 든다.

1052
anybody
[énibàdi]

대 누군가. 아무도. 누구라도

🔊 에니바디 > ✪ 언니 바지 > ➡ "여기 있던 언니 바지를 누군가가 입고 간 것 같아." "그래? 아무도 들어오지 않았는데." "옷이 예쁘고 귀여워 누구라도 갖고 싶을 거야."

예 Is there **anybody** who could help me? 여기 누구든 나를 도와줄 사람이 있나요?
I don't think **anybody** is up to this task. 이 일에 적임자가 있다고 생각하지는 않는다.

1053
disease
[dizíːz]

명 질병

🔊 디지즈 > ✪ 뒈지죠 > ❷ "질병에 걸려 몇십 년 동안 앓다 심해지면 뒈지죠." "애야. 그런 비속어를 말하면 못써."

📋 Rats often carry **diseases**. 쥐들은 질병을 옮긴다.
The old man held out a **diseased** hand. 그 노인은 병든 손을 내밀었다.

1054
indeed
[indíːd]

부 참으로. 실로

🔊 인디드 > ✪ 인지도 > ❷ 전자 분야에 인지도가 그렇게 높은데 집안에서 살림만 하고 있으니, 언니는 참으로(실로) 딱하기도 하지.

📋 The paper lanterns were **indeed** splendid. 그 종이 등불들은 정말로 멋졌다.
I would **indeed** risk death for a chocolate biscuit. 초콜릿 비스킷을 위해서는 죽음이라도 감수하고 말겠다.

1055
doubt
[daut]

명 의심. 불신 동 의심하다

🔊 다우트 > ✪ 다웠다 > ❷ 평소에 말썽을 자주 피우는 아들의 생활기록표에 '이 어린이는 항상 솔선수범하고 어른다웠다'라고 적혀 있다. 이것을 본 우리 가족 모두 기뻐하는 한편 의심의 눈길도 보냈다.

📋 He **doubts** my ability. 그는 내 능력을 의심한다.
I have no **doubts** about his success. 나는 그가 성공할 것임을 전혀 의심하지 않는다.

| **Tip** | 'doubt' 의 'b' 는 묵음으로 발음하지 않는다.

1056
bookstore
[búkstɔ̀ːr]

명 책방. 서점

🔊 북스토어 > ✪ 북+스토어 > ❷ book은 '책'. store는 '가게'의 뜻이므로 두 단어를 합치면 '책방', '서점' 의 뜻이 되지.

📋 A **bookstore** is my idea of heaven. 서점은 내가 생각하는 천국이다.
Korean **bookstores** do not stock many foreign books. 한국의 서점들은 외국 서적들을 많이 구비하고 있지 않다.

◀ '스토어' 는 가게의 뜻.
'책가게' 보다는 '서점' 이라는 표현이 훨씬 자연스럽지요.

STORY가 있는 영단어

1057

examination
[igzæmənéiʃən]

몡 **시험. 검사. 조사**

🔊 이그재머네이션 > ✿ 이그 재 뭐 (카)네이션 > 😀 이그, 재, 뭐 카네이션인가 뭔가를 가지고 시험한다, 조사한다 난리야. 아무튼 별종 중의 별종이야.

㉐ **Examinations** make students nervous. 시험은 학생들을 불안하게 만든다.
What **examinations** are you taking? 너는 어떤 시험을 치고 있니?

1058

butterfly
[bʌ́tərflài]

몡 **나비**

🔊 버터플라이 > ✿ 받아 볼래~ 이 > 😀 내 친구는 위층에 살고 있다. 그는 가끔 종이를 나비처럼 접어서 아래로 날려 보내곤 한다. 오늘도 내가 밑의 층에 있는 것을 보고 하는 말. "지영아, 종이 나비 받아 볼래~ 이?

㉐ Surprisingly, **butterflies** do not taste like butter. 놀랍게도, 나비에서는 버터의 맛이 나지 않는다.

◀ 내 나비 받아 볼래 ~ 이?

1059

industry
[índəstri]

몡 **산업. 공업. 근로. 근면**

🔊 인더스트리 > ✿ 인도+스토리 > 😀 가난한 사람들이 산업 현장에서 근면하게 일(근로)하여 공업 국가로 발돋움한 인도 스토리가 전 세계에 알려지고 있다.

㉐ The banking **industry** has gone through big changes. 은행업은 큰 변화를 겪어 왔다.

> 인도인이 산업 현장에서 근면하게 일하는 이야기이네요.

1060

instance
[ínstəns]

몡 **보기. 예**

🔊 인스턴스 > ✿ 인스턴(트)+수(횟수) > 😀 어머니는 동생의 인스턴트 식품(라면 등) 먹는 횟수(매일 2회 이상)를 예(보기)로 들면서 앞으로도 계속할 경우 혼내겠다고 말씀하신다.

㉐ For **instance**, there are people who hate bananas. 이를테면, 세상에는 바나나를 싫어하는 사람들도 있는 법이지.

1061
invitation
[ìnvətéiʃən]

명 초대. 초청. 초대장

🔊 인버테이션 > ✪ 인(숙) 밭에 있었(네) > 💭 우체부 아저씨가 인숙이네 집에 초대장을 배달하려다 못 찾고 밭으로 가서 하는 말. "어! 저기 인(숙)이가 밭에 있었네."

💬 I sent my friend a wedding **invitation**. 나는 내 친구에게 초대장을 보냈다.
She never answered my **invitation**. 그녀는 내 초청에 전혀 응답하지 않았다.

1062
sharp
[ʃɑːrp]

형 날카로운. 예리한

🔊 샤프 > ✪ 샤프 > 💭 "정수야. 샤프심의 끝이 어떻게 생겼지?" "날카롭게 생겼지." "날카로운 사람을 어떻게 표현하지?" "그야 예리하게 생겼다고 하지."

💬 The tip of this pencil is **sharp**. 이 연필심은 뾰족하다.
Be careful when working with **sharp** things. 뾰족한 물건으로 작업할 때는 조심하렴.

sharp는 '날카로운, 예리한'의 뜻이구나. ▶

1063
alarm
[əlɑːrm]

명 놀람. 경보. 경종 동 놀라게 하다. 놀라다

🔊 얼람 > ✪ 알람 > 💭 일어나지 않는 나에게 경종을 울리는 알람 소리가 계속되며 나를 놀라게 했다.

💬 The smoke set off the fire **alarm**. 연기가 화재 경보를 작동시켰다.
I took **alarm** when someone grabbed my shoulder. 누군가 나의 어깨를 잡았을 때 나는 긴장했다.

1064
attack
[ətǽk]

동 공격하다. 비난하다 명 공격. 비난

🔊 어택 > ✪ 었대 > 먹었대 > 💭 고양이가 쥐를 공격하여 먹었대. 그 소식을 듣고 쥐들이 고양이를 맹렬히 비난했대.

💬 The dog **attacked** the man who bit him. 그 개는 자신을 깨문 사람을 공격했다.
Mother had a heart **attack** when I told her I was getting married. 어머니는 내가 결혼한다는 사실을 듣고 심장 마비를 일으켰다.

1065
eraser
[iréisər]

명 지우개

🔊 이레이서 > ⚙ 이레이(이렇게) 써 > 🗣 연필로 이레이(이렇게) 살짝 써야 지우개로 쉽게 지울 수 있다.

📝 I don't use **erasers** because I use pens instead of pencils. 나는 연필 대신 펜을 사용하기 때문에 지우개를 쓰지 않는다.
The teacher threw an **eraser** at a sleeping student. 선생님이 자고 있는 학생에게 지우개를 던졌다.

1066
saw
[sɔː]

명 톱 동 톱질하다

🔊 소 > ⚙ 소 > 🗣 "우리 집 소는 발 '톱' 이 매우 크다. 그렇지?"

📝 Be careful with your **saw**! 톱 쓸 때 조심해라!
We **sawed** the wood up into logs. 우리는 나무를 톱질하여 땔나무를 만들었다.

| **Tip** | 'see' 의 과거형도 'saw' 이다.

그런데 발톱의 '톱' 과 자르는 '톱' 은 의미가 다르네. 어쨌든 외우기는 쉽구나.

◀ 소의 발 '톱' 이 정말 크구나.

1067
marriage
[mǽridʒ]

명 결혼

🔊 매리지 > ⚙ 매리지 > 🗣 "너와 결혼을 할 사람이 누구냐?" "메리지 누구야."

📝 William Blake wrote a poem called 'The **Marriage** of Heaven and Hell'. 윌리엄 블레이크는 '천국과 지옥의 결혼' 이라는 시를 썼다.
Many European couples think that **marriage** is unnecessary. 많은 유럽의 연인들은 결혼이 불필요하다고 생각한다.

◀ 너 메리하고 사귀고 있었구나.

1068
coal
[koul]

명 석탄

🔊 코울 > ⚙ 콜타르 > 🗣 콜타르(coal+tar)란 '석탄을 건류할 때 생기는 기름 상태의 끈끈한 검은 액체' 를 말하지. 타르(tar)가 검은 액체이니 코울은 '석탄' 임을 미루어 짐작할 수 있지.

📝 My hair is **coal**-black. 나의 머리 색은 석탄과 같은 완전한 검은색이다.

1069
passport
[pǽspɔ̀ːrt]

명 여권

🔊 패스포트 > ✪ 패스포트 > 🅰 패스(pass)는 '통과'의 뜻, 포트(port)는 '항구'의 뜻. 항구를 통과하여 가는 곳이 외국이다. 외국을 가려면 무엇이 필요한가? 바로 '여권'이지.

예 Please show me your **passport**. 여권을 보여 주십시오.
I need to get a **passport**. 나는 여권을 발급받아야 한다.

1070
nephew
[néfjuː]

명 남자 조카

🔊 네퓨 > ✪ 네 피요 > 🅰 너의 조카는 네 피요(네 핏줄이요).

예 My **nephew** is so cute. 내 조카는 정말 귀여워.
His **nephew** received his wealth. 그의 조카가 재산을 받았다.

| Tip | 여자 조카는 niece이다.

네 조카가 너의 혈족임은 당연한 사실이야. ▶

1071
successful
[səksésfəl]

형 성공한. 출세한

🔊 석세스펄 > ✪ 석쇠(에)서 펄펄 > 🅰 나는 마술가입니다. 나는 석쇠에서 펄펄 나는 재주를 가졌습니다. 그러니 나는 대단히 성공한 사람 중의 하나입니다.

예 My business was **successful**. 나의 사업은 성공적이었다.
The book is **successful** in delivering knowledge about world history. 이 책은 세계사에 대한 지식을 전달하는 데 성공적이었다.

1072
nest
[nest]

명 둥지. 둥우리

🔊 네스트 > ✪ 넷 있다 > 🅰 새 둥우리에 새끼가 넷 있다.

예 Look! There is a bird **nest**. 저기 봐! 새 둥지가 있어.
We'll call here 'the **nest** of evil'. 이곳을 악의 둥지라고 부르자.

둥우리에 새끼가 넷 있어요.
이들은 서로 형제 간이에요. ▶

1073

path
[pæθ]

명 길. 보도

🔊 패쓰 > ✲ 패스 > ☺ 길이나 보도에서 패스 연습을 하면 차나 행인과 추돌할 우려가 있어 위험하다.

예 It could be a bicycle **path**. 그것이 자전거 도로일 수도 있어.
There are a lot of **paths** to success. 성공에 이르는 길은 다양하다.

패스 연습은 길 보다 는 운동장 에서 합시다.

1074

disappear
[dìsəpíər]

동 사라지다

🔊 디서피어 > ✲ 뒤서 피어 > ☺ 움막 뒤서 피어나는 연기가 곧 사라졌다.

예 The young woman **disappeared** one night. 그 어린 여성은 밤에 사라졌다.
Bilbo **disappeared** after he slipped on the ring. 빌보는 반지를 끼고 사라졌다.

◀ 'appear(나타나다)'에 dis가 붙어 'disappear(사라지다)'로 반대말이 되었네. 아하, 결국 dis는 단어의 앞에 붙어 반대의 뜻을 나타내는 말이 되는구나.

1075

handsome
[hǽnsəm]

형 잘생긴. 멋진

🔊 핸섬 > ✲ 한 섬 > ☺ 가을에 논에서 벼를 수확하여 한 섬(한 가마니)을 등에 가볍게 지고 오는 사람은 어떻게 생겼을까? 멋지고 잘생겼겠지.

예 The **handsome** boy made many girls sigh. 그 잘생긴 소년은 많은 소녀들을 한숨짓게 했다.

|Tip| 'handsome'은 '잘생긴'의 뜻으로 남자에게 쓰고, 여자에게는 'pretty'나 'beautiful'을 쓴다. 'handsome'의 'd'는 묵음으로 발음하지 않는다.

1076

rapidly
[rǽpidli]

부 빠르게. 신속히. 급격히

🔊 래피들리 > ✲ 내빼 둘리 > ☺ 둘리가 내빼는데(도망하는데) 얼마나 신속하게 내빼는지 보이지가 않네.

예 The world is changing **rapidly**. 세계는 급격히 변화하고 있다.

DAY
45

1077

pigeon

[pídʒən]

명 비둘기

🔊 피전 > ✲ 피가 존재하지 않음 > ☺ 피가 존재하지 않음은 '전쟁이 없음' 즉 평화를 나타내며 '비둘기'가 이를 상징하지.

📖 **Pigeons** in Seoul are just like chicken. 서울에 사는 비둘기는 닭과 다를 바가 없다.
The beggar roasted the **pigeon**. 그 거지는 비둘기를 구웠다.

1078

gray

[grei]

형 회색의. 반백의

🔊 그레이 > ✲ 그레이 > ☺ 사무직에 종사하는 화이트칼라(white-collar)와 생산 현장에서 일하는 블루칼라(blue-collar)의 중간적인 성격을 지닌 노동자를 통틀어 이르는 말로 '그레이칼라(gray-collar)'가 있어. 즉 흰색(화이트)도 아니고 푸른색(블루)도 아닌 '회색'을 뜻할 때 gray를 쓰지.

📖 The color of rainclouds is **gray**. 비구름의 색은 회색이다.
His **gray** eyes lit up as he looked at the food. 그의 회색 눈동자는 그 음식을 바라보며 빛났다.

1079

Pacific

[pəsífik]

형 태평양의

🔊 퍼시픽 > ✲ 벚(꽃)이 피 > ☺ 벚꽃이 태평양의 한가운데에 피었다. 아마 세계 대전 때 일제가 심어 놓은 것 같다.

📖 I swam in the **Pacific** Ocean. 나는 태평양에서 수영을 했다.
The **Pacific** Ocean is the largest ocean in the world. 태평양은 세계에서 가장 넓은 바다이다.

1080

cage

[keidʒ]

명 새장. 우리. 창살

🔊 케이지 > ✲ 개 있지 > ☺ 우리 집에 독한 개 있지. 그 개가 새를 노리고 새장 주변을 두리번거리고 있지 뭐야.

📖 The rats in the **cage** jumped around. 쥐들은 우리 안에서 뛰어다녔다.
The prisoner is in the **cage**. 죄수는 창살 안에 갇혀 있다.

◀ 저 개 있지. 글쎄 새장 주변을 두리번거리면서 군침을 삼키고 있어.

1081

progress
[prágres]

명 진보. 진행 동 진행하다. 진보하다

🔊 프라그레스 › ✿ 프라그랬어 › ➊ 송내역에 있는 '임영철 치과'에 갔더니 의사 선생님이 이 아픈 원인이 프라그라고 했어. 상태가 더 진행되기 전에 치료를 해야 한대.

📖 I believed in **progress**. 나는 진보를 믿는다.
The meeting is in **progress**. 그 회의는 진행중이다.
Modern technology is **progressing** day by day. 현대 과학 기술은 날로 진보한다.

1082

row
[rou]

명 열. 줄 동 배를 젓다

🔊 로우 › ✿ 노 › ➊ 노(배)를 젓는다. 어떻게 저을까. 열(줄)을 맞추어서 젓는다.

📖 The book's at the second **row**. 그 책은 두 번째 줄에 있어.
There is a **row** of trees. 일렬로 서 있는 나무들이 있다.

◀ 열을 맞추어 노를 저어 갑시다.

1083

schedule
[skédʒuːl]

명 예정표. 계획표 동 ~할 예정이다.

🔊 스케쥴 › ✿ 시겟줄 › ➊ 시곗줄을 보면서 내일 할 예정인 예정표를 점검하였다.

📖 Let me check my **schedule** if I can spare some time. 시간 좀 낼 수 있는지 계획표 좀 검토해 볼게.
This is a **schedule** for this week. 이것이 이번 주의 계획표입니다.

1084

succeed
[səksíːd]

동 성공하다. 계승하다

🔊 석시드 › ✿ 석 씨드 › 썩은 씨도 › ➊ 김영훈 박사는 썩은 씨도 싹을 틔우는 데 성공하는 기술을 가졌다. 그는 자기의 기술을 계승할 사람을 찾고 있다고 한다.

📖 I **succeeded** this time. 나는 이번에는 성공했다.
If you want to **succeed**, learn from your mistakes. 만일 네가 성공하고 싶다면 실수로부터 배워라.

cheek
[tʃiːk]

명 볼, 뺨

◉ 치크 > ✿ 칙 그어 > ☺ 짓궂은 동생이 잠자는 동안에 볼에다 볼펜을 칙 그어놓았다.

예 Her **cheek** was rosy. 그녀의 뺨은 장밋빛이었다.
The man kissed her **cheek**. 그 남자는 그녀의 뺨에 뽀뽀했다.

◀ 볼에다 글씨를 쓰는 등의 심한 장난은 하지 맙시다.

---

result
[rizΛlt]

명 결과, 성과 동 결과로 일어나다

◉ 리절트 > ✿ 이(것이) 절도 > ☺ 도둑 세계에서 주고 받는 대화 내용이다. "두목님. 이것이 절도한 결과물입니다. 보십시오. 볼펜과 지우개 그리고 노트는 세 권이나 됩니다." "그래? 성과 좋았구먼."

예 What is the **result**? 결과가 어때?
I am not happy with the **result**. 난 결과에 만족하지 않아.

---

corn
[kɔːrn]

명 곡식, 옥수수

◉ 콘 > ✿ 콘칩 > ☺ "콘칩이라는 과자 먹어 보았지?" "무엇으로 만들었던가?" "옥수수". "그래 맞아".

예 **Corns** ripen in autumn. 옥수수는 가을에 익는다.
I eat **corn** flakes for breakfast. 나는 아침 식사로 콘플레이크를 먹는다.

---

thirsty
[θə́ːrsti]

형 목마른, 갈망하는

◉ 써스티 > ✿ (힘)써서 튀(다) > ☺ 내 뒤에서 불독이 쫓아온다. 온힘을 써서 튀었다. 너무 목마르다. 나는 애타게 물을 갈망하고 있는데 애석하게도 물이 없구나.

예 The child was even more **thirsty** after he drank a can of coca-cola. 코카콜라 한 캔을 다 마신 후에 그 아이는 더욱 목말랐다.

힘써서 튀느라 얼마나 목이 말랐겠소. 어서 와서 물을 드시오.

1089
robber
[rábər]

명 강도

🔊 라버 > ⚙ 라(체) 버(려) > ➡ 강도가 옷을 빼앗은 후 나체 상태로 버려 두었으니 얼마나 창피한 일인가?

📣 That's a bank **robber**! 저기 은행 털이범이다!
The police arrested the **robber**. 경찰이 강도를 체포했다.

치사한 강도! 옷을 빼앗고 나체 상태로 버려? ▶

1090
apply
[əplái]

동 지원하다. 적용하다. 바르다

🔊 어플라이 > ⚙ 엎을 아이 > ➡ 아저씨는 젊은 시절 하도 힘이 세어서 '세상을 뒤엎을 아이'로 불렸지만 외국 용병에 지원하였고 뒤에 사기죄를 적용하여 징역을 살았다.

📣 I will **apply** to Seoul National University. 나는 서울대학교에 지원할 거야.
I **applied** glue to my roommate's t-shirt. 나는 룸메이트의 티셔츠에 딱풀을 발랐다.

| Tip | 'glue'는 '접착제, 딱풀'의 뜻으로 쓰인다.

1091
thin
[θin]

형 얇은. 야윈. 수척한. 엷은

🔊 씬 > ⚙ 훨씬 > ➡ 나보다 훨씬 야위고 수척한 진양이는 몸에 어울리는 얇은 옷을 입고 다닌다.

📣 His face is **thin**. 그의 얼굴은 말랐다.
There is a **thin** smile on his lips. 그의 입술에는 엷은 미소가 걸려 있었다.

> 나는 바람이 불면 날아갈 듯한 몸매야. 나보다 훨씬 야위었다면? 짐작이 안 되네.

1092
appoint
[əpɔ́int]

동 지정하다. 약속하다. 임명하다

🔊 어포인트 > ⚙ 어! 보인다 > ➡ "이리 와 봐. 어! 보인다." "뭐가 보여?" "농촌 봉사 활동하기로 약속한 마을이 보여. 지금부터는 봉사할 가정을 지정하고, 책임자를 임명하자."

📣 The government **appointed** Mr. Kim to the post of prime minister. 정부는 김씨를 수상에 임명했다.
The newly **appointed** president visited Taiwan. 새로 임명된 대통령은 대만을 방문했다.

1093

score
[skɔ:r]

명 득점 동 득점하다

🔊 스코어 > ⚙ 스코어 > 💬 '농구 경기에서 많은 스코어 차로 이 겼다' 에서 스코어는 '득점' 을 말하지.

📝 What is your **score**? 너는 점수가 몇 점이니?
I **scored** 23 in the game. 나는 게임에서 23점을 받았다.

1094

vice
[vais]

명 악덕. 부도덕. 죄악. 바이스

🔊 바이스 > ⚙ 바이스 > 💬 기계 공작에서, 공작물을 끼워 고정 하는 기구인 바이스를 아주 비싸게 파는 악덕 상인들이 있다 고 한다.

📝 Smoking is a **vice**. 담배를 피우는 것은 악덕이다.
There is a lot of **vice** in the country. 그 나라에는 범죄가 많다.

악덕 상인의 바이스 절대로 사지 맙시다.

1095

closet
[klázit]

명 옷장. 벽장

🔊 클라짓 > ⚙ 클 나지 > 큰일 나지 > 💬 친구가 놀러 왔다. 옷장 속에 먹을 것이 있는지 확인하자고 한다. "안 돼. 옷장 열면 큰 일 나지. 형한테 혼나."

📝 The little girl hid in the **closet**. 그 작은 소녀는 옷장에 숨었다.
The **closet** was made out of mahogany. 그 옷장은 마호가니로 만들어져 있었다.

"큰일 나지" 했는데도 기어코 옷장을 열어 보았네.

1096

block
[blɑk]

명 블록. 구획 동 막다

🔊 블락 > ⚙ 블록 > 💬 주위가 도로로 둘러싸인 블록을 구획이라 한다. 1구획은 약 100미터. 블록 사이는 도로로 막혀 있다.

📝 The post office is two **blocks** away. 우체국은 두 블록 거리에 있다.
Their escape route was **blocked** by fallen rocks. 그들의 탈출 경로는 무너진 바위에 의해 막혔다.

1097
monk
[mʌŋk]

명 **수도사, 수도승**

🔊 멍크 > ⚙ (우)**멍**(하고) **크**(다) > 💡 눈이 우멍하고 큰 수도승을 만났다. 10년 동안 산속에서 도를 닦느라고 고생하여 눈이 푹 들어간 것 같다.

📖 The **monk** bowed. 수도사는 몸을 숙였다.
Monks do not eat meat. 수도사들은 고기를 먹지 않는다.

수도하느라 고생하여
눈이 우멍하고 크게 들어갔군요. ▶

DAY
46

1098
teenager
[tíːnèidʒər]

명 **10대의 소년(소녀)**

🔊 틴에이저 > ⚙ **틴**(ten)+**에이지**(age)+**er** > 💡 틴은 '10'의 뜻. 에이지는 '나이'의 뜻. er은 '사람'의 뜻을 나타내는 말. 따라서 teenager는 10대의 아이들(청소년)을 뜻한다.

📖 The **teenager** went shopping with her friends. 그 10대는 친구들과 함께 쇼핑을 갔다.
Teenagers commonly suffer from an illness called 'teenage angst'. 10대들은 흔히 '중2병'이라고 불리는 질병에 사로잡힌다.

|**Tip**| 'angst'는 '불안, 공포'의 뜻으로 쓰인다.

1099
avoid
[əvɔ́id]

동 **회피하다**

🔊 어보이드 > ⚙ **어버이도** > 💡 요즈음은 경제가 침체되어 살기 어려우니까 자기 어버이마저도 회피하는 사람들이 많아졌다.

📖 He **avoided** the classmate he borrowed money from. 그는 자기가 돈을 빌린 같은 반 친구를 피했다.
If you **avoid** your girlfriend, she will be angry. 네가 만약 여자친구를 만나는 것을 피한다면, 그녀는 화가 날 것이다.

 아무리 야박한 세상이 라지만 어버이를 멀리하면 안 돼요. 고생스럽더라도 효도를 해야지요.

1100
knee
[niː]

명 **무릎**

🔊 니 > ⚙ 네 > 💡 네 무릎이 아픈지 내 무릎이 아픈지 무릎 박치기를 해 보자.

📖 The child scraped his **knee**. 그 아이는 넘어져서 무릎이 까졌다.
Old people often have **knee** problems. 노인들은 보통 무릎 관절에 문제가 생긴다.

|**Tip**| 'knee'의 'k'는 묵음으로 발음하지 않는다.

285

1101
rat
[ræt]

명 쥐. 시궁쥐

◀) 랫 > ✪ 냇 > 냇물 > ☺ 시궁쥐가 냇물에 빠져 허우적거리고 있구나.

㉠ I'm going to catch that **rat**! 나는 저 쥐를 잡아야겠어!
The street seller in Sigil sold baked **rat** on a stick. 시길의 노점상은 구운 쥐를 막대기에 끼워 팔았다.

내물이 너무 깨끗해서 시궁쥐가 다닐 것 같지는 않네요.

1102
silk
[silk]

명 비단

◀) 실크 > ✪ 실이 크다 > ☺ 방직기가 뽑아 낸 비단 실이 크고도 길다.

㉠ Some regions in Cambodia sell **silks** of good quality. 캄보디아 일부 지역은 좋은 품질의 비단을 판매한다.
There is a theory that the word '**silk**' originated from the Korean word for 'thread'. 실크(비단)라는 단어가 한국 단어 '실'에서 유래했다는 이론이 있다.

1103
trade
[treid]

명 무역. 거래 동 교환하다

◀) 트레이드 > ✪ 트라대(철자 기준) > ☺ 사장님이 이 회사와 거래를 트라대(트라고 하대). 또한 이 회사뿐만 아니라 외국과도 거래를 트라고 하대. 외국과의 거래는 '무역'이잖아.

㉠ It's a fair **trade**. 그것은 공평한 거래로군.
Let me **trade** this pencil with your eraser. 내 연필과 네 지우개를 바꾸자.

1104
cotton
[kátn]

명 목화. 면사. 무명

◀) 카튼 > ✪ 커튼 > ☺ 우리 집에 있는 커튼은 목화를 면사 실로 지어서 만든 무명이 재료야.

㉠ This t-shirt is 100% **cotton**. 이 티셔츠는 100% 무명이다.
This dress is made of **cotton**. 이 옷은 면으로 만들어진 것이다.

목화를 실로 자아서 면사를 만들고 이것으로 다시 커튼 등을 만들어. ▶

286

1105
drum
[drʌm]

명 드럼. 북 동 쿵쿵 두드리다

🔊 드럼 > ⚙ 드럼 > 💡 형, 드럼을 어떻게 치지? 쿵쿵 두드려서 치지.

📝 Let's dance to the sound of the **drum**! 북 소리에 맞추어 춤을 춥시다!
I **drummed** my fingers on the desk. 나는 손가락을 책상 위에 두드렸다.

1106
actor
[ǽktər]

명 배우. 남자 배우. 행위자

🔊 액터 > ⚙ 액션 (배우에게) 터 줘라 > 💡 내가 좋아하는 액션 배우 최재성 씨가 나타났다. 길을 터 줘라.

📝 Some people say that Lindsay Lohan is not a good **actor**. 어떤 사람들은 린제이 로한이 좋은 배우가 아니라고 생각한다.
Leonardo Dicaprio was the **actor** that played a main role in the movie Titanic. 레오나르도 디카프리오는 영화 '타이타닉'에서 중요한 역할을 맡은 배우였다.

1107
sand
[sænd]

명 모래

🔊 샌드 > ⚙ 샌드 > 💡 복싱 운동을 하기 위해 만든 샌드백 (sandbag)을 많이 보았지? 샌드백에 넣은 것이 뭐야. 모래지.

📝 The children are playing in the **sand**. 아이들은 모래에서 논다.
Your eyes are the color of **sand**. 네 눈동자는 모래 빛깔이야.

1108
shock
[ʃɑk]

동 충격을 주다 명 충격. 충돌

🔊 샤크 > ⚙ 쇼크 > 💡 "너 누가 어떤 말을 했길래 쇼크 먹었니? 얼굴이 파랗구나." "오래 사귄 여자 친구가 말없이 해외로 가서 충격을 받았어."

📝 I was so **shocked** when Jenny married Joe. 나는 제니가 조와 결혼했을 때 너무나 큰 충격을 받았다.

여자 친구에게 차여서 쇼크를 받았어요.

1109
seed
[si:d]

명 **씨**

◀) 시드 › ✪ 씨도 › ☺ "아주 작은 고추 씨도 씨에 속한단 말이지?" "그럼 고추씨보다 더 작은 겨자씨도 씨에 속하지."

예 I planted a **seed** in my backyard. 나는 뒷마당에 씨앗을 심었다.
Seeds are good food for chickens. 씨앗은 닭들의 좋은 먹이다.

아주 작은 씨도 크게 자라서
이렇게 예쁜 꽃을 피우지요. ▶

1110
about
[əbáut]

전 **~에 대하여. 대략** 부 **주위에**

◀) 어바웃 › ✪ 어! 바우 › ☺ 길에서 어릴 적 고향 친구 '바우'를 만났다. 나는 반가운 표정으로 인사했다. "어! 바우야! 너에 대하여 잊어 본 적이 없어. 만나 기쁘다. 헤어진 지 대략 5년 되었지?"

예 What do you think **about** it? 그것에 대해 어떻게 생각하세요?
Father came **about** seven. 아버지는 대략 7시쯤 오셨다.

1111
cough
[kɔːf]

명 **기침** 동 **기침하다**

◀) 코프 › ✪ 코 풀어 › ☺ 기침이 나오면 감기에 걸린 것이니 코 풀어라.

예 I **coughed** hard. 나는 심하게 기침했다.
She couldn't stop **coughing**. 그녀는 기침을 멈추지 못했다.
There was a trace of blood on the hand that covered his mouth while he was **coughing**. 그가 기침할 때 입을 가린 손에서 핏자국을 발견 했다.

코를 풀었더니 기침이
자꾸 나네요.

1112
alike
[əláik]

형 **비슷한. 같은** 부 **동일하게. 평등하게**

◀) 얼라이크 › ✪ 얼라이크 › ☺ 얼라이크(alike)와 라이크(like)는 비슷한 것 같지만 뜻이 비슷하거나 동일하게 쓰이지는 않는다.

예 You and I are **alike**. 당신과 나는 비슷해요.
The twins were **alike** like two peas in a pod. 그 쌍둥이는 마치 콩깍지 안의 콩알들처럼 비슷했다.

| **Tip** | 'pod'는 '콩깍지'의 뜻으로 쓰인다.

1113
apart
[əpáːrt]

뷔 떨어져서. 산산이. 별개로

🔊 어파트 > ⚙ 아파트 > ❓ 유리컵이 아파트에서 떨어져서 산산이 부서졌다. 그런데 여기서의 '떨어지다'는 '둘 사이의 간격이 벌어지다'의 뜻이다.

📝 I had been **apart** from my family during my high school age. 나는 고등학교에 다닐 동안에 나의 가족과 떨어져 지내야 했다.
I cannot bear to be **apart** from my little sister. 나는 내 여동생과 떨어져 있는 것을 견딜 수 없다.

1114
cloth
[klɔːθ]

명 옷감. 천. 옷

🔊 클로쓰 > ⚙ 글로 쓰다 > ❓ 옛날에 종이가 귀할 때는 옷감에다 글로 쓰는 일이 보통이었다고 한다.

📝 Had I the **clothes** of heaven, I would spread the clothes under your feet. 내가 만일 천상의 옷감을 가지고 있다면, 나는 네 발 아래 그 옷감을 펼칠 것이다. (예이츠)
Many girls like to shop for new **clothes**. 많은 여자 아이들은 새 옷을 사는 것을 좋아한다.

47

> 종이가 없었을 때에는 옷감에다 글로 쓰는 지혜를 발휘하였군요.

1115
vase
[veis]

명 꽃병

🔊 베이스 > ⚙ 배(도) 있어 > ❓ 정물화의 꽃병 옆에는 사과뿐만 아니라 배도 있어.

📝 She knocked over the **vase** and it broke. 그녀는 꽃병을 건드려 떨어뜨렸고, 꽃병은 박살났다.
She asked her boyfriend to tell people that it was him who knocked over the **vase**. 그녀는 남자 친구에게, 꽃병을 떨어뜨린 것이 남자 친구 자신이라고 말해 달라고 요청했다.

1116
fool
[fuːl]

명 바보

🔊 풀 > ⚙ 풀어진 > ❓ "나사가 풀어진 사람을 무어라고 하나요?" "바보라고 합니다."

📝 Some **fools** are wiser than clever men. 어떤 바보들은 똑똑한 자들보다 현명하기도 하다.
He who asks questions is a **fool** for a second, but he who does not ask questions is a fool forever. 질문을 하는 사람은 잠깐 동안 바보가 될 뿐이지만, 질문을 않는 사람은 영원히 바보가 된다.

1117
wisdom
[wízdəm]

명 지혜. 슬기로움

🔊 위즈덤 > ✪ 위조(지폐) 덤 > ☺ "물건을 사고 거스름돈을 위조 지폐로 주고 덤으로 얼마를 더 준다면 어떻게 하겠니?" "나이 어리다고 업신여기지 마세요. 저도 사리판단을 하는 지혜는 있어요. 위조 지폐를 가진 사람을 신고해야지요."

예 **Wisdom** comes from experience. 지혜는 경험에서 오는 법이다. They say that the beginning of **wisdom** is found in doubting. 사람들이 말하기를, 지혜는 사물을 의심하는 것에서 출발한 다고 한다.

1118
tongue
[tʌŋ]

명 혀. 언어

🔊 텅 > ✪ 텅 > ☺ 하루 종일 입 안이 텅 비었다. 배고픔을 느꼈 다. 나는 혀를 입안 여기저기로 굴리며 알 수 없는 언어로 중 얼거렸다. '너무 배고프다.'

예 Snakes have **tongues**. 뱀은 혀를 가지고 있다. He bit his **tongue**. 그녀는 메롱했다.

텅 빈 입 안 여기저기를 혀로 굴리니 맛있게 먹던 음식이 머릿속에 떠올랐습니다. ▶

1119
sample
[sæmpl]

명 견본

🔊 샘플 > ✪ 샘플 > ☺ 샘플 책은 '견본 책' 이라는 뜻이야.

예 Here are some **sample** essays. 여기 샘플 에세이들이 있어요. The survey chose the **sample** effectively. 그 조사는 표본을 효 율적으로 선정했다.

1120
nearly
[níərli]

부 거의. 대략. 하마터면

🔊 니얼리 > ✪ 니얼리 > ☺ 가수 주얼리의 인기가 하늘을 찌를 듯이 높아지자 거의 비슷한 시기에 니얼리가 등장했다. 주얼 리(jewelry)는 '보석' 의 뜻, 니얼리(nearly)는 '거의', '대략' 의 뜻이다. 나는 이 둘이 비슷하여 하마터면 헷갈릴 뻔했다.

예 He **nearly** died of because he was so tired. 그는 지쳐서 거의 죽을 뻔했다. I **nearly** forgot to give her a present. 그녀에게 선물을 주는 것을 잊어버릴 뻔했다.

1121
around
[əráund]

전 ~ 주위에. ~ 가까이에 부 대략. ~쯤

🔊 어라운드 ▸ ✪ 얼라(어린아이의 경상도 방언) 운다 ▸ 🔑 아까부터 집을 잃은 얼라가 운다. 얼라 주위에는 아무도 없다. 대략 4시쯤부터 여기에 있었다.

💬 The bank is just **around** the corner. 코너를 돌면 바로 은행이 있다.
I put my arm **around** the dog. 나는 나의 개에게 팔을 둘렀다.
It was **around** 7o'clock in the morning. 그것은 아침 7시쯤이었다.

얼라 주위에, 대략 4시부터 ~

1122
cabbage
[kæbidʒ]

명 양배추

🔊 캐비지 ▸ ✪ 캡이지 ▸ 🔑 '최고' 라는 말을 '캡(cap)' 이라고 한다. 그런데 어머니가 이 말을 연관시켜 "양배추가 건강에는 캡이지"라고 농담을 하신다.

💬 **Cabbages** taste like grass. 양배추는 풀 맛이 난다.
I chopped up **cabbages** into little pieces. 나는 양배추를 잘게 썰었다.

DAY
47

1123
barrier
[bæriər]

명 장벽. 장애(물)

🔊 배리어 ▸ ✪ 버려 ▸ 🔑 공중질서가 없는 사람들이 쓰레기를 마구 버려서 장벽을 쌓았는데 이것이 교통질서 유지에 장애물이 되었다.

💬 The crowd was blocked by the **barrier** of containers. 군중들은 컨테이너 장벽에 의해 가로막혔다.
Sexual discrimination is the **barrier** that prevents female social activity. 성적 차별은 여성의 사회적 활동을 막는 장벽이다.

1124
cabin
[kæbin]

명 오두막집. (배나 비행기의) 객실

🔊 캐빈 ▸ ✪ (도)깨비는 ▸ 🔑 '도깨비와 인간' 을 주제로 연극을 하고 있다. 아버지 역을 맡은 사람이 물었다. "도깨비는 어디에서 살고 있다고 정할까?" 아들 역을 맡은 사람이 대답했다. "오두막집 아니면 배의 객실이 좋겠어요."

💬 My father bought a log **cabin**. 아버지는 통나무 오두막집을 샀다.
The captain went into the ship's **cabin**. 선장은 배의 객실 안으로 들어갔다.

도깨비는 오두막에 사는 것으로 정하자.

1125
central
[séntrəl]

형 중심의. 중앙의. 중요한

🔊 센트럴 > ✪ 센 추를 > ➡ 약한 추를 늘어뜨리면 좌우로 왔다 갔다 하지만 센 추를 늘어뜨리면 중앙의 위치에 고정된다. 이 실험 결과는 대단히 중요하니 잘 기억해라.

📖 The **central** park in that city is always crowded by the citizens. 그 도시의 중앙 공원은 항상 시민들로 붐비고 있다.
This project is **central** to the government. 이 프로젝트는 정부에 있어서는 중요한 일이다.

1126
fond
[fɑnd]

형 좋아하는

🔊 판드 > ✪ 판도 > 판도라 > ➡ 나는 그리스 신화에 나오는 인물 중 인류 최초의 여성인 판도라를 제일 좋아한다.

📖 I am **fond** of chocolate fondue and Taiwanese custard pudding. 나는 초콜릿 퐁듀와 대만식의 커스터드 푸딩을 좋아한다.
Sherlock Holmes is secretly **fond** of Watson. 셜록 홈즈는 남몰래 왓슨을 좋아한다.

> 판도라를 제일 좋아하는구나.

1127
comedy
[kámədi]

명 희극. 코미디(반tragedy)

🔊 카머디 > ✪ 코미디 > ➡ '코미디'는 다 알지? '희극'의 뜻. 모르면 간첩.

📖 Black **comedy** is a form of satire. 블랙 코미디는 풍자의 한 형태이다.
Korean comedies are often slapstick **comedies**. 한국의 코미디는 대부분 익살 코미디이다.

| Tip | 'satire'는 '풍자', 'slapstick'은 '익살'의 뜻으로 쓰인다.

1128
equal
[íːkwəl]

형 대등한. 평등한 동 ~와 같다

🔊 이퀄 > ✪ 이퀄 > 이 대궐 > ➡ 우리 반에서 평등과 관련한 연극을 했다. 나의 대사는 다음 내용이었다. "이 대궐에서 남들과 대등한 대우를 안 해주면 궐 밖으로 나가겠사옵니다."

📖 We are **equals** in might, so why don't we join forces and conquer the world together? 우리는 힘에 있어서는 동등하다. 그러니, 함께 힘을 합쳐 세계를 정복해 보지 않겠는가?

292

1129

smooth
[smu:ð]

형 **매끄러운. 부드러운. 평탄한**

🔊 스무드 〉 ⊛ 써 무스 〉 ➡ 무스는 머리에 발라 원하는 대로 머리 모양을 고정시키는 데 쓰는 거품 모양의 크림이야. 머리를 부드럽고 매끄럽게 하려면 써 무스를!

예 The pearl was **smooth**. 진주는 매끄러웠다.
Kelly loves sweet and **smooth** food. 켈리는 달콤하고 부드러운 음식을 좋아한다.

1130

wolf
[wulf]

명 **늑대**

🔊 울프 〉 ⊛ 울프 〉 ➡ 박인환 시인의 '목마와 숙녀' 라는 시에 '한잔의 술을 마시고 우리는 버지니아 울프의 생애와 목마를 타고 떠난 숙녀의 옷자락을 이야기한다' 라는 구절이 있어. 여기서 '버지니아 울프' 의 '울프' 는 늑대일까 사람일까?

예 The **wolf** killed the deer. 그 늑대는 사슴을 죽였다.

1131

stream
[stri:m]

명 **개울. 흐름**

🔊 스트림 〉 ⊛ 수틀림 〉 ➡ "수틀림(수틀리면) 즉 마음에 들지 않으면 흐르는 개울에 빠져들겠어." "그 녀석 성질 괴팍하네."

예 There is a **stream** in the mountain. 산속에 개울이 있다.
The **stream** is deeper than it looks. 개울은 보기보다 깊다.

1132

according
[əkɔ́:rdiŋ]

부 **~에 따라. ~에 의하면**

🔊 어코딩 〉 ⊛ 어코디언 〉 ➡ 어코디언에 따라서 노래를 불러라.

예 **According** to Schopenhauer, life is full of pain and sadness.
쇼펜하우어의 말에 따르면, 삶은 고통과 슬픔으로 가득 차 있다.
According to my mother, I am the prettiest girl in the world. 우리 어머니 말씀에 따르면, 나는 세상에서 가장 예쁜 소녀이다.

> 어코디언에 따라 노래를 불러 봅시다

temple
[témpl]

명 사찰. 절

🔊 템플 〉 ✪ 땜 풀 〉 풀로 때움 〉 🙂 "끼니로 고기를 먹지 않고 풀(식물성)로 때우는 스님이 계신 곳이 어디지?" "그야 물론 절입니다."

예 The priestess entered the **temple**. 그 여사제가 절로 들어섰다.

◀ 스님들은 고기를 드시지 않고 채소를 드십니다.

1134

cap
[kæp]

명 모자. 뚜껑

🔊 캡 〉 ✪ 캐비 〉 깨비 〉 🙂 도깨비가 모자를 쓰고 나타났다. 모자를 벗으니 머리 뚜껑이 훤히 보였다. 너무 무서웠다.

예 The boy wore a baseball **cap**. 그 소년은 야구 모자를 썼다.
I collect bottle **caps** for fun. 나는 재미삼아 병뚜껑을 모은다.

1135

chalk
[tʃɔːk]

명 분필

🔊 초크 〉 ✪ 초 크 〉 초 만한 크기 〉 🙂 타다 남은 초만 한 크기의 분필이 칠판 아래 수북이 쌓여 있다.

예 The professor threw a **chalk** at the sleeping student with deadly accuracy. 교수는 잠든 학생에게 가공할 만한 정확도로 분필을 던지셨다.
The **chalk** hit the student's forehead. 그 분필은 학생의 앞이마를 맞추었다.

1136

belt
[belt]

명 혁대. 허리띠

🔊 벨트 〉 ✪ 벨트 〉 🙂 벨트는 라틴어 '띠'에서 온 말로 '혁대, 허리띠'의 뜻으로 쓰인다.

예 He sold his crocodile skin **belt**. 그는 자신의 악어가죽 벨트를 팔았다.
Snakeskin **belts** are very expensive. 뱀가죽 벨트는 매우 비싸다.

1137

daily
[déili]

旵 매일. 날마다

🔊 데일리 > ⚙ 대일이(大일이) > ⚡ 대일(큰일)이 날마다 일어났
으면 좋겠다.

📝 I go to school **daily**. 나는 매일 학교에 간다.
There are **daily** flights to Seoul. 서울행 비행기는 날마다 운행한다.

1138

devote
[divóut]

동 바치다. 헌신하다. 전념하다

🔊 디보우트 > ⚙ 뒤 보았다 > ⚡ 어머니는 대소변을 못 가리시는
할머니의 뒤를 보았다. 그러면서 청춘을 바치며 헌신하셨다
(전념하셨다).

📝 She **devoted** all her time to praying. 그녀는 모든 시간을 기도에
헌신했다.
The **devoted** wife washed her husband's shirt. 그 헌신적인
아내는 남편의 셔츠를 세탁했다.

1139

eastern
[íːstərn]

형 동쪽의. 동방의. 동양의

🔊 이스턴 > ⚙ 있었던 > ⚡ 뉴욕에 있었던 런던에 있었던 간에
네가 아무리 옮겨 다녀도 너는 동양의(동쪽의) 사람이야.

📝 The **eastern** Asian pottery jar was extremely expensive. 동
아시아식의 도자기병은 매우 비싸다.
He had an **eastern** look. 그는 동양인처럼 생겼다.

◀ 네가 어디에 있던 '너의 부모님 자식'과 같은 뜻이야.

1140

bubble
[bʌ́bl]

명 거품. 비눗방울

🔊 버블 > ⚙ 버글 > ⚡ " '버글버글' 하면 어떤 장면이 떠오르
니?" "거품 빠지는 소리가 생각 나."

📝 I love **blowing** soap bubbles! 나는 비누 거품을 부는 것을 좋아해
요!
Pink **bubble** gums taste like cherry. 분홍색 풍선껌에서는 체리
맛이 난다.

1141
sheep
[ʃiːp]

명 양

🔊 십 > ⚙ 쉽지 > 😀 "양처럼 순한 사람은 다루기가 어떻지?" "그 야 물론 쉽지."

📝 My dream is to have a **sheep** farm. 나의 꿈은 양 농장을 갖는 것 이다.
Sheep have such soft fur. 양은 참으로 부드러운 털을 지니고 있다.

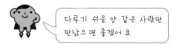
다루기 쉬운 양 같은 사람만 만났으면 좋겠어요

1142
forever
[fərévər]

부 영원히, 언제나

🔊 퍼레버 > ⚙ 파래 봐 > 😀 경수야. 저 소나무는 겨울의 추위 속 에서도 잎이 시들지 않고 항상 파래. 저것 봐. 영원히 시들지 않는 소나무의 고결함이 부럽다.

📝 Annabel Lee is **forever** mine, even in death! 애너벨 리는 영원 히 내 것이야, 죽어서도!
She **forever** sleeps. 그녀는 영원히 잠들다.

1143
duck
[dʌk]

명 오리

🔊 덕 > ⚙ 덕분 > 😀 어린 동생은 오리 덕분에 오리 고기 실컷 맛 보았다며 자랑한다.

📝 The baby **ducks** chased after their mother. 그 아기 오리들은 그 어미를 따라 걸어갔다.

"오리야 너희 덕에 오리 고기 잘 먹었다."
"나는 오리가 아니고 청둥오리이거든요." ▶

1144
elephant
[éləfənt]

명 코끼리

🔊 엘러펀트 > ⚙ 앨 나 펑 드 > 😀 재일아, 이리 와 봐. 코끼리가 펑 하고 드러눕더니 앨 낳아.

📝 An **elephant** has a long trunk. 코끼리의 코는 길다.

296

1145
fog
[fɔːg]

명 안개

🔊 포그 › ✿ 포구 › ☺ 포구에 그윽이 낀 안개 때문에 바다가 보이지 않는다.

📝 The **fog** settled over the city. 안개가 그 도시 위에 머물렀다.
Under the brown **fog** of a winter dawn, a crowd flowed over London bridge. 겨울 새벽의 갈색 안개 아래로, 한 무리의 군중들이 런던 다리 위를 흘러갔다.

1146
fry
[frai]

명 프라이. 튀김 동 기름에 튀기다

🔊 프라이 › ✿ 프라이 › ☺ 나는 계란 프라이를 제일 좋아한다.

📝 I **fried** a slice of ham in oil. 나는 참기름에 햄 한 조각을 튀겼다.
I **fried** eggs for breakfast. 나는 아침 먹으려고 계란 프라이를 만들었다.

1147
photographer
[fətágrəfər]

명 사진사. 촬영자

🔊 퍼타그러퍼 › ✿ 퍼다 그려 봐 › ☺ 풍경을 사진기에다 퍼다 그림처럼 그려 보는 이는? '사진사'이지.

📝 I am a professional **photographer**. 나의 직업은 전문 사진기사이다.
I called a **photographer** to take a family picture. 나는 가족사진을 찍기 위해 사진사를 불렀다.

사진사여, 저 아름다운 원두막 풍경을 퍼다 그려 봐요. ▶

1148
bone
[boun]

명 뼈. 가시

🔊 보운 › ✿ 본 › ☺ 어제 본 강아지의 뼈가 자꾸 생각나서 안쓰럽구나. 강아지는 목에 가시가 걸려 죽었단다.

📝 The dog licked on the **bone**. 그 개는 뼈다귀를 물고 있었다.
The **bone** is all right. 뼈는 이상이 없다.

1149
lamb
[læm]

명 새끼양. 순진한 사람. 귀염둥이

🔊 램 > ✪ 앰 > 애임 > ➡ 사람들이 양 한 마리를 잡아 양털을 쓰려고 껍질을 벗기려고 하자 옆에 있는 어른 양이 말했다. "애는 애임. 새끼양이라 털을 벗겨도 이용할 수 없음."

📝 My friend is crazy about **lambs**. 내 친구는 양을 정말 좋아해.
Lamb kebob is delicious. 양고기 케밥은 맛있다.

| Tip | 'lamb' 의 'b' 는 묵음으로 발음하지 않는다.

1150
cash
[kæʃ]

명 현금. 돈

🔊 캐시 > ✪ 캔어 > 좋겠어 > ➡ 영수네 집은 부자라서 현금이 많대. 현금이 많아서 정말 좋겠어.

📝 We only accept **cash**! 여기에서는 현금만 받습니다!
There is no **cash** in my wallet. 지갑에 돈이 없습니다.

너희 집에는 현금이 많아서 좋겠어. 사고 싶은 것 다 사고 말이야.

1151
rough
[rʌf]

형 거친. 울퉁불퉁한. 대강의

🔊 러프 > ✪ 러프전쟁 > ➡ 예전에 러시아와 프랑스가 러프전쟁을 벌였을 때, 양쪽 병사들은 거칠고 울퉁불퉁한 산악 지대에서 치열한 전투를 벌였대. 야간에는 목표물을 향해 대강의 조준을 한 후 사격했대.

📝 The surface is very **rough**. 표면이 아주 거칠다.
I don't even have the **roughest** idea. 대충의 생각이라도 떠오르지 않는다.

1152
handshake
[hændʃèik]

명 악수 동 악수하다

🔊 핸드셰이크 > ✪ 핸드세이크 > ➡ "핸드는 '손' 의 뜻이고, 셰이크(shake)는 '흔들다' 의 뜻이야." "그럼 이 두 말이 합쳐진 'handshake' 는 무슨 뜻일까?" "손을 잡고 흔드니 '악수' 의 뜻인가?" "그래 맞었어. 하지만 악수할 때 손을 흔들면 실례라는 것 다 알고 있지?"

📝 **Handshake** as a form of greeting is common in Western society. 인사의 한 종류로서의 악수는 서구 사회에서는 일반적이다.

1153

French

[frentʃ]

명 프랑스어(인) 형 프랑스어의(인의)

🔊 프렌치 > ➕ 프렌치 > ➡ 프랑스 사람들이 말하는 언어가 프렌치야.

예 I studied **French** in high school. 나는 학교에서 프랑스어를 배웠다.
French is a beautiful language, although quite inferior to Korean, the queen of all languages. 프랑스어는 아름다운 언어이긴 하지만, 모든 언어의 여왕이라 할 수 있는 한국어에 비해서는 꽤 떨어지는 편이다.

1154

pumpkin

[pʌ́mpkin]

명 호박

🔊 펌프킨 > ➕ 펌프퀸 > 펌프여왕 > ➡ 보약으로 호박 먹고 힘이 나서 펌프질을 잘하는 여자(여왕)가 있대.

예 I bought some **pumpkins** for the Halloween festival. 할로윈 축제를 위해 호박 몇 덩이를 샀다.
She baked a **pumpkin** pie for me. 그녀는 나를 위해 호박 파이를 만들어 주었다.

◀ 이걸 먹고 힘이 나면 펌프질을 잘하는 펌프퀸이 된단 말이지?

1155

shore

[ʃɔːr]

명 물가. 해안. 기슭

🔊 쇼어 > ➕ 소어(小魚) > ➡ 물가나 해안, 바닷가의 기슭에는 작은 고기(小魚)가 잡히고 먼바다로 가면 대어(大魚)가 잡힌다.

예 Beautiful flowers are blooming near the **shore**. 물가 근처에 꽃이 정말 아름답게 피어 있다.
I love walking on the sea **shore**. 나는 바닷가를 따라 걷는 걸 좋아한다.

1156

case

[keis]

명 상자. 경우. 사건

🔊 케이스 > ➕ 케이스 > ➡ 선물 케이스는 선물 상자의 뜻이지. 시계 선물을 상자에 넣어서 주는 경우와 그냥 시계만 주는 경우 느낌과 주는 사람에 대한 감정이 다르지.

예 I gave her a pencil **case**. 나는 그녀에게 필통을 주었다.
The police closed the **case**. 경찰은 그 상자를 닫았다.

선물을 케이스 (상자)에 넣어 주면 더욱 친근함을 느끼게 되지.

cause
[kɔːz]

명 원인 동 일으키다

 코즈 > ✿ 코주부 > ⊙ 어머니가 코주부가 된 원인은 들창코처럼 생긴 코를 자주 만졌기 때문이라 한다. 이러한 행동이 다른 사람에게 불안감을 일으키게 되었다고 한다.

예 She is the **cause** of all my misfortune. 그녀는 나의 모든 불운의 근원이다.
I **caused** my mother to cry. 나는 어머니를 울렸다.

> 어머니가 코주부가 될 것도 다 원인이 있었군요. 몰랐네.

1158

hat
[hæt]

명 모자

◀ 햇 > ✿ 햇볕 > ⊙ 햇볕에 얼굴을 쬐어 자외선에 노출되었다. 어떻게 해야 할까? 모자를 써야 할 것이다.

예 The cat in the **hat** took off his hat. 모자를 쓴 고양이가 모자를 벗었다.
Bernard Weber signed my **hat**! 버나드 웨버가 내 모자에 사인해 주었어요!

▲ 맥고모자

1159

shoot
[ʃuːt]

동 차다. 발사하다

◀ 슛 > ✿ 슛 > ⊙ 축구할 때 공을 차면서 '슛' 하고, 총을 발사하면서도 '슛' 한다고 하지.

예 He was **shot** in his left arm. 그는 왼팔에 총을 맞았다.
Do not **shoot** the bird, please! 제발 새를 쏘지 마세요!

1160

loose
[luːs]

형 풀린. 헐거운

◀ 루스 > ✿ 누수 > ⊙ 수돗물이 누수되어 새고 있어. 나사가 풀렸나, 나사가 헐거운가.

예 The knot came **loose**. 매듭이 풀렸다.
The rope came **loose**. 밧줄이 느슨해졌다.

1161
shell
[ʃel]

명 껍데기

🔊 셸 > ⚙ 샐 > ➡ 껍데기는 조그만 틈이 있어도 밖으로 샐 가능성이 많고 머리에 든 것이 없지만, 알맹이는 밖으로 새지 않고 속이 알차고 꽉 차 있다. 아하! 껍데기와 알맹이는 지식이 없거나 있는 사람을 빗대어 표현한 말이구나.

📝 I like to collect pretty **shells** at the beach. 나는 해변에서 예쁜 조개 껍데기들을 모으는 것을 좋아한다.

◀ 우리는 밖으로 샐 껍데기가 아니라 꽉 찬 알맹이야.

1162
coil
[kɔil]

명 코일. 감긴 것 **통** 똘똘 감다

🔊 코일 > ⚙ 코일 > ➡ 나사 모양이나 원통 꼴로 여러 번 감은 도선을 코일이라 하지.

📝 The snake **coiled**. 뱀이 또아리를 틀었다.
I **coiled** a piece of string on my finger. 나는 손가락에 한 가닥의 끈을 꼬았다.

1163
mostly
[móustli]

부 대부분. 대개

🔊 모우스틀리 > ⚙ 못쓰(겠다) 틀니 > ➡ 틀니들이 대부분 망가져서 못쓰겠구나.

📝 I am **mostly** harmless. 나는 대체로 무해하다.
My snakes are **mostly** healthy. 내 뱀들은 대체로 건강하다.

틀니를 하지 않으려면 하루 세 번 꼭 이를 닦도록 합시다.

DAY
49

1164
beer
[biər]

명 맥주

🔊 비어 > ⚙ 비어 > ➡ 아버지 회갑 잔칫날 아버지께서 손님에게 하시는 말씀. "비어 있는 잔은 맥주로 채우고 건배합시다."

📝 Alcoholics drink **beer** instead of water. 알코올 중독자는 맥주를 물 대신 마신다.
Beer is made out of barley. 맥주는 보리로 만들어진다.

1165
drugstore
[drʌ́gstɔ̀ːr]

몡 **약국**

🔊 드러그스토어 > ⚙ 들어가서 토해 > 💬 "형, 어제 먹은 음식이 체했나 봐. 속이 우글우글거리고 못 참겠어." "그래? 그럼 약국에 들어가서 토해. 그러면 약사 선생님이 약을 주실 거야."

📝 I bought a bunch of stuff from the **drugstore**. 나는 약국에서 많은 물건들을 샀다.

◀ 들어가서 토하라고? 약사 선생님한테 혼날 것 같아.

1166
jail
[dʒeil]

몡 **교도소**

🔊 제일 > ⚙ 제일 > 💬 그는 교도소에서 제일 모범적으로 생활하여 만기가 되기 전에 밖으로 나왔다.

📝 Some criminals never go to **jail** even though they are obviously guilty. 어떤 범죄자들은 범죄를 저지른 사실이 분명함에도 불구하고 감옥에 가지 않는다.

1167
knowledge
[nɑ́lidʒ]

몡 **지식**

🔊 날리지 > ⚙ 날리지 > 💬 네가 쌓아 놓은 지식을 망각 속으로 날리지 않기 위해서는 지속적으로 책을 읽고 생각의 깊이를 깊게 해야 한다.

📝 There are people who devote their entire lives to the pursuit of **knowledge**. 세상에는 지식을 위해 인생을 바치는 사람들이 있다. I had no **knowledge** of that fact. 그 사실에 대해서 나는 아무것도 아는 것이 없다.

1168
lamp
[læmp]

몡 **등불**

🔊 램프 > ⚙ 램프 > 💬 램프는 등불이야. 이 램프에서 남포란 말이 나왔지. 남포등이란 표현도 쓰는데 이 말 역시 '등불'의 뜻이지.

📝 Turn off the **lamp** when you sleep. 잘 때에는 등불을 끄세요.

1169

movement
[múːvmənt]

명 운동. 움직임

◑ 무브먼트 › ✪ 무보 먼(동) 트(면) › ➋ 무보(武寶)는 소설가이신 우리 선생님 작품의 주인공이다. '무술의 보배'란 뜻이 있다. 무보는 먼동이 트면 자리에서 일어나 무술 운동을 한다. 시간이 지날수록 움직임이 빨라진다.

예 The **movement** stopped once the dog fell asleep. 개가 잠이 들자 움직임은 그쳤다.

1170

near
[niər]

형 가까운 부 가까이

◑ 니어 › ✪ 녀(女) › ➋ 여는 항상 남(男)과 가까운 곳에, 가까이 있다.

예 Be quiet! The enemy are **near**. 조용히 해! 적군들이 가까이 있어.
I want to study abroad in the **near** future. 나는 가까운 미래에 해외 유학하기를 원한다.

남자와 여자는 항상 가까운 사이에 있는 존재랍니다.

1171

fat
[fæt]

형 살찐 명 지방

◑ 패트 › ✪ 페트 › ➋ 페트병에 있는 국을 매일 통째로 먹더니 살이 찌고 지방이 쌓였구나.

예 I am NOT **fat**, I am just big-boned! 나는 뚱뚱하지 않아! 단지 골격이 클 뿐이지!
Garfield is a **fat** and lazy cat. 가필드는 뚱뚱하고 게으른 고양이다.

1172

background
[bǽkgràund]

명 바탕. 배경

◑ 백그라운드 › ✪ 백그라운드 › ➋ back(뒤)+ ground(운동장). 즉 운동장 뒤에 있는 것. 운동회날 운동장에서 열심히 운동하는 학생이 있는가 하면 밖에서 응원하는 부모님이 있지. 그때의 부모님이 바로 백그라운드 즉 바탕인데 뒤에 있는 그림이라고 해서 배경(背景)이라고도 하지.

예 The **background** of this picture is white. 이 그림의 배경은 흰색이다.
His social **background** is unknown. 그의 사회적인 배경은 알려져 있지 않다.

1173

beef

[biːf]

명 소(쇠)고기

🔊 비프 > ✪ 비프+스테이크(steak) > ❓ "음식점에서 비프스테이크를 먹어 본 적이 있는가?" "예, 있습니다. 그래 무슨 맛이던가 돼지고기?" "아닙니다. 쇠고기 맛이던데요." "당연하지. 쇠고기로 만든 것이니까."

📝 Some people refuse to eat **beef**. 몇몇 사람들은 소고기를 먹는 것을 거부한다.
I feel like I am in heaven whenever I eat a **beef** steak. 소고기 스테이크를 먹을 때면 나는 마치 천국에 있는 것 같은 느낌을 받는다.

1174

over

[óuvər]

전 ~의 위에. ~를 덮어. ~를 넘어 부 넘어서. 끝나서. 되풀이하여

🔊 오우버 > ✪ 오버 > ❓ 오버는 '위'를 생각한다. 덮는 것도, 넘는 것도, 되풀이하는 것도 아래가 아닌 '위'의 뜻이 있지.

📝 There is a short bridge **over** the river. 강 위에 짧은 다리가 있다.
Get **over** her! 그녀에게 집착하는 것을 그만해!
Look! A honey tree is **over** there. 봐! 저기에 꿀나무가 있어.

1175

skillful

[skílfəl]

형 능숙한. 숙련된

🔊 스킬펄 > ✪ 스키를 펄펄 > ❓ 전범이 아저씨는 스키를 타시는데 마치 하늘을 펄펄 나는 듯해. 아주 능숙한 스키 실력을 보여 주시네.

📝 He was **skillful** at fixing the computer. 그는 컴퓨터 수리에 능숙하다.
She became **skillful** in oil painting. 그녀는 유화 그리는 솜씨가 좋아졌다.

스키 실력이 보통이 아니네요.

1176

port

[pɔːrt]

명 항구

🔊 포트 > ✪ 보트 > ❓ 보트를 대는 곳이 어디지? 그야 물론 항구지.

📝 Is this a free **port**? 이곳이 자유항인가요?
Incheon is a major **port**. 인천은 큰 항구 도시이다.

1177

spread
[spred]

㈜ 펼치다. 바르다. 칠하다. 퍼지게 하다
🔊 스프레드 › ✪ 스프레(이) 들(고) › ☺ 예술가 아저씨는 빨간 스프레이 들고 신문을 펼친 후 색을 발랐다(칠했다).
㉠ Nami **spread** the map on the table. 나미는 탁자 위에 지도를 펼쳤다.
The file is **spread** out everywhere. 그 파일은 사방에 퍼져 있다.

1178

particular
[pərtíkjələr]

㈜ 특별한. 특정한. (입맛 등이) 까다로운
🔊 퍼티큐얼러 › ✪ 파티 굴러 › ☺ 그 친구는 파티에서 특별한 묘기를 보여 준다면서 굴러 넘어졌다. 참 이상한 사람이구나.
㉠ Do you care for any **particular** sports? 특별히 좋아하는 운동이 있나요?
He was **particular** about his food. 그는 까다로운 입맛을 가지고 있었다.

> 파티에서 굴러 넘어졌다니 특별한 묘기가 아니라 많은 이의 웃음거리가 되었겠군요.

1179

sunrise
[sʌ́nràiz]

㈜ 해돋이. 일출
🔊 선라이즈 › ✪ 선나이스 › ☺ 선(sun)은 '해'의 뜻. 나이스(nice)는 '좋다'의 뜻이다. "해가 뭐가 좋다는 말이지?" "응. 저 앞을 보아. 이제 막 떠오르는 해돋이(일출)가 장관이지." "야! 해돋이가 나이스다."
㉠ What a beautiful **sunrise**! 정말 아름다운 일출이군요!

1180

wedding
[wédiŋ]

㈜ 결혼. 결혼식
🔊 웨딩 › ✪ 웨딩 › ☺ 여러분 웨딩마치는 다들 들어 보셨지요? 신랑과 신부가 걸어나오면서 '딴 딴따딴…' 하는 것 말이에요. 즉 웨딩 마치는 '결혼 행진곡'이고 웨딩은 '결혼'이지요.
㉠ The **wedding** was held in Ritz Hotel. 결혼식은 리츠 호텔에서 열렸다.
She agreed to sing at her friend's **wedding**. 그녀는 친구 결혼식에서 축가를 불러 주기로 했다.

comb
[koum]

명 빗 동 빗질하다

🔊 코움 > ✪ 고움(美) > ⊙ 그녀의 다소곳한 고움(고운 모습)은 가지런한 빗질에 의해 더욱 아름답게 느껴졌다.

🔲 I **comb** my hair every morning. 나는 매일 아침 머리를 빗질한다. My dog hates it when I try to **comb** its hair. 나의 개는 내가 털을 빗어 주려 할 때마다 싫어한다.

│ Tip │ 'comb'의 'b'는 묵음으로 발음하지 않는다.

그녀의 고운 모습에 가지런한 빗질이 더해지면 어떤 모습이 될까?

---

potato
[pətéitou]

명 감자

🔊 퍼테이토우 > ✪ 퍼테이토 > ⊙ 미영아, '퍼테이토칩(potato chip)'이란 과자 너 매우 좋아하지. 그 과자 어떤 맛이더냐? '감자'라고? 그래 맞았어.

🔲 I love **potato** chips. 나는 감자칩을 정말 좋아해. **Potatoes** were Giffen Goods in Ireland. 감자는 아일랜드에서 기펜제였다.

│ Tip │ Giffen Goods(기펜제):가격이 내리는데도 오히려 수요가 줄어드는 경우를 이르는 말.

◀ 포테이토칩은 감자로 만든 과자이지요.

---

friendship
[fréndʃip]

명 우정. 친교

🔊 프렌드십 > ✪ 프렌드(불엔들)+ship > ⊙ 그를 위해서는 불엔들 못 들어갈 이유가 없는 것이 바로 친구(friend)이다. ship은 '관계'의 뜻으로 쓰이는 말이다. 합쳐져서 friendship은 '친구 관계' 즉 '우정'의 뜻으로 쓰인다.

🔲 People say "**Friendship** comes before love", up until the moment when they fall in love. 사람들은 "우정이 사랑보다 우선한다"고 말하는데, 그들이 사랑에 빠지기 전까지만 그런 말을 한다.

---

invader
[invéidər]

명 침입자

🔊 인베이더 > ✪ 안 보여도 > ⊙ 겉으로는 안 보여도 침입자가 호시탐탐 노리고 있으니 경계를 게을리 하지 마라.

🔲 The **invader** was driven out of the hole by the owner of that hole. 그 침략자는 땅굴의 원주인에 의해서 굴 밖으로 쫓겨났다.

1185
argue
[ɑ́ːrgjuː]

통 **논쟁하다. 주장하다**

🔊 아규 > ⚙ 아(비)규(환) > ➡ 그들은 서로의 이권을 차지하기 위해 핏대를 올리며 논쟁하였는데 그 모습이 아비규환을 연상할 만큼 처절하였다.

💬 I do not want to **argue** with my parents. 나는 부모님과 논쟁하고 싶지 않아요.
When **arguments** fail, people start using guns. 논쟁이 실패하면, 사람들은 총을 꺼내들기 시작한다.

| **Tip** | 아비규환:비참한 상황에 빠져 울부짖는 참상.

1186
suit
[suːt]

통 **~에 알맞다. ~에 어울리다** 명 **옷 한 벌. 정장**

🔊 수트 > ⚙ 스웨터 > ➡ 선물 받은 스웨터 한 벌이 나에게 딱 알맞다(어울린다).

💬 I think this Jacket **suit** me. 이 재킷은 나에게 어울리는 것 같다.
I'm thinking of picking up another **suit**. 정장을 한 벌 더 사는 걸 생각 중이야.

나에게 딱 어울리는 스웨터죠. ▶

1187
electric
[iléktrik]

형 **전기의**

🔊 일렉트릭 > ⚙ 일 냈더래 > ➡ 에디슨이 전기의 발명으로 큰 일 냈더래.

💬 Pikachu is an **electric** pokemon. 피카추는 전기를 사용하는 포켓몬이다.
Electric shocks can kill you. 전기적 충격은 너를 죽일 수도 있다.

1188
steel
[stiːl]

명 **강철. 강철 제품**

🔊 스틸 > ⚙ 스칠 > ➡ 공사장 사이를 달려가다 다리가 강철에 스칠 뻔했지 뭐야.

💬 The frame is made of **steel**. 뼈대는 강철로 만들어졌다.
They mix **steel** with other metals to make it stronger. 사람들은 더 강하게 만들기 위해 강철을 다른 금속과 섞는다.

DAY
50

1189
attend
[əténd]

동 ~에 출석하다. 보살피다. 수행하다

🔊 어텐드 > ✪ a텐트 > ⊙ 보이스카우트 수련회에 출석하여 환경 보호 활동을 수행하였다. 그런 다음 a텐트에서 어린아이를 보살피는 역할을 수행하였다.

📝 I **attended** the meeting. 나는 그 모임에 참석했다.
You need to **attend** class in order to get a good grade. 네가 성적을 잘 받기 위해서는 수업에 출석해야만 한다.

1190
tooth
[tu:θ]

명 이. 치아

🔊 투쓰 > ✪ 투수 > ⊙ 투수가 타자가 던진 공에 맞아 이를 다쳤다.

📝 The **tooth** fairy steals your tooth and leaves a coin on your pillow. 이빨 요정은 당신의 치아를 훔쳐가는 대신에 베개 위에 동전을 남겨 둔다.
The old woman with false **teeth** smiled. 틀니를 낀 나이가 든 여성은 웃었다.

| **Tip** | 'tooth' 의 복수는 'teeth' 이다.

1191
repair
[ripέər]

동 고치다. 수리하다

🔊 리페어 > ✪ 이(빨) 빼어 > ⊙ 치과에서 이를 빼어 내고 입 안을 수리했다.

📝 Can you **repair** my bicycle? 내 자전거 고칠 수 있니?
Because of the typhoon, this road needs to be **repaired**. 태풍 때문에 이 길은 좀 고쳐질 필요가 있다.

이를 빼어 내고 입 안을 수리했다? 이 경우는 치료했다가 정확하겠어요.

1192
angel
[éindʒəl]

명 천사. 천사 같은 사람. 수호 천사

🔊 에인절 > ✪ 애인 절하다 > ⊙ 아름다운 여인! 나의 애인이 나에게 다가와 절까지 하는데 천사로 느끼지 않을 사람이 그 누가 있을까?

📝 My **angel** must hate me! 나의 수호 천사가 나를 미워하는 것이 틀림없어!

1193

tightly
[táitli]

부 꽉. 단단히. 팽팽하게

🔊 타이틀리 > ⚙ 타이틀이 > 💡 복싱 타이틀이 걸린 경기장에 관중이 꽉 찼어. 챔피언과 복수를 단단히 벼르고 있는 도전자와의 사이에 긴장감이 팽팽하게 흐르고 있어.

📝 Grandmother held her handbag **tightly**. 할머니는 핸드백을 단단히 잡았다.

1194

inform
[infɔ́ːrm]

동 알리다. 알아내다. 영향을 미치다

🔊 인폼 > ⚙ 인품 > 💡 반장 후보들은 저마다 자기의 뛰어난 인품을 알리고 상대의 선거 전략을 알아내기 위해 노력했다.

📝 He **informed** me that I was hired. 그는 내가 고용되었다고 나에게 통보했다.
No one **informed** me that I have to renew my visa. 아무도 내가 비자를 갱신해야 한다고 알려 주지 않았다.

1195

share
[ʃεər]

명 몫. 할당 동 나누다

🔊 셰어 > ⚙ 쉬어 > 💡 학교 운동장에서 풀을 뽑고 있다. 선생님 말씀. "자기 몫(할당)을 다 한 사람은 10분간 쉬어." 잠시 후 빵을 나누어 주겠다.

📝 Shall we order different food and **share**? 서로 다른 음식을 시켜서 나눠 먹을까?

할당된 몫을 다하고 쉬어라.

1196

quarter
[kwɔ́ːrtər]

명 4분의 1. 15분. 분기

🔊 쿼터 > ⚙ 같아 > 💡 1시간의 4분의 1은 15분과 같아.

📝 This length is a **quarter** meter. 이것의 길이는 1/4 미터이다.
Sales of this product increased last **quarter**. 이 제품의 판매가 지난 분기에 증가했다.

DAY
50

1197
pepper
[pépər]

명 후추 동 후추를 뿌리다

🔊 페퍼 > ⊙ 배 아파 > ❓ 후추를 많이 먹었더니 매워서 배가 아프네.

📝 **Pepper** was really expensive. 후추는 굉장히 비쌌다.
I am allergic to **pepper**. 나는 후추에 알레르기가 있다.

| Tip | 'allergic'는 '알레르기 체질의'의 뜻으로 쓰인다.

후추나 고추 같은 기호 식품은 적당히 넣어 먹어라. 많이 먹으면 배 아파. ▶

1198
suggest
[sədʒést]

동 제안하다. 암시하다

🔊 서제스트 > ⊙ 서제수 트(자) > ❓ 미리내 출판사 서제수 씨가 나와 트고 지내자고 제안하였다. 이 말은 서로 친하게 지내자는 뜻을 암시하고 있다.

📝 He **suggested** that we should go. 그는 우리가 갈 것을 제안하였다.
Do you have any **suggestions**? 제안할 것이 있습니까?

1199
British
[brítiʃ]

형 영국의. 영국인의

🔊 브리티시 > ⊙ 브리티시 > ❓ 브리티시는 '브리튼족의'의 뜻이다. 브리튼족은 영국인을 말한다.

📝 The **British** flag is the Union Jack. 영국의 국기는 유니언 잭이다.
British people like drinking tea. 영국 사람들은 차 마시는 것을 좋아한다.

1200
birth
[bəːrθ]

명 출생

🔊 버쓰 > ⊙ 벗었어 > ❓ 갓 출생한 아기는 옷을 완전히 벗었어.

📝 The cow gave **birth** to a three-headed calf. 그 소는 머리가 3개 달린 송아지를 낳았다.
Giving **birth** is a sacred act. 출산은 신성한 일이다.

엄마 배 속에서 갓 나온 아이는 당연히 벗었지요. 저는 그 시기는 지났어요. ▶

1201

narrow

[nǽrou]

형 **좁은. 한정된. 속이 좁은**

🔊 내로우 > ✪ 내路 > ☺ 나의 길(內路)은 항상 좁은 문을 통과하는 것이다.

📝 It's so **narrow** here. We have to find another way. 여기는 너무 좁아. 다른 길을 좀 찾아보자.
It's so **narrow** of you to say so! 그렇게 말하다니, 너는 참 속이 좁구나.

1202

connect

[kənékt]

명 **연결** 동 **연결하다. 관계시키다**

🔊 컨넥트 > ✪ 건넸다 > ☺ 떨어져 있는 두 지점 사이를 다리로 연결하여 건네 주었다.

📝 The internet **connection** is down. 인터넷 연결이 끊어졌습니다.
My heart is **connected** to yours by an invisible string. 나의 마음은 당신의 마음과 보이지 않는 끈으로 이어져 있어요.

두 지점 사이를 연결하여 건네 주는 다리예요. ▶

1203

waist

[weist]

명 **허리**

🔊 웨이스트 > ✪ 왜 이 스트(레스) > ☺ "왜 이렇게 스트레스가 쌓이지?" "너 허리를 다쳤잖아. 허리가 아프니 스트레스가 쌓이지."

📝 Wow, look at her slim **waist**! 우와, 그녀의 가느다란 허리를 봐!

1204

nickname

[níknèim]

명 **별명. 애칭**

🔊 닉네임 > ✪ 익+네임 > 익은 네임 > ☺ 네임은 이름인데, 귀에 익은 이름이니까 실제 이름보다는 별명이나 애칭을 말하지.

📝 Her **nickname** is king. 그녀의 별명은 킹이다.
'Moe' is the **nickname** of 'Morris'. '모' 는 '모리스' 의 애칭이다.

1205

yourself
[uərsélf]

대 당신 자신들. 당신 스스로

🔊 유어셀프 > ⚙ 유어셀프 > 💡 유어는 '너의' 라는 뜻이고, 셀프 는 '스스로' 의 뜻이지. 합해서 '당신 스스로' 의 뜻이야.

💬 Compose **yourself**, not all is lost. 침착하세요. 아직 다 끝난 것은 아니에요.
You might hurt **yourself** if you continue that dangerous activity. 네가 위험한 행동을 계속 하면 너 자신을 다치게 할 수도 있다.

1206

active
[ǽktiv]

형 활발한. 활동적인. 적극적인

🔊 액티브 > ⚙ 액정 티브이(TV) > 💡 액정 텔레비전에 나오는 테 니스 선수의 모습이 매우 활발하고 활동적이다.

💬 **Active** people usually do not become fat. 활동적인 사람들은 보통 살이 찌지 않는다.
Children with ADHD are more **active** than normal children. ADHD를 앓는 아이들은 정상인 아이들보다 활동적이다.

1207

choice
[tʃɔis]

명 선택. 고르기

🔊 초이스 > ⚙ 초 있소? > 💡 양초 가게에 들어간 친구가 주인에 게 "초 있소?" 하고 물었다. 있다고 하자 마음에 드는 것을 선 택하였다.

💬 My girlfriend asked me to make a **choice** between her and princess Leia in Star Wars. 나의 여자 친구는 자신과 스타워즈의 레아 공주 둘 중에 한 명을 선택하라고 요구했다.
That was a **choice** that I could not avoid. 그것은 내가 피할 수 없는 선택이었다.

1208

gentle
[dʒéntl]

형 온화한. 상냥한. 친절한. 관대한

🔊 젠틀 > ⚙ 쟤는 틀림없는 > 💡 수영이가 영이에게 동훈이를 가 리키며 말했다. "쟤는 틀림없는 사람이야. 온화하고 상냥하며 누구에게나 친절하고 관대해. 그러니 누구나 그를 좋아할 수 밖에. 한마디로 땅으로 내려온 천사야."

💬 The girl **gently** stroked her cat. 그 소녀는 그녀의 고양이를 부드 럽게 쓰다듬었다.

> 여러분은 어떤 성격을 가진 사람이 틀림없 는 사람으로 생각하는지 생각해서 써 보세요.

312

1209
emigrant
[émǝgrǝnt]

명 이민. 이주자 형 이민하는

🔊 에머그런트 > ✿ 에미(어미)가 그러는데 > ☺ 아버지가 아들에게 궁금해서 무언가 묻고 있다. "아범아. 어미가 그러는데 호주로 이민간다고 하던데 사실이냐?"

예 Foreign **emigrants** are often distrusted. 이주민들은 종종 신뢰받지 못한다.

저도 어머니 한테 들었어요. 내년에 이민 간대요.

1210
fantasy
[fǽntǝsi]

명 공상. 환상

🔊 팬터시 > ✿ 팬터지 > 팬이 **터지**게 > ☺ 공상 과학 영화 팬 사인회에서 팬들이 터지게 함성을 질렀다. 이렇게 팬들이 많이 모인 것은 환상적인 일이다.

예 'Lord of the Rings' is the best **fantasy** book in existence, no one can deny it. '반지의 제왕'은 현존하는 가장 잘 쓰여진 환상 소설이고, 아무도 그것을 부정할 수 없다.

1211
inner
[ínǝr]

형 안쪽의. 내부의

🔊 이너 > ✿ 인어 > ☺ 우리 반에서 연극 '인어 공주'를 계획했다. 주인공 인어 공주 역을 맡은 수진이가 가장 안쪽의 장소에 서고 나머지는 바깥에 섰다.

예 The man walked into the **inner** room. 그 남자는 안쪽 방으로 걸어 들어갔다.

| **Tip** | 'inner'는 명사 앞에만 쓰는 말이다.

1212
mirror
[mírǝr]

명 거울 동 비추다. 반영하다

🔊 미러 > ✿ 밀어 > ☺ 거울에 비친 자신을 밀어뜨리려는 강아지 좀 봐.

예 I looked in the **mirror**. 나는 거울을 들여다보았다.
Art **mirrors** reality. 예술은 현실을 반영한다.

| 1213
nuclear
[njúːkliər]

형 핵의, 원자력의

🔊 누클리어 > ✪ 누(구) 클라 > 누(구) 큰일 나 > 🎯 원자로를 만들고 핵 개발에 정신이 없는 나라를 가리키며 미국이 하는 말. "핵의 사용을 잘못 하면 누구든 큰일 나."

예 **Nuclear** weapons have horrible power. 핵무기는 가공할 힘을 가지고 있다.
There was a **nuclear** race between America and Soviet Union. 소련과 미국 간의 핵무기 경쟁이 있었다.

| 1214
punish
[pʌ́niʃ]

동 벌 주다, 처벌하다

🔊 퍼니시 > ✪ 퍼내시유 > 🎯 오늘 지각한 사람은 지하에 고인 물을 다 퍼내시유. 선생님이 벌 주라고 지시하셨구먼유.

예 You have to be **punished**! 너는 처벌받아야 해!
Liars shall be **punished**. 거짓말쟁이들은 처벌을 받으리라.

| Tip | 'Liar' 는 '거짓말쟁이' 의 뜻으로 쓰인다.

| 1215
blind
[blaind]

형 눈 먼, 안목이 없는

🔊 블라인드 > ✪ 불(不)아인데(eye인데) > 🎯 눈(eye)이 보이지 않으므로(不) '눈 먼', '안목이 없는' 의 뜻이 되지.

예 Tiresias was a **blind** man. 티레시아스는 장님이었다.
Blind people are surrounded by darkness. 시력을 잃은 사람들은 어둠 가운데 있다.

| 1216
frankly
[frǽŋkli]

부 솔직히, 숨김없이

🔊 프랭클리 > ✪ 프랭클 Lee > 🎯 내가 다니는 학원 원어민 교사는 프랭크 Lee 선생님인데 솔직히 말하면 내 스타일이 아니어서 좋아하지 않는다.

예 **Frankly**, my father is richer than yours. 사실, 나의 아버지는 너희 아버지보다 부자야.

솔직히 프랭클리 선생님은 내 스타일이 아니야.

1217
educate
[édʒukèit]

동 **교육하다. 육성하다**

🔊 에듀케이트 > ⚙ 어떻게 했죠 > 💬 공부 안 하던 당신 아이를 어떻게 했죠. 어떻게 아이를 교육해서 이렇게 훌륭하게 육성 해 놓았는지요.

📝 It is important to **educate** our children. 우리들의 자녀들을 교육 하는 것은 중요하다.
There are some children that refuse to be **educated**. 어떤 아이들은 교육받는 것을 거부하기도 한다.

◀ 어떻게 했죠? 어떻게 해서 따님을 이렇게 훌륭하게 키우셨나요?

1218
actually
[ǽktʃuəli]

부 **실제로. 정말로**

🔊 액추얼리 > ⚙ 액? 주얼리 > 💬 친구는 그 가수 미모가 별로라 고 하였는데 '엑?' 주얼리 가수를 실제로 보니 황홀할 정도로 빼어나구나.

📝 I am **actually** much older than I seem. 나는 실제로는 보기보다 나이를 많이 먹었단다.
The final boss of this game is **actually** the best friend of the player character! 이 게임의 마지막 보스는 실제로 주인공 인물의 가 장 좋은 친구이다.

1219
combine
[kəmbáin]

동 **결합하다. 겸하다** 명 **콤바인**

🔊 컴바인 > ⚙ 콤바인 > 💬 농촌의 가을 추수 광경을 보았니? 곡 식을 베는 기계와 탈곡하는 기계가 결합하여 이 두 가지 일을 겸하는 농업 기계가 있는데 그것이 바로 콤바인이야.

📝 What happens when I **combine** water with orange juice? 물을 오렌지 주스와 섞으면 무슨 일이 벌어질 까?

벼를 베고 낟알을 떨어내는 일까지 겸하는 것이 콤바인이야. ▶

1220
elder
[éldər]

형 **손위의. 연상의**

🔊 엘더 > ⚙ 애를 더 > 💬 애를 더 사랑하는 이는 어린 사람이 아 니라 손위의 나이 많은 사람이다.

📝 My **elder** brother and I are on very good terms. 나의 형과 나 는 매우 사이가 좋다.

| **Tip** | 'term'은 '사이, 관계'의 뜻으로 쓰인다.

1221
match
[mætʃ]

동 ~에 어울리다 명 어울림. 성냥

🔊 매치 > ⚙ 매취 > 💡 아버지는 매취 술이 당신의 입맛에 잘 어울리는 것 같다고 말씀하셨다. 아버지가 매취 술을 한 잔 하신 후에는 꼭 성냥으로 불을 붙여 담배를 피우시곤 하신다.

📝 The color of your overcoat **matches** your eyes. 네 코트의 색깔이 눈과 어울리는 것 같아.
He struck a **match**. 그는 성냥을 켰다.

1222
proud
[praud]

형 자랑으로 여기는. 거만한

🔊 프라우드 > ⚙ 부러워들 > 💡 딸이 변호사인 것을 자랑스럽게 여기는 친구를 부러워들했다.

📝 I'm so **proud** of you. 나는 네가 자랑스럽다.
She is too **proud** to ask questions to someone else. 그녀는 너무 도도해서 다른 사람에게 질문을 하지 않는다.

◀ 직업이 좋다고 자랑하는 사람이 무엇이 부러워요?
저는 맑은 공기 마시며 농사 짓는 것이 매우 행복합니다.

1223
steal
[sti:l]

동 훔치다(steal-stole-stolen)

🔊 스틸 > ⚙ 스틸 > 💡 steel과 steal은 모두 발음이 스틸이야. e(이)가 두 개 있는 것이 '강철'의 뜻, e 하나를 훔쳐 a로 바꾸어 놓으면 '훔치다'의 뜻이야.

📝 **Stealing** is a serious crime. 절도는 심각한 범죄이다.
My wallet is **stolen**. 내 지갑이 도난을 당했다.

steel에서 뒤의 e를 훔쳐서 a로 바꾸면 훔치다의 뜻이 되네.

1224
unlike
[ʌnláik]

형 같지 않은. 닮지 않은

🔊 언라이크 > ⚙ 얼라 이켜 > 얼라 일으켜 > 💡 얼라(어린아이의 방언) 같지 않은 덩치 큰 아이가 넘어져서 일어나지를 못하네. 얼른 일으켜 주어야지.

📝 He is quite **unlike** my father. 그는 나의 아버지와는 많이 다르다.

1225
stormy
[stɔ́ːrmi]

형 폭풍우의

🔊 스토미 › ✪ 스토(리) 미(완성) › 💬 그 스토리는 폭풍우 치는 바닷가 배경을 끝으로 미완성으로 막을 내린다.

📝 We are going on a field trip even though it is **stormy** outside. 밖에 비바람이 치지만 우리는 현지 조사를 나갈 것이다.
Stormy weather makes me sad. 비바람 치는 날씨는 나를 슬프게 한다.

1226
colorful
[kʌ́lərfəl]

형 색채가 풍부한. 알록달록한. 다채로운

🔊 컬러펄 › ✪ 컬러펄 › 💬 컬러는 '색' 알지? 펄(ful)은 '가득한' 의 뜻이야. 그러니까 이 둘을 합치면 '색채가 풍부한' 의 뜻이 되는 거지.

📝 Christmas lights are **colorful**. 크리스마스를 밝히는 전등은 알록달록하다.
Colorful flowers bloom in the garden. 알록달록한 꽃들이 정원에 피었다.

1227
peaceful
[píːsfəl]

형 평화로운

🔊 피스펄 › ✪ 피스 펄 › 피서(지와) (개)펄. 💬 피서지와 개펄을 상상하면 평화로운 모습이 떠오른다.

📝 I love this place. It's really **peaceful** here. 난 이 장소가 좋아. 여긴 정말 평화로워.
A **peaceful** future depends on you. 평화로운 미래는 네게 달려 있어.

◀ 피서지나 바다의 개펄을 떠올리면 평화로운 느낌이 들어.

1228
excited
[iksáitid]

형 흥분되는. 설레는

🔊 익사이티드 › ✪ 익사 이티도 › 💬 외계인 영화 ET를 보았다. 주인공 이티도 물에 빠져 익사하는 장면이 가장 흥분되는 장면이었다.

📝 He was **excited** when he won the game. 그는 게임에 이겼을 때 흥분했다.
Excited people often make mistakes. 흥분한 사람들은 종종 실수를 저지른다.

1229
fortunately
[fɔ́ːrtʃənətli]

📝 운좋게. 다행히

🔊 포처너틀리 › ⭐ 포천 나들이 › 😊 오늘은 운좋게도 온 가족이 포천 나들이를 다녀왔다. 다녀오는 동안 다행히 길이 막히지 않아 좋았다.

📋 **Fortunately**, the man found his lost daughter. 다행히도, 그 남자는 자신의 잃어버린 딸을 찾았다.
He **fortunately** found a job. 그는 다행히도 직업을 구했다.

1230
fancy
[fǽnsi]

📝 근사한. 멋진 📝 공상 📝 원하다. 생각하다

🔊 팬시 › ⭐ 팬(과) 시(인) › 😊 나는 유명한 작가가 되어 근사하고 멋진 장소에서 팬과 시인의 만남을 갖는 공상을 하고 있다. 공상 속에서는 내가 원하고 생각하는 모든 것이 다 이루어져서 좋다.

📋 The **fancy** bag was relatively inexpensive. 그 멋진 가방은 비교적 싼 편이었다.
I **fancy** that I am brave. 나는 자신이 용감하다고 생각한다.

1231
further
[fə́ːrðər]

📝 더 멀리 📝 더 이상의

🔊 퍼더 › ⭐ 뻗어 › 😊 종이 비행기야. 멀리 멀리 더 멀리 뻗어 나가거라. 더 이상의 거리는 없을 정도로.

📋 **Further** down the road, there is a kindergarten. 길을 따라 내려가면 유치원이 있다.
Run a little bit **further**, the goal is just ahead! 조금만 더 달려라. 목표가 바로 눈앞이다!

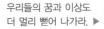
우리들의 꿈과 이상도
더 멀리 뻗어 나가라. ▶

1232
politely
[pəláitli]

📝 정중히. 공손히

🔊 펄라이틀리 › ⭐ 빨라 이틀이 › 😊 아들의 외국인 친구들이 1박 2일 일정으로 놀러 왔다. 홈스테이(homestay)를 마치고 출국하면서 "빨라 이틀이. 아버님 잘 놀다 갑니다." 하며 공손히 인사하였다.

📋 Behave **politely** when you meet someone. 누군가를 만나면 점잖게 행동하렴.
He **politely** asked her to change her mind. 그는 그녀의 마음을 바꾸라고 공손하게 요청했다.

1233
rudely
[ruːdli]

부 버릇없이. 거칠게. 무례하게

🔊 루들리 > ⚙ 루드리 토스트 > 💡 아버지께서 요즘 인기 있다는 루드리 토스트를 먹자고 하셨다. 초마늘 버터 바른 루드리 마늘 토스트를 너무 맛있게 먹다가 버릇없이 혼자만 생각한다고 형한테 혼났다.

📝 He responded **rudely**. 그는 무례하게 응답했다.
Why are you behaving so **rudely**? 왜 이렇게 무례하게 굴어?

1234
altogether
[ɔːltəɡéðər]

부 전적으로. 완전히

🔊 올터게더 > ⚙ 올+터게더 > 💡 all(모두)과 together(함께)가 전적으로 합쳐졌으나, 완전히 하나가 된 것은 아니다. 왜냐하면 'altogether'는 alltogether에서 'l'이 하나만 없어졌으니까.

📝 **Altogether** it was a great day. 전체적으로, 좋은 하루였다.
He stopped dating her **altogether**. 그는 그녀와의 만남을 완전히 끊어버렸다.

◀ 'all'과 'together'가 완전히 합쳐진 말
'alltogether'에서 'l' 하나가 빠졌네.

1235
properly
[prɑ́pərli]

부 적절하게. 올바르게

🔊 프라펄리 > ⚙ 브라자 펀리 > 브래지어 펀리 > 💡 브래지어를 적절하게(올바르게) 사용하면 미용과 건강에 좋대요.

📝 Be **properly** dressed! 옷차림을 단정히 하고 있으렴!
Write your answer **properly**. 답을 제대로 작성하세요.

1236
notice
[nóutis]

명 주의. 통지. 벽보 동 목격하다

🔊 노우티스 > ⚙ 노티셔츠 > 💡 교복 안에 티셔츠를 입지 않고 노티셔츠로 학교에 갔다가 선생님께 주의를 받고 경고의 통지를 받았다.

📝 It attracted our **notice**. 그것이 우리의 주의를 끌었다.
He **noticed** that his flower was flowering. 그는 그의 꽃이 꽃을 피우고 있다는 사실을 발견했다.

티셔츠를 벗었다가 주의를 받고 고치라는 통지도 받았어요.

319

1237
immediately
[imí:diətli]

㉻ 곧. 즉시

㉾ 이미디어틀리 > ㉾ 이 밑에 틀니 > ㉾ 이 밑에 틀니를 하자마자 아파서 즉시 빼 버렸다.

㉠ Report to the principal's office, **immediately**! 교장실로 보고 하세요, 지금 당장!
He **immediately** crossed out a misspelled word. 그는 즉시 철자법이 틀린 단어 하나에 줄을 그었다.

1238
sincerely
[sinsíərli]

㉻ 진심으로. 마음속에서. 정말

㉾ 신시얼리 > ㉾ 신씨(의) 얼이 > ㉾ 교통사고로 아들이 크게 다치자 신씨는 얼이 빠진 듯했다. 나는 신께 그녀의 건강을 지켜 달라고 진심으로(마음속에서) 기도를 올렸다.

㉠ I **sincerely** think you did a great job. 나는 진심으로 네가 잘했다고 생각해.
He said he **sincerely** believed you are a good teacher. 그는 진심으로 당신이 좋은 선생님이라고 생각한다고 말했습니다.

1239
neither
[ní:ðər]

㉻ ~도 …도 아니다

㉾ 니더 > ㉾ 니더(입니다의 경상도 방언) > ㉾ 손님에게 주려고 냉장고에 넣어 둔 과일이 다 없어졌다. 아버지가 다그쳤다. "너희들 중에 과일을 먹은 사람이 있지?" 큰아들이 겁에 질린 목소리로 말했다. "먹은 것은 저도 승재도 아닙니다."

㉠ It was **neither** man nor woman. 그것은 남자도 여자도 아니었다.
He is **neither** handsome nor kind. 그는 잘생기지도 않았고 친절하지도 않다.

1240
seldom
[séldəm]

㉻ 좀처럼 ~ 않다

㉾ 셀덤 > ㉾ 셀(러드) 덤 > ㉾ 롯데백화점 앞에서 셀러드를 덤으로 받았다. 하지만 셀러드를 덤으로 주는 사람이 자주 있던가? 아니다. 좀처럼 그렇지 않다.

㉠ I **seldom** go to school on time. 나는 제 시간에 학교에 가는 일이 거의 없다.
A friend of mine **seldom** has breakfast. 나의 친구는 거의 아침을 안 먹는다.

> 샐러드를 덤으로 주는 사람은 주변에 거의 없습니다.

1241

scholarship
[skάlərʃip]

명 학문. 학식. 장학금

🔊 스칼러십 > ⚙ 슥 갈러 십(자) > 🧠 개구리 배를 슥 갈라 십자 모양의 자국을 냈다. 이 친구 아마도 의학도인가 보다. 학문을 열심히 하는 것을 보니 학식도 풍부하고 장학금도 탔겠다.

📝 I won **scholarship** this year. 나는 올해 장학금을 받았다.
You deserve your **scholarship** for your hard work. 당신은 열심히 공부한 대가로 충분히 장학금을 받을 자격이 있습니다.

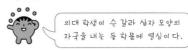

의대 학생이 슥 갈라 십자 모양의 자국을 내는 등 학문에 열심이다.

1242

might
[mait]

조 ~할 가능성이 있다. ~일지도 모른다(may의 과거).

🔊 마이트 > ⚙ 다이너마이트 > 🧠 아마 저 산에 설치한 다이너마이트가 곧 폭발할지도 모른다.

📝 I **might** burst open if I ate one more slice of pie. 만일 내가 파이 한 조각을 더 먹으면 터져 버릴지도 몰라.
She **might** be in love with him. 그녀는 그를 사랑하고 있을지도 모른다.

DAY **52**

1243

court
[kɔːrt]

명 테니스 코트. 법원. 재판소

🔊 코트 > ⚙ 코트 > 🧠 '코트!' 낯익은 말인데. 법원(재판소) 근처에 테니스 코트가 있었어.

📝 You are summoned to the **court**. 당신은 법원에 소환되었습니다.
The **court** finds you guilty. 법원에서 당신은 유죄로 밝혀졌습니다.

| Tip | 'summon은 '소환하다'의 뜻으로 쓰인다.

◀ 법원 근처에 테니스 코트가 있어요.

1244

stick
[stik]

명 막대기. 나무토막 동 찌르다

🔊 스틱 > ⚙ 스틱 > 🧠 하키에서 공을 넣는 막대기(나무토막)를 스틱이라고 하잖아. 스틱을 잘못 쓰면 상대를 찌를 수 있어.

📝 You can measure the height of the pyramid if you have a **stick** and a ruler. 막대기와 자 하나만 있으면 피라미드 높이를 알 수 있다.
Pepero looks like a **stick** covered with chocolate. 빼빼로는 초콜릿으로 뒤덮인 막대기처럼 생겼다.

1245

improve
[imprúːv]

동 개선하(되)다. 향상시키다

🔊 임프루브 › ✪ 안 풀어 봐 › ⓞ 수학 박사인 형이 스스로 개발한 수학 문제를 가져왔다. 일주일 동안 한 문제도 안 풀어 봐서 형이 나태한 자세를 개선하겠다며 벌을 준 후 직접 가르쳐 준 결과 실력을 많이 향상시킬 수 있게 되었다.

㉡ The quality of the cookies **improved**. 쿠키의 질이 개선되었다.
His test scores **improved**. 그의 시험 성적이 좋아졌다.

◀ 수학 안 풀어 보는 자세는 개선해야죠.
개선하면 성적이 향상돼요.

1246

negative
[négətiv]

형 부정적인. 소극적인. 나쁜

🔊 네거티브 › ✪ 네가 집어 › ⓞ 두 사람이 길을 가다가 산속에서 연기가 나는 물건을 발견했다. 나는 친구에게 황금이 가득한 요술 상자가 있을 것이니 얼른 집으라고 말했다. 친구는 겁이 나는지 내 말에 부정적이고 소극적인 태도를 보이며 말했다. "싫어 네가 집어."

㉡ The film received **negative** review. 그 영화는 부정적인 평을 받았다.

1247

stethoscope
[stéθəskòup]

명 청진기

🔊 스테써스코우프 › ✪ 솥에 서서 코풀다 › ⓞ 솥 앞에 서서 코풀다가 귀가 멍멍해져서 병원에 갔다. 의사가 청진기를 귀에 대고 진찰하였다.

㉡ A doctor used a **stethoscope** to listen my heartbeats. 의사는 나의 심장 박동을 듣기 위해 청진기를 사용했다.
The doctor examined him with a **stethoscope**. 의사는 그를 청진기로 진찰했다.

1248

earning
[ə́ːrniŋ]

명 소득. 수익

🔊 어닝 › ✪ (벌)었니 › ⓞ 한 달 동안 열심히 일하던데 많이 벌었니? 다시 말해 소득이 얼마냐고.

㉡ My **earnings** are very little. 나의 수입은 정말 적어.
At least you have a job, I have no **earnings**. 너는 적어도 직업이라도 있잖니, 나는 돈을 벌 기회가 없단다.

업그레이딩
영단어
500

본문에서 다루지 않았지만 영단어 실력을 높이기 위해서
추가로 꼭 알아야 할 약 500개의 단어를 수록하였습니다.

A

abuse 남용하다. 학대하다

accept 받아들이다

accident 사고. 우연한 일

achieve 달성하다. 성취하다

acid 신. 신맛의. 산

admiral 해군 대장(제독)

admire 감탄하다. 칭찬하다

admit 허가(허락)하다. 인정하다. 자백하다

advance 전진하다. 발전하다. 전진. 발전

advantage 이익. 강점. 장점

advertise 광고하다. 선전하다

affection 애정. 감동. 감정

afterward 후에. 나중에

alive 살아 있는. 생생한

amuse 재미있게 하다. 웃기다. 즐기다

ankle 발목

annoy 귀찮게 하다. 짜증나게 하다

anthem 노래. 찬송가

anxiety 걱정. 불안. 열망. 갈망

apologize 사과하다

apparent 명백한. 분명한. 뚜렷한

appeal 애원하다. 호소하다. 애원. 호소

appetite 식욕. 욕망

approach 다가가(오)다. 접근하다. 접근

arrange 정리하다. 준비하다. 배열하다

ascend 오르다. 올라가다

ashamed 부끄러운. 창피한

assist 도와주다

assume 추정하다. 책임을 맡다

astonish 깜짝 놀라게 하다

Atlantic 대서양. 대서양의

attach 붙이다. 바르다. 첨부하다. 정이 들다

attract 끌다

author 저자. 작가

ax 도끼

B

baggage 수하물

bake 빵. 과자 등을 굽다

balance 균형. 저울. 차액

bar 막대기. 장애물

base 기초. 토대

bay 작은 만(灣)

beast 야수. 짐승

behave 행동하다

behavior 태도. 행동

bend 구부리다. 의지를 굽히다

benefit 이익

besides ～을 제외하고. 게다가. 더욱이

bet 내기하다. 장담하다

bill 계산서. 지폐. 법안. 계산서를 청구하다

bitter 격렬한. 쓰라린. 맛이 쓴

bless 축복하다

bloom 꽃. 꽃이 피다

board 판자. 칠판. 식탁. 뱃전

boredom 지루함. 따분함

broad 넓은. 마음이 넓은. 관대한

broadcast 방송하다

bug 벌레. 작은 곤충. 컴퓨터의 오류

burden 짐. 부담. 부담시키다

C

cancel 취소하다. 무효화하다

carpenter 목수

carrot 당근. 홍당무

cart 수레. 우마차

cartoon 만화. 시사 만화. 연속 만화

ceiling 천장

charm 매력. 매료하다. 황홀하게 하다

chat 이야기하다. 잡담하다. 잡담

childhood 어린 시절

chimney 굴뚝

chopstick 젓가락

clap 손뼉치다

client 고객. 의뢰인

clinic 전문 병원

clown 광대. 어릿광대 같은 사람

clue 단서. 실마리

coast 해안. 해안 지방

cock 수탉. 수컷

collection 수집. 수집품. 소장품

combination 조합. 결합. 조합물

comfort 안락. 편안함. 위로. 위안

command 명령하다. 내려다보다

community 지역사회. 일반사회

compare 비교하다. 비유하다

completion 완료. 완성

compose 작곡하다. 구성하다. 작문하다

concentration 집중

concerned 걱정하는. 관심이 있는

conduct 행위. 행동

confidence 신뢰. 자신감

confuse 혼란시키다. 혼동하다

connection 연결. 접속

contact 접촉. 교제. 연락

contain ~이 들어 있다

contrast 대조. 대비

convenient 편리한. 간편한

countryside 시골 지역. 전원 지대

courageous 용감한

credit 신용 거래. 신용도

crew 승무원

crime 죄. 범죄

cucumber 오이

cure 병을 치료하다

customer 고객. 손님

D

damage 손해. 손상

dawn 새벽

deaf 귀가 먼. 귀머거리의

deal 다루다. 분배하다. 계약하다

debate 토의. 토론. 논쟁. 토의하다. 토론하다

deceive 속이다. 기만하다

declare 공언하다. 선언하다

decorate 장식하다. 꾸미다

decrease 감소. 감소하다

defeat 패배시키다

defense 방어. 방위

degree 정도. 학위

delay 지연. 지체. 미루다

delight 기쁨. 즐겁게 하다

demand 요구. 요구하다

dental 이의. 치과의

deny 부인하다. 거절하다

depress 침울하게 하다. 우울하게 하다

descend 내려가다. 내려오다. 내려앉다

describe 묘사하다

deserve ~할 만하다. 받을 가치가 있다

destruction 파괴

detail 세부 사항

device 장치. 기구

diet 일상적 식사. 식이요법 위한 다이어트. 식습관

discourage 막다. 말리다. 의욕을 꺾다

dispute 분쟁. 논쟁. 반박하다

donkey 당나귀

drawer 서랍

dull 우둔한. 무딘

dumb 벙어리의. 말을 못하는

dump 내버리다. 비우다

E

eager 갈망하는. 간절히 원하는

edge 날. 가장자리

effective 효과적인. 실질적인

elbow 팔꿈치

election 선거. 당선

element 요소. 성분

elementary 초보의. 초급의. 기본적인

emotion 감정. 정서

employ 고용하다

enable ~을 할 수 있게 하다

endure 참다. 인내하다

entire 전체의. 완전한

envious 부러워하는. 선망하는

environment 환경. 주위. 자연 환경

escape 달아나다. 탈출

evergreen 늘푸른나무. 상록수

evidence 증거. 흔적

evil 사악한. 악랄한. 악

exclaim 소리치다. 외치다

exist 존재하다. 살아가다

exit 출구. 나가다. 떠나다

experiment 실험

explode 폭발하다

explore 탐구하다. 탐험하다

extent 정도. 크기. 규모

extra 여분의. 임시의. 여분으로. 덤으로

extreme 극도의. 과격한

eyebrow 눈썹

F

fable 우화. 꾸며낸 이야기

failure 실패. 실패작

fairy 요정

false 틀린. 사실이 아닌

fast 빠른. 단단한. 빨리. 단단히

faucet 수도꼭지

feather 새의 깃털

fellow 친구. 동료. 녀석. 동행의. 친구의

female 여성. 여성의

fever 열

figure 인물. 모습. 숫자

final 마지막의. 최종적인

finale 마지막 부분. 대단원

fist 주먹

fix 고정시키다. 정하다. 수리하다

flag 기. 국기

flame 불길. 불꽃. 타오르다

flash 비추다. 번쩍이다. 번쩍임

flat 평평한. 수평의

float 떠오르다. 떠다니다

flood 홍수

fluent 유창한. 능숙한

fluid 유체. 유동체. 부드러운

fold 종이 등을 접다

folk 사람들. 가족. 민속의. 서민의

force 힘. 병력. 강요하다

former 예전의. 이전의

fortune 운. 행운. 재산. 부

found 설립하다. 세우다

foundation 기초. 창설

fountain 분수

frank 솔직한. 노골적인

freeze 얼다. 얼리다

327

frequent 잦은. 빈번한

frighten 놀라게 하다

frightful 무서운. 끔찍한

frontier 국경 지역

fuel 연료. 연료를 공급하다

function 기능

fur 모피(제품)

G

gain 이익을 얻다. 이익. 증진

garlic 마늘

gaze 응시하다. 바라보다

graduation 졸업. 졸업식

grain 곡물. 곡류. 낟알

grammar 문법

grocery 식료품 잡화점

guard 위병. 경계. 지키다

guilty 유죄의. 죄책감을 느끼는

H

handicap 장애. 불리한 조건

handkerchief 손수건

handle 손잡이. 다루다

harbor 항구. 항만

hardship 어려움. 역경

hardworking 근면한. 열심히 공부하는

harm 해. 손해

harmful 해로운

harmony 조화. 화음

hasty 성급한. 서두르는

heel 뒤꿈치

hell 지옥

hesitate 망설이다. 주저하다

hike 도보 여행. 도보 여행을 하다

hill 언덕. 작은 산

hire 고용하다. 빌리다

holy 신성한. 성스러운

homesick 향수의

honesty 정직

honey 벌꿀. 연인. 여보

hook 갈고리. 낚시 바늘

hop 깡충깡충 뛰어다니다

horizon 수평선. 지평선

horn 뿔. 경적

host 주인

hug 껴안다. 끌어안다

I

ignore 무시하다

import 수입(품). 수입하다

impression 인상. 감명

include 포함하다

indicate 나타내다. 보여 주다. 가리키다

industrial 산업의

infinite 무한한. 한계가 없는

influence 영향. 영향력

influenza 인플루엔자. 유행성 감기

insect 곤충

insist 주장하다. 강력히 요구하다

instruct 지시하다. 가르치다

insult 모욕하다. 모욕

intention 의도. 목적

interval 간격. 사이. 휴식 시간

intimate 친밀한

iron 철. 다리미. 다림질하다

J

jar 단지. 입구가 넓은 병

jean 청바지

journey 여행

K

kettle 주전자

kindergarten 유치원

kingdom 왕국

L

label 꼬리표. 딱지. 쪽지

labor 노동. 근로. 노동하다

laboratory 실험실. 연구실

lack 부족. 결핍. 부족하다

laughter 웃음. 웃음소리

laundry 빨래. 세탁물. 세탁소

lay 놓다. 두다. 눕히다. 알낳다

leak 물. 가스 등이 새다

lean 기울다. 기울이다. 기대다

least 가장 적은. 가장 적게

length 길이. 시간

liberty 자유

license 특허. 면허. 허가

lifelong 평생의. 일생의

link 관련성. 관계. 연결

liquid 액체. 액체 형태의

load 짐. 부담

lock 자물쇠

lot 다수. 많음. 제비

lump 덩어리. 응어리

lunar 달의.

lung 폐. 허파

M

magical 마력(魔力)이 있는. 멋진

major 중대한. 전공하다

male 남성. 남성의

manage 간신히 해내다

Mars 화성

material 재료. 도구

measure 측정하다. 재다

medical 의학의. 의료의

medium 중간의. 매체. 수단

mentally 정신적으로. 마음속으로

merchant 상인

midnight 자정. 한밤중

military 군사의. 군대

mill 공장. 밀방앗간

minor 작은. 미성년자

mission 사명. 임무

mist 엷은 안개. 김 서림

misunderstand 오해하다

mud 진창. 진흙

muscle 근육. 근력

mystery 신비. 불가사의

myth 신화. 믿음

N

narrator 소설의 서술자. 텔레비전 등의 내레이터

native 고향의. 선천적인

navy 해군

neat 말쑥한. 단정한

needle 바늘

niece 여자 조카

nod 끄덕이다. 꾸벅꾸벅 졸다

normal 보통의. 정상의

novel 소설

O

object 물체. 물건. 목적

obtain 얻다

occasional 가끔의

occur 일이 일어나다. 문득 생각나다

offend 불쾌하게 하다. 기분을 상하게 하다

operate 움직이다. 수술하다. 가동하다

oppose 반대하다. 겨루다

organization 조직. 단체. 기구

ostrich 타조

outdoor 옥외의. 야외의

outline 개요. 윤곽. 개요를 서술하다

overcome 극복하다. 이기다

overhear 엿듣다

owe 빚이 있다. ~의 덕택이다

P

pack 짐을 싸다. 꾸리다. 꾸러미

palm 손바닥

parcel 소포. 꾸러미

pause 멈춤. 중지. 중단. 멈추다

pea 완두콩

peanut 땅콩

peninsula 반도

performance 공연. 연주회. 연기

persuade 설득하다. 납득시키다

physical 신체의. 물리적인

pilgrim 순례자

pill 알약

pillow 베개

pity 연민. 동정심. 불쌍해하다

plenty 풍부. 많음

poet 시인

pot 둥근 그릇. 냄비. 단지

powder 가루. 분말. 파우더

powerful 강력한

pray 빌다. 기도하다

pretend ~인 체하다

primary 원래의. 제1의. 초보(초등)의

princess 공주. 왕자비

principle 원칙. 원리. 주의

profession 직업. 전문직

profit 이익. 수익

project 계획하다. 입안하다. 계획

proof 증거. 증명. 입증

property 재산. 자산

proposal 제안. 제의

prospect 가능성. 예상. 전망

provide 제공하다. 공급하다

publish 출판하다

pulse 맥박

purchase 구입. 구매

pure 순수한. 깨끗한

purpose 목적. 용도

Q

quality 품질. 특성

R

rank 지위. 순위. 계급

rate 비율. 속도. 요금. 등급

rear 세우다. 기르다

recognize 알아보다. 인정하다

recover 회복되다. 되찾다

rectangle 직사각형

recycle 재활용하다. 재사용하다

refuse 거절하다

region 지역. 지방

reject 거절하다. 퇴짜놓다

relate 관련시키다. 이야기하다

relay 릴레이 경주. 교대하다. 중계하다

religion 종교

replace ~을 대신하다. 제자리에 놓다

request 요청. 요구. 부탁하다. 요구하다

require 필요하다. 필요로 하다. 요구하다

research 연구. 연구하다

reserve 예약하다. 남겨 두다

resist 저항하다

resource 자원

responsibility 책임. 책무

review 복습. 재검토. 복습하다. 재검토하다

rid 제거하다

riddle 수수께끼

roar 으르렁거리다. 울부짖다

robbery 강도. 도둑질

rod 막대. 회초리. 매

roommate 동숙인. 한방 친구

root 뿌리. 근원

route 길. 항로

S

salary 봉급. 급료

satellite 인공위성. (행성의) 위성

satisfy 만족시키다

scale 눈금. 저울눈. 규모

scold 야단치다. 꾸짖다

scratch 긁다. 긁히다. 할퀴다

scream 날카롭게 소리치다

sculpture 조각. 조각 작품

secretary 비서. 장관

select 고르다. 뽑다. 고른

selfish 이기적인

senior 연상의. 최상급의. 연장자

sensation (자극으로 느끼는) 느낌

sentiment 감정. 감상. 정서

separate 분리된. 독립된. 관련 없는

shadow 그림자

shark 상어

sheet 침대 보. 홑이불. (종이 등의) 장

shuttle 정기 왕복하는 버스 혹은 기차

sigh 한숨쉬다. 한숨

sightseeing 관광

silence 침묵. 정적

sink 가라앉다

situation 위치. 상황

slave 노예

sleeve 소매

slight 근소한. 약간의

slip 미끄러지다. 몰래 나오다

slope 경사지. 비탈. 경사면

snake 뱀

solar 태양의

solution 해결. 용해

sore 아픈. 고통스러운. 슬픈

sort 종류. 부류. 성질

spade 삽

spectacle 구경거리. 광경

spill 엎지르다. 흘리다

spoil 망치다. 못쓰게 만들다

spot 장소

squirrel 다람쥐

steady 확고한. 착실한. 한결같은

stem (식물의) 줄기. (나무의) 대

strength 힘. 기운. 용기

string 끈. 실. 실에 꿰다

struggle 분투. 노력하다. 싸우다

suck 빨다. 빨아들이다

sudden 갑작스러운

suggestion 제안. 제의. 의견

summary 요약한. 개요

supply 공급. 지급. 공급하다. 주다

surface 표면. 외양

surround 둘러싸다

survey 설문 조사. 측량

suspect 의심하다

swallow 삼키다. 넘기다

swear 맹세하다. 선서하다

swing 흔들다. 돌리다

sword 검. 칼

T

task 일. 과업. 과제

tax 세금

tend ~하는 경향이 있다

term 학기. 기간. 용어

thief 도둑

thieve 훔치다

thread 실. 수명

threat 협박. 위협

thumb 엄지손가락

tidy 단정한. 말쑥한

tight 단단한. 꽉 조이는

toe 발가락. 발끝

tool 도구

tour 여행하다

tradition 전통. 전설

translate 번역하다. 통역하다

trash 쓰레기

treatment 치료. 처치

trousers 바지

tune 곡. 곡조. 조율하다

U

underneath ~의 밑에. 밑면. 하부

union 결합. 조합

unusual 이상한. 진귀한

upper 위쪽의. 상부의

urgent 긴급한. 다급한

useless 쓸모없는

V

vain 무익한. 쓸데없는

value 가치

vehicle 탈것. 운송 수단

violence 폭력. 폭행

violet 제비꽃. 보라색

virtue 덕. 미덕. 선행. 장점

vote 투표. 투표하다

voyage 항해. 긴 배 여행

W

wage 임금. 급료

wallet 지갑

wander 방황하다

warn 경고하다

weapon 무기. 공격. 수단

wheel 바퀴

whisker 구레나룻. 수염

whisper 속삭이다. 속삭임. 밀담

wipe 닦아내다. 청소하다. 씻다

worth 가치. ~할(의) 가치가 있는

wound 상처. 부상

wrap 싸다. 포장하다. 포장지. 덮개. 싸개

wrist 팔목. 손목

Index 색인

Index

Index

Index

Index

Index

man	11	method	82	museum	61
mankind	153	middle	87	musician	237
manner	84	might	321	myself	94
many	12	mild	206		
map	155	mile	117	**N**	
market	241	million	182	nail	117
marriage	277	mind	88	narrow	311
marry	148	minute	76	nation	163
mass	114	mirror	313	national	161
master	219	miss	48	natural	239
match	316	mistake	46	nature	106
math	115	model	141	near	303
matter	87	modern	210	nearly	290
maybe	58	moment	146	necessary	218
mayor	98	money	17	neck	237
meal	121	monk	285	need	79
mean	72	monkey	192	negative	322
meat	148	month	67	neighbor	167
medicine	232	monument	53	neither	320
meet	46	moon	44	nephew	278
member	117	moral	176	nervous	213
memory	146	mostly	301	nest	278
mention	65	mountain	56	never	57
mercy	192	mouse	69	newspaper	69
merry	226	movement	303	nice	22
message	184	movie	72	nickname	311
metal	177	murder	234	ninety	172

Index

potato	306	progress	281	race	93
pour	218	promise	216	railroad	242
poverty	95	pronunciatio	124	rain	73
power	226	properly	319	rainly	131
practice	151	protect	23	raise	248
prairie	84	proud	316	rapid	49
praise	257	prove	38	rapidly	279
precious	185	proverb	127	rat	286
prefer	227	public	107	rather	126
prepare	45	pull	121	reach	210
present	81	pumpkin	299	ready	103
president	149	punish	314	real	193
press	260	Puritan	73	realize	253
pressure	166	purse	101	reason	62
pretty	73	push	195	receive	205
price	230	puzzle	167	recent	211
pride	244			recently	251
prince	59	**Q**		record	156
principal	124	quarrel	247	reduce	189
prison	264	quarter	309	refer	52
private	200	queen	193	refrigerator	82
prize	189	quick	101	regret	18
probably	190	quiet	175	regular	196
problem	60	quite	34	rein	77
produce	25	quiz	123	relative	185
professor	222			relax	253
program	137	**R**		religious	180

Index

shape	211	single	202	special	59
share	309	site	153	speech	60
sharp	276	skillfull	304	spell	173
sheep	296	skill	149	spend	117
shell	301	sleep	91	spirit	114
shine	224	slide	53	spread	305
ship	94	slow	168	square	143
shock	287	slowly	176	stadium	144
shoot	300	smart	203	stage	158
shore	299	smell	219	stair	268
short	99	smoke	231	stamp	133
shoulder	248	smooth	293	stare	27
shout	28	sniff	32	state	120
shower	167	soap	182	statue	107
shrug	33	social	196	stay	22
shut	239	society	143	steal	316
shy	202	solve	177	steel	307
sick	112	sometime	66	step	216
sight	268	sometimes	244	stethoscope	322
sign	64	somewhere	103	stick	321
silent	252	sophomore	50	still	79
silk	286	sound	74	stomach	267
silly	197	source	71	stone	89
similar	186	south	65	storm	271
simple	215	southern	150	stormy	317
since	102	sow	227	straight	196
sincerely	320	space	83	stranger	194

Index

You may as well not know a thing at all as know it imperfectly

불완전하게 아는 것보다는 아예 모르는 것이 더 낫다.